私の日本古代史（上）

天皇とは何ものか——縄文から倭の五王まで

上田正昭

新潮選書

まえがき

慶応三年（一八六七）の十二月九日、維新政府は「王政復古の大号令」の発布をした。その文には新政府の「諸事神武創業ノ始ニ原《もと》ツキ」と「王政復古」の「古」を「神武創業ノ始」と明記したが、『古事記』・『日本書紀』はもちろんのこと、あらゆる古典に、神武天皇の橿原の宮での即位については記述していても、その政治体制にかんしては一切言及していない。

明治政府が具体的にモデルとしたのは、神祇官・太政官の組織でスタートしたように、その「古」とは、七世紀後半から八世紀はじめの律令体制であった。いわゆる「大宝律令」に象徴される律令国家がそれである。君主は天皇を称し国号は日本を名乗って明確に日本国家としての政治体制が成立したのを、「神武創業ノ始」に新たに読みかえたといっても過言ではない。

本書は「列島文化のあけぼの」から律令による国家のシステムがととのう「新律令と白鳳文化」までを対象とした『古代史』である。上巻の「はじめの章」で、「いま、なぜ古代史か」を、おのれ自身の古代史研究の歩みをかえりみながら、古代史の問題が、現在の日本国家のありようにつながっていることを指摘した。そして呪術から祭祀へのプロセスをのべ、古くてしかも新しい邪馬台国の問題と、倭の五王とその時代にかんする著者の新見解を提示し、さらに、ヤマトタケル伝承の実相と、出雲・葛城・吉備、そして中部から関東を中心とする東国と九州の筑紫、古代史の主要舞台となった各地域から、ローカルでしかもグローバル（グローカル）な古代史の特質を究明することにつとめた。

まわりを海で囲まれている弧状のわが国土は、文字どおりの島国である。ユーラシア大陸の東部に位置する日本列島の太平洋側は暖流の日本海流（黒潮）が北上する。この黒潮は、九州南方でわかれて対馬海流となり、日本海（北ッ海）側を北へと進む。北からは寒流の千島海流（親潮）が三陸沖や房総沖へ南下し、リマン海流が間宮海峡を南進して対馬海流と交流する。

したがって日本古代史は、とかく島国内部の歴史と文化の流れにそって、論じられやすい。内なる要因はもとより軽視するわけにはいかないが、それのみにはとどまらず海上の道によって、アジアとりわけ東アジアの動向と密接なかかわりをもって展開した。本書の上・下巻の特色のひとつは、アジアのなかの『古代史』の再発見にある。

二〇一二年は、『古事記』が和銅五年（七一二）に元明天皇に「献上」されてからちょうど千三百年になる。下巻の「はじめの章」を「『古事記』は偽書か」から書きはじめたのも、そのこととと無関係ではない。『古事記』と『日本書紀』は『古代史』の古典のなかの古典であった。ややくどいほどにそのなりたちを実証的に検討したのも、その作業をおろそかにしては、『古代史』の新研究を構築するわけにはいかないからである。

下巻では五世紀後半の雄略天皇以後を主たる対象として、天武・持統・文武の時代までを考察した。いわゆるレガリア（神璽・神器）としては三種の神器（鏡・剣・玉）が有名だが、その初見は継体新王朝の即位のおりで、それ以後も明確に二種（剣・鏡）であり、三種の確実な例は仁治三年（一二四二）正月の記事（『百錬抄』）からであることも指摘した。

本書では詳しく論述していないが、平安・鎌倉時代には、二種のほか、おそらく百済《くだら》王から献じられた大刀《たいと》契《けい》とよばれる霊剣があったことを付記しておく（「百済国の大刀契」、『古代伝承史の研究』所収、塙書房、一九九一）。

仏教伝来は仏像や仏典の伝来をメルクマールとして論じられやすいが、仏の教えを理解し、それを教示する僧尼が渡来しなければまことの仏教伝来とはいえない。「もの」の文化史であれば、それでよいかもしれないが、私のめざす文化史は人間の文化史である。

日本歴史上確実な天皇暗殺は崇峻大王の暗殺のみであった。その大事件も新羅《しらぎ》征討の間隙をぬって決行された。天皇号の使用が天智朝であり、遅くとも天皇の称号と日本国の国号の顕在化が天武朝であることも論述した。そして日本国家成立の立役者が藤原不比等《ふひと》という巨大な政治家であったことを改めて論証した。

本書は京都大学を卒業するさいに提出した、六七二年の壬申の乱と『記』・『紀』の氏族系譜を論じた卒業論文（「日本上代に於ける国家的系譜の成立に就いて」）を書きあげた年から数えて六十二年となる、私みずからの古代史にかんする研究史の集成ともなっている。この『古代史』（上・下）が、多くの読者を得て、今後の古代史研究に寄与しうるならば幸いである。

私の日本古代史（上）天皇とは何ものか——縄文から倭の五王まで　——目次

第Ⅱ部

第Ⅲ部

第Ⅳ部

下巻　目次

私の日本古代史（上）

天皇とは何ものか——縄文から倭の五王まで

はじめの章　いま、なぜ古代史か

津田史学との出会い

私が古代史を本気で勉強するようになったのは、昭和二十年（一九四五）の秋からである。もっとも中学二年生のおりに、担任の先生のお宅を訪問したさい、先生の書棚に当時発禁（発売禁止）になっていた津田左右吉博士の『古事記及び日本書紀の新研究』（岩波書店）をみつけた。先生は私に貸すことをためらわれたが、強引に借りうけて、わけもわからぬままに、学校で習っている「上代」の歴史と内容が異なっていることを肌で感じた。そして学問とはこういうものなのかと気づきはじめていた。

私が中学に入学したのは昭和十五年（一九四〇）の四月である。その年の一月には津田左右吉博士が出版法違反の容疑をうけて早稲田大学教授を辞任し、二月には『古事記及び日本書紀の新研究』、『神代史の研究』、『古事記及日本書紀の研究』、『日本上代史研究』、『上代日本の社会及び思想』が発売禁止になるという、ファシズムによる言論断圧のきびしい時期であった。

昭和十五年の三月二十五日に聖戦貫徹議員連盟が結成され、政府は各党の党首に解散を進言、八月には、「贅沢は敵だ」の看板が立ち、ついに十月十二日には大政翼賛会が設立されるというありさまであった。

当時の中学校への入学試験は、ペーパーテストのほかに口頭試問があった。そして中学校には配属将校がいたが、「国体の精華は何か」と聞かれて、小学校で教えられたままに「万世一系の天皇」、「神国日本」、「外敵に敗れたことなし」と答えた。成績順にクラスの編成がなされて、私は一年三組の級長となった。

日本の歴史を勉強すれば誰でもわかることだが、軍国少年であった私は、たとえば六六三年の白村江の戦いで、唐・新羅の連合軍によって倭国の軍勢が大敗を喫し、撤兵を余儀なくされたことなどを、知るはずもなかった。

日中戦争から太平洋戦争へ、私の青春時代は第二次世界大戦の最中と重なる。玉砕につぐ玉砕、敗戦の色が濃厚となるなかでも、あるいは「神風が吹くかも」などとひそかな期待をしていた。

昭和三十四年(一九五九)の十二月三十日に出版した私の第一論文集『日本古代国家成立史の研究』(青木書店)は、『日本史の名著——書評にみる戦後の日本史学』(吉川弘文館、一九九〇)のなかの一冊として紹介されたが、その「あとがき」に、

第二次世界大戦の最中に國学院大学専門部に入り、戦後の混乱期に学窓をでた自分としては、日本歴史の研究にたち向う場合に、どうしても天皇制の問題をさけて論文を書くことはできなかった。戦火に傷つきまた斃れてゆく悲惨な学友の姿を身近に体験したわたくしは、日本の破

局を血のにじむような思いでみつめていたが、青年学徒は唱導される国体の本義に殉ずべきであると考えてみたり、果してそれが「青年学徒」の生くべき道であるのかと疑ってみたりして、いつも焦慮と不安にかられていた。それは戦争中のいつわらぬみずからの姿である。丁度その頃、発禁の津田博士の『神代史の研究』ならびに『古事記及び日本書紀の新研究』の二冊を友人の紹介で（早稲田大学近くの古書店で一冊を米二升で）入手して読む機会があった。そこに展開される『記』・『紀』の文献批判は、私のこころに強い衝撃をあたえた。間断なく空襲警報が東京上空にもなりひびいていたその頃、燈火管制のもとで両書の要点をノートしていたときの感動は、いまもはっきりと思いだすことができる。しかしそれは未熟なわたくしにとっては研究の外における感銘であり、研究の内側であたためることにはならなかった。敗戦の詔勅が発布されて、冷厳なる日本の現実をまざまざとみせつけられた私は、しばらく茫然としてなすことを知らず、故郷に帰って百姓をしたりして日々をすごしていたが、常に日本天皇制の謎がしこりとなって離れなかった。その謎を少しでも学問的に明らかにしてみたいという欲求が、復学を決心させる要因のひとつであったことは否定できない。

とのべているのは偽りのない心情であった。

こうして國学院大学専門部に復学、折口信夫先生の講義を真剣に受講するようになる。

古代学へのめざめ

國学院大学の教授陣には国史学の岩橋小弥太、国文学の武田祐吉、言語学の金田一京助の錚々たる先生方がおられたが、國学院大学での学びでもっとも影響をうけたのは、国文学、民俗学、神道学の折口信夫（釈迢空）先生の講義であった。先生の名著『古代研究』（国文学篇と民俗学篇1・2）は第二次世界大戦の末期でなかなか入手できず、コピーのない時代でもあったから、大学の図書館に通って大学ノートに必要な箇所を書きとどめた。

その『古代研究』の〝あとがき〟は、「新しい国学」をめざされた折口先生らしく、〝追ひ書き〟として書きとどめられ、つぎのようにのべられている。

しんみになって教へた、数百人の学生の中に、一人だつて、真の追随者が出来たか。私の仮説は、いつまでも、仮説として残るであらう。私の誤つた論理を正し、よい方に育てゝくれる学徒が、何時になつたら、出てくれるか。今まで十年の講座生活は、遂に、私の独り合点として、終りさうな気がする。

この文章は『古代研究』（三冊）の最後の巻の「民俗学篇2」が大岡山書店から出版された昭和五年（一九三〇）六月の〝追ひ書き〟の一節である。

「一人だつて、真の追随者が出来たか」とは折口先生ならではの表現だが、折口説を信仰のように信奉している教授や学生は、この先生の「私の誤つた論理を正し、よい方に育てゝくれる学徒が、いつになつたら、出てくれるか」という先生の今後の学問への期待を、どのようにうけとめていたのであろうか。

足かけ三ヵ年ばかり先生の授業を受講したが、「神道神学」の講義は、深刻で、しかもある種の緊張感がみなぎっていた。この講義は昭和二十一年の五月から開始された。当時雑誌『展望』に〝神　やぶれたまふ〟が発表されている。

神　やぶれたまふ

神こゝに　敗れたまひぬ―。
すさのをも　おほくにぬしも
青垣の内《ウチ》つ御庭《ミニワ》の
宮出でゝ　さすらひたまふ―。

からはじまって

神いくさ　かく力なく
人いくさ　然も抗力《アヘ》なく
過ぎにけるあとを　思へば
やまとびと　神を失ふ―

日高見《ヒタカミ》の国びとゆゑに、
おのづから　神は守ると
奇蹟《シルマシ》を憑む　空しさ。
信なくて何の奇蹟《シルマシ》―。

この長篇の詩歌は、折口信夫の「神道神学」樹立への熱いまなざしの前提になっていた。神学なき神道の敗北とうけとめての折口信夫における敗戦であった。私の古代史研究が、政治と宗教、神話と芸能などに力点をおくようになるひとつの要因には、折口先生の「神道神学」への執拗なまでの模索の影響があるのかもしれない。

折口学と柳田学

折口信夫と折口がもっとも心酔した恩師といってもよい柳田國男との学問の間には、大きなへだたりがあった。その点についいては『日本文化の成立』（文英堂、二〇一〇）でも詳述したが、ひとつは「社会現前の疑問」から出発した柳田学が考現学であったのに対して折口の学問は「日本人としての精神生活における古代的要素の研究」と折口みずからがいうようにまさしく古代学であった。

日本のマツリの考察にもっとも大きな業績を構築したのは柳田・折口の両師であったが、神をまつる者の側に重点をおいて究明した柳田に対して折口の力点はまつられる神の側からの論究に中心があった。神話についても両者の見解は全く異なる。

柳田学にあっては、さまざまな民間伝承から神話へと遡及する方法が重視され、「我々の民間説話の何れの部分が、神話に近いかが先づ問題になる」とした。そして「昔話と伝説と神話」の違いについても、かなり厳密に規定した。

ところが折口信夫の神話の定義とその理解は、きわめて独自であって、柳田國男の見地と方法とは対照的であった。その実際を折口みずからの論著に即して若干紹介しておく。たとえば、「宮廷生活の幻想」(『日本歴史』二巻三号)の冒頭には次のようにのべられている。


神学の為に、神話はあるのである。従つて神学のない所に、神話はない訳である。謂はゞ神学的神話が、学問上にいふ神話なのである。

神代の神話とか神話時代とか、普通謂はれているが、学問上から謂ふ神話は、まだ我が国にはないと謂うてよい。日本には、たゞ神々の物語があるまでゞある。何故かと言へば、日本には神学がないからである。日本には、過去の素朴な宗教精神を組織立て系統づけた神学がなく、更に、神学を要求する日本的な宗教もない。其で自ら、神話もない訳なのである。統一のない、単なる神々の物語は、学問的には、神話とは言はないことにするがよいのである。従つて日本の過去の物語の中からは、神話の材料を見出す事は出来ても、神話そのものは存在しない訳である。

この折口独特の神話観ないし神話論は、第二次世界大戦後とりわけみずからが神道神学の樹立をめざしたありようと重層して注目すべき論述になっている。その内容にはたとえば「日本には、過去の素朴な宗教精神を組織立て系統づけた神学がなく、更に、神学を要求する日本的な宗教もない」とするような独自の見解もあったが、折口のこうした神話観は、それ以前にも内在していた。

そのことは昭和十八年（一九四三）の八月から『日本評論』に掲載された「日本文学の発生序説」のなかの、次の文章をみてもはっきりする。「私は『神話』と言ふ言葉を使ふことを避けてゐる。神話と言ふのは、一つの教会・教派として、神学をもつてゐる宗教の上に出てゐるものを神話と言ふと定義を立てて居るので、日本の民俗信仰の如く、殆（ど）神学・教会を持たぬものに、此語を使ふのは当らないと考へてゐるのだ」とその見解を明記する。そのような理解を戦時下のいわゆる「皇道」主義へのプロテストとみるのはあたらないだろう。

またそれよりかなり早い昭和九年に刊行された『日本文学大辞典』のなかでも、「民俗学」を執筆した折口は、「日本には、基督教的生活を基調としたものがないから、神話といつても西洋学者の言ふやうなものはない」と断言している。だが折口信夫における神話と民譚の区別はきわめてあいまいであり、たとえば「神話が神の誓約を元とするのに対して、人の世の任意な事件とするのが民譚」とするようなおおまかな類別にとどまっていた。

柳田國男が『口承文芸史考』などで規定した「昔話と伝説と神話」の概念のほうがはるかに明確であった。基督教的神学の影響が、折口の「神話論」にはかなりあったとみなすべき要素が濃厚である。

折口信夫の他界観

折口の最晩年、昭和二十七年（一九五二）の十月に発表された「民族史観における他界観念」にも、折口学の苦悩がにじむ。人権侵害の最大の悪といってよい戦争による数多くの戦死者のたましいは未完成の霊魂に終った。いかに鎮魂すべきか。折口信夫の他界への想いは、大阪の天王寺中学に入学して夕陽ヶ丘を朝な夕なに通ったおりに、四天王寺の西門の彼方の海に沈む夕陽の神秘を実感したいにしえにさかのぼる。そしてそれは大正五年（一九一六）の『アララギ』十一月号に発表された「異郷意識の進展」、ついで大正九年の『國学院雑誌』五月号に執筆された「妣《はは》が国へ・常世へ―異郷意識の起伏―」以後へと発展する。折口は繰り返し他界観念の問題を追究しつづけたといってよい。

大正十一年、大正十三年の沖縄探訪によって決定的となる折口の〝まれびと〟論も、こうした他界観念探求のなかの産物であった。そして「民族史観における他界観念」では、「完全に他界に居ることの出来ぬ未完成の霊魂」のありようを探索し、「神道以前の神道」をさかのぼってさぐることが執拗に問われている。

折口信夫は「民族史観における他界観念」のなかで、「他界における霊魂と今生の人間との交渉についての信仰を、最純正な形と信じ、其を以て『神』の姿だと信じて来たのが、日本の特殊信仰で、唯一の合理的な考へ方の外には、虚構などを加へることなく、極めて簡明に、古代神道の相貌は出来あがつた。其が極めて切実に、祖裔関係で組織せられてゐることを感じさせるのが、宮廷神道である。之を解放して、祖先と子孫とを、単なる霊魂と霊魂の姿に見更めることが、神道以前の神道なのだと思ふ」という。

日本の神々を祖先の神々の系譜（神統譜）におりこんだ「宮廷神道」ではなく、「之を解放」して、「霊魂と霊魂の姿」として見更めることが、原神道の世界につながるということの折口の指摘がもつ意味は深くかつ重い。

日本の学問の霊魂あるいは死者の世界についての探究は、あまりにもおろそかであった。平田篤胤のような異色の国学者もいたが、その思索の道はついに伝統とはならなかった。折口信夫が探求しつづけた「たましひ」の世界は、その他界観念についての最後の論文にも反映されていた。

私が私の第五論文集『日本文化の基層研究』（塙書房、二〇〇三）の最後に「日本人の他界観念」を書き下ろして付章にしたのも、折口先生からの宿題に私なりに答えようとしたからである。

古代を追体験することは、言うにやすく行うに難い。まして死せる古代ではなく、生ける古代と対面することは、さらにむずかしい。ひたすらに古代関係の史料や遺物・遺跡あるいは金石文や木簡などを分析しても、よほどの史心がないと、生ける古代はよみがえってはこない。

「資料と実感と推理とが交錯して生まれて来る論理」をたどって、生きた古代人の生活と対面しえたひとりが折口信夫である。国文学や芸能史はもとよりのこと、古代学とよぶにあたいする独自の学問を開拓したその折口師がなくなってから、早くも六十年近くの歳月が過ぎた。

発生から展開へ、古代人の「いぶせき生活」を「情熱をもつて生み直す」折口学には、古代人の「おどろ」の世界がみなぎる。その実感は、他の追随を許さぬ、折口「一己のもの」となっているといってよい。

この先学は、その代表作『古代研究』の「追ひ書き」のなかで次のようにのべている。

私は沖縄に二度渡つた。さうして、島の伝承に催されて、古代日本の姿を見出した喜びを、幾度か論文に書き綴つた。其大部分は、此本に収められてゐる。

沖縄・朝鮮への思いのたけ

折口は大正十年（一九二一）・十二年、そして昭和十年（一九三五）と三度におよぶ沖縄調査を行っているが、「追ひ書き」にいう「二度」の渡沖は、大正十年と十二年の沖縄への旅をさす。折口学の「まれびと」論が、その南島研究の成果として結実したことはいうまでもない。大正九年の「妣が国へ、常世へ」の想いは、沖縄旅行によって結実し定着する。

折口と沖縄、折口学と南島研究、それは折口古代学の太いきずなになっている。昭和二十一年の一月、南西諸島の行政分離が、南西諸島の人々の意志をふみにじって強行された。当時の研究者のなかで、いったい幾人が、その痛みをわが痛みとしてうけとめることができたか。

その年の八月、折口は「沖縄を憶ふ」の一文で、悲憤し、「此ほど、間違つた事はない」ときびしく指摘した。沖縄への思いのたけの深さがその行間にあふれてやまない。私の南島採訪・調査の旅は、昭和四十六年八月の沖縄本島・先島（宮古・八重山諸島）、四十七年四月の奄美大島・徳之島、同年九月の沖縄本島・石垣島・竹富島・宮古島、五十五年十一月の沖縄本島・宮古島、六十一年十月の沖縄本島、平成四年（一九九二）十月の沖縄本島、十一年九月の沖縄本島と七回におよぶが、日本文化の原像をかいまみ、あわせて沖縄の朝鮮・中国東南アジアとのかかわりを探究する旅でもあった。

折口学と沖縄、その命脈は多くの人々に知られている。だが折口学の展望のなかにあって、ついに開花しなかったものに朝鮮がある。國学院在学中の四年間、朝鮮語の習得につとめた折口は、その後言語学者であり国語学者であった「金沢庄三郎先生の特別な心いれを頂いた」としるしている。

そして昭和六年の「熟語構成法から観察した語根論の断簡」では、金沢庄三郎の日本語と朝鮮語の同源論を批判する学界の風潮に対して反論し、金沢説を擁護した。

折口信夫と朝鮮といえば、意外と思われるむきもあろうが、折口学の展望のなかには朝鮮がひそんでいた。みずからがいう。「朝鮮民族や、大陸の各種族の民俗について、全く実感の持てぬ私ではないと信ずる」と。

併し、其等の土地に居て、その実感を深める事が出来たら、分離すべきものは分離して、民族的民俗学の第一資料を、思ふに任せて獲る様になるだらう。私一己の学問にとつては、今の中は、其国々からは、有力な比較資料を捜るといふに止めねばならぬ。其地を踏まぬ私は、自然から言ふ態度を採る外はないのである。今の中、沖縄の民俗で解釈の出来るだけはして置いて、他日、朝鮮や南支那の民間伝承も、充分に利用する時期を待つてゐる。(「追ひ書き」)

私の考える折口信夫と朝鮮とのかかわりが、たんなるこじつけでないことは、折口自身の言葉によってでも明らかとなろう。折口学と朝鮮とのまじわりを実感したのは、第二回の沖縄調査から帰ったさい、折口が目撃した関東大震災における朝鮮人虐殺、その「すさび」を「公憤」して詠んだ、大正十三年(一九二四)の『日光』誌上に発表された「砂けぶり」と接した時からである(のち数次にわたって改作)。

その「非短歌」の一節には、

おん身らは誰をころしたと思ふ。
陛下のみ名において――
おそろしい呪文だ。
陛下万歳ばんざあい

と歌われている。この二〇聯を貫く詩心は、折口が信頼していた民衆が暴徒と化して、多くの朝鮮人を虐殺した「すさび」であった。民衆のこころの荒廃であった。

大正十二年の九月四日、横浜から自宅へと歩きつづけた折口は、増上寺山門のあたりで自警団に囲まれ、その風体をあやしまれる。焼け野が原の眺望以上に、折口を悲憤と絶望に追いやったのは、朝鮮人虐殺の「やまと」の本質であった。

「一旦事があると、あんなにすさみ切つてしまふ。あの時代に値《ア》つて以来といふものは、此国の、わが心ひく優れた顔の女子達を見ても、心をゆるして思ふやうな事が出来なくなつてしまつた」

とのべている。

朝鮮への思いのたけの深さは、「砂けぶり」にうつされてある。それにつけても、惜しまれるのは、大正十年、その翌年と壱岐採訪を行いながら、ついに対馬へおもむかなかったことである。「壱岐民間伝承採訪記」にも朝鮮への志向の片鱗はあるが、まだ十分ではない。

対馬へ五度渡って、対馬の文化がいかに朝鮮文化のうねりと深いかかわりをもっているかを、まのあたりにしたこの私には、折口がもし対馬への旅をしていたなら、折口はその「一己の学問」の展望のなかにあった朝鮮を、対馬の「土地に居て、その実感を深める事が出来た」にちがいないとしきりに想ったことではあった。

折口学における朝鮮は、ついに未完だった。そしてその死角となった。もとより日本の立場よりする朝鮮への志向だけでは、朝鮮の古代に対面することはできない。朝鮮の側に立っての、日本の古代との対面も必要である。

だがそれにしても、時代をこえて、古代と対面することが可能であった折口その人にとっての朝鮮が、ついに結実しなかった「不幸」を、折口ひとりの「不幸」としえないところに、私の内なる課題が横たわる。日本にとっての朝鮮とは何であったか。朝鮮にとっての日本とは何であったか。それは私の歴史学の問いつづけてきたテーマのひとつである。

西田文化史学への憧れ

昭和二十二年（一九四七）四月十日、京都帝国大学文学部史学科（国史学専攻）に入学した。入試はペーパーテストのほかに面接であった。そのおりの国史学の主任教授は西田直二郎先生である。西田文化史学の泰斗であり、名著『日本文化史序説』は、國学院大学在学中によんで深い感銘をうけていた。面接のおりに西田先生がもの静かに「國学院には岩橋君や折口君・武田君がいるのに、なぜ京大へ進学するのか」と。その間の事情についてであるが、私の第一歌集『共生』（大和書房）の序文で岡野弘彦さんがつぎのように書いておられる。

國学院大学で長く理事長をつとめた松尾三郎という方が、折口先生が亡くなってのちに、ふっと私に話された。独身で通した先生は、十七年間も同居して召集を受けてから養子にした藤井（旧姓）春洋が硫黄島で戦死したのちは、家に来る若い者がなかなか居つかずに困っていられた。松尾さんは思い当る学生をあれこれと考えた末、ひそかに上田さんを推薦しようと思っているうちに、上田さんは郷里の神社をつがなければならぬというので去っていかれた。それで私に順が廻ってきたのだということであった。

もし、時の歯車が少しちがった動きをしていたら、上田さんと折口先生とのこの世の縁は、より深いものになっていたはずであり、私は伊勢の山村に帰って北畠氏にゆかりの神社の三十五代の神主をついでいたに違いない。折口先生のいう「未生以前」の縁の不可思議を、思わないではいられない。

岡野さんは晩年の折口先生に仕えて、たとえば最後の論文「民族史観における他界観念」の口述を筆記してまとめられた方であった。私が秘していたことを、岡野さんが松尾三郎先生から聞いておられたことを、この序文ではじめて知った。

西田先生は京大助教授の時期にフランスに留学して、ヨーロッパの文化史学を直接に学ばれ、あるべき文化史学の方向を明示された。戦後の日本の歴史学界では、社会経済史の分野の研究が主流となってリードし、文化史学はとかく軽視されがちであったが、私は西田文化史学を高く評価して、『日本史研究の課題』（日本科学社、一九五七）のなかの「文化史学の課題」で、つぎのようにのべた。

文化史学展開の本流は、決して文化史を特殊史として位置づけてきたのでもないし、文化史を政治や経済など以外のいわゆる文化現象のみを単純に対象とする学問として継承してきたのでもない。個人主義的な歴史観や政治主義・経済主義を中心とする一般史に対して、そのアンチ・テーゼとして文化事象重視の歴史家の主張は、ややもすれば、人間生活の外的条件よりも人間生活の内的要因とその作用を強調してきたために、とかく人間精神の歴史的展開のみを力説する精神史としてのゆがみをはらんでいった。そのゆえにまた特殊文化史観を助長する結果となったが、文化史学の目的と方法とをめぐる主体性や基本的性格は、決してそこに脈うつものではなかった。

戦後におけるわが国歴史学界の動向が、主として社会経済史の分野を中心に発展してきたことに対する反動として、再び「文化の流れ」を重要視する傾向が現実化しつつあるが、これなども特殊文化史観にわざわいされたものとみなすことができよう。文化現象を社会経済的諸条件と切り離して、きわめて限定されたわく内において理解しようとする傾向は、現在の歴史教育の方向づけにもしだいに顕在化しつつあるが、そのような方向は、文化史の本来の姿をゆがめるものではあっても、文化に対する正当な認識をつちかうゆえんのものではない。


と西田文化史学の本来のありようを再発見する必要を力説した。しかし西田先生は戦時中日本精神の高揚に協力した大倉精神文化研究所所長などをつとめられたことがわざわいして、教職不適格となり、京大を退職せざるをえなくなった。

昭和四十五年の十一月に文藝春秋から出版した『日本の原像』（東京創元社より二〇〇一再刊）の終章に、西田文化史学の課題に言及したこの論文と「折口新国学の問題点」を収めているのも、私のその後の学問のありようとかかわりをもつ。

京都大学での学び

西田先生が退官されたあとの主任教授は、西洋史学の主任でギリシア史が専門であった原随園先生であり、柴田實先生と藤直幹《なおもと》先生が国史学の助教授として学生の指導にあたられた。三回生のおりに、台北帝国大学から帰国された日本の近世の貿易史や鉱山史に造詣の深い小葉田淳《こばたあつし》先生が主任教授、古文書学・仏教史の赤松俊秀先生が助教授であった。そして柴田先生は京都大学教養部教授となり、藤先生は大阪大学文学部教授に転任された。一・二回生のおりにおおかたの単位は収得していたので、小葉田・赤松両先生や考古学の有光教一先生の講義は受講していないが、学位（文学博士）論文の審査は、両先生と有光先生であった。

力がついたのは、三品彰英先生の『三国志』の『魏書』東夷伝倭人条（いわゆる「魏志倭人伝」）をめぐる演習であった。『魏書』引用の『魏略』や裴松之《はいしょうし》の注を入れても、二千字たらずの原文を、毎回二行ばかりを吟味しての演習であった。そのみのりは、先生の労作『邪馬台国研究総覧』（創元社、一九七〇）に反映されているが、文献批判の重要性をしっかりと学ぶことができた。のちに東北大学教授となった朝鮮史の井上秀雄君とは、いつも演習のおりには先生の前にいたので、口の悪い学生からは「三品の狛犬」とからかわれたこともあった。

天皇制とは

私がなぜ古代史を学ぶようになったかを、すぐれた先生方とのであいをかえりみながらのべてきたが、京都大学の卒業論文は、六七二年の壬申の乱と、『古事記』・『日本書紀』との関係を考察した「日本上代に於ける国家的系譜の成立に就いて」（主論文）と「中宮天皇考」（副論文）であった。これらの論文では大東亜（太平洋）戦争が敗北に終った昭和二十年（一九四五）八月十五日のその日の、「天皇制とは何か」という十九歳のおりの私自身の疑問を私なりに解明することをめざした。

天皇制が成立したのは、六七二年の大海人皇子（天武天皇）による皇位簒奪の戦い―壬申の乱―以後ではないか、その壬申の乱と『古事記』・『日本書紀』の氏族系譜のなりたちとは深いつながりをもっていたのではないか、したがって壬申の乱で活躍した氏族の系譜が多く、さらに大王を称していた王者が天皇へとかわる天皇号の使用も壬申の乱のあとではないかと問うたのが、私の卒論であった。

幼年から青年期にかけて、徹底的に「学徒」は「皇国臣民」として「天皇」と「皇国」に殉ずべきであると教育されてきた私にとって、「神国日本」の決定的な敗北は私を虚脱と懐疑の淵に投げこんだのである。

卒論にもとづいて、はじめて論文を発表したのは、昭和二十六年三月の『国史学』五十五号に掲載された「上代氏族系譜の形成過程」であった。当時京都大学の読史会では卒業論文の発表会があり、傍聴にみえた立命館大学の北山茂夫先生のおすすめで、同年の十二月の『文学』（一九巻一二号、岩波書店）に「天武朝の政治と文学」を執筆した。そして『記』・『紀』神話を中心とする日本神話のありように関する考察をまとめた、私のはじめての単著『神話の世界』（創元社）を昭和三十一年の六月に出版した。

私の古代史研究は、十九歳の虚脱と懐疑をスタートとして、今日までつづいてきたといえるかもしれない。右翼の人も左翼の人もその概念規定をあいまいに「天皇制」という言葉を使っているが、そもそも「天皇制」という用語は、昭和六年（一九三一）、世界各国の共産党の国際的組織であるコミンテルンの「三一年テーゼ」草案ではじめて登場し、これに絶対君主制という概念規定をあてたのは同七年の「三二年テーゼ」であった。

そこでは「日本の天皇制は、一方では主として地主として寄生的封建的階級に立脚し、他方では又急速に富みつつあった強欲なブルジョアジーにも立脚し、これらの階級の頭部と極めて緊密な永続的ブロックを結び、かなりの柔軟性をもって両階級の利益を代表」するシステムとのべられている。

旧憲法（「大日本帝国憲法」）のたとえば第四条に「天皇ハ国ノ元首ニシテ統治権ヲ総攬シ此ノ憲法ノ条規ニ依リ之ヲ行フ」としるし、第十一条に「天皇ハ陸海軍ヲ統帥ス」と軍の統帥権をはっきりと規定する体制は天皇制にほかならない。（現在の「日本国憲法」における「天皇は、日本国の象徴であり日本国民統合の象徴」であるとする天皇のありようとは内容を異にする）。

しかし近代日本に創出された天皇制が、古来の伝統にもとづくものであるからというので、その内容を明確に吟味しないで、天皇制が古代から連綿とうけつがれてきたというのは、歴史の実相とは大いに異なる。

壬申の乱に勝利した大海人皇子は、飛鳥浄御原宮で即位して、「飛鳥浄御原令」をつくり、持統称制三年（六八九）の六月に「令二二巻」を施行した。律令国家の前提がととのい、対外的に日本国を名乗り、天皇号を称するのも（後述参照）、最終的には天武・持統朝であって、大宝元年（七〇一）に完成した「大宝令」の「公式令《くしきりょう》」（公文書の様式や施行などにかんする規定）にしるすように対外的に大事を詔する時には「明神御宇日本天皇」、対内的に大事を詔する時には

「明神御大八洲天皇」を称した。

神祇官・太政官八省のトップに天皇が君臨するその体制は古代天皇制といってもよい。私が六十二年前の三月の卒論で推定した壬申の乱の後に天皇制が成立したとする推定は、現在の研究成果とも矛盾しない。

宮廷はマツリの場

しかし平安時代後期に入って、摂政・関白が政治を執行するようになると、宮中は祭祀を中心とする場となり、建久三年(一一九二)の七月、源頼朝が征夷大将軍となってからは、幕府政治が日本の政治をリードした。

したがって順徳天皇が承久年間(一二一九―一二二二)に宮中の行事や故実《しきたり》を九二項にわたってまとめた『禁秘抄《きんぴしょう》』には「凡そ禁中作法、先づ神事、後に他事」とされ、「諸芸能の事、第一御学問也」と明記し、唐の太宗の『貞観政要』や唐代に群書から政治の要点を抜粋した『群書治要』を引用されもしたのである。

「王道」は天皇、「覇道」は幕府という体制は鎌倉・室町・江戸の各幕府にうけつがれて、元和元年(一六一五)の七月の朝廷に対する統制令ともいうべき「禁中 幷《ならびに》 公家諸法度」にも「天子御芸能之事、第一御学問也」として、『禁秘抄』に載する所、御習学専ら要《かなめ》ニ候事」とした。

そもそも「芸能」という用語が、「学問」を指したことは、「大宝令」や「養老令」の「医疾《いしつ》令《りょう》」(医薬の規定)にある「芸能を述ぶ」の「芸能」が学問的技能を意味していたのにも明らかである。学問にかんする規定「学令」に学問を「芸業」と表現しているのも同類である。そのいわれをさかのぼれば、中国の古典においても、古くは「芸能」が学問を意味していたことは、たとえば司馬遷の『史記』(「亀策伝」)に「芸能之路を開き、百端之学を延《の》ぶ」とのべているのにもうかがわれる。

「禁中并公家諸法度」では、三公(太政大臣・左大臣・右大臣)・親王・門跡の帝次の規定、摂政・関白・大臣の任免の規定をはじめとする規定をさだめているが、武家の官位は「公家当官の外」であって、幕府の承認を必要とするなど、朝廷と武家のまじわりを制限し、「公家家業」も幕府によって行動を規制された。

最近、後水尾《ごみずのお》天皇の中宮東福門院和子《まさこ》の御所の襖《ふすま》の引き手がみつかったが、和子が徳川秀忠の娘であったとはいえ、その引き手が三つ葉葵《あおい》の徳川の紋を、皇室の菊紋四つが取り囲んでいた。当時の将軍家と天皇家のありようを象徴するかのようである。

そのような朝廷にたいする幕府の圧政にたいして後水尾天皇が抗《あらが》って退位し、英邁な君主であった光格《こうかく》天皇が幕府と対峙したような例もあった。明治天皇の曾祖父にあたる光格天皇については別にのべたが(『平安神宮百年史』、平安神宮、一九九七)、天明大飢饉のさなか、天明七年(一七八七)の六月、光格天皇の勅旨にもとづいて、武家伝奏(幕府への伝達・連絡役)の油小路《あぶらのこうじ》隆前《たかちか》と久我《こが》信通《のぶみち》が京都所司代に救民策を申し入れた。朝廷が幕府へ申し入れをすることじたいが異例であった。その申し入れをうけて、七月八日には救い米五百石、八月五日には千石が提供された。

安永七年（一七七八）以来中絶していた新嘗祭を天明六年に再興、幕府の承認なしに神嘉殿を造営して、新嘗祭を紫宸殿ではなく、神嘉殿で執行、さらに翌年の十一月には古儀にのっとった大嘗祭を実施した。

とくに注目されるのは、天皇の崩後に贈られる諡号《おくりな》であった。諡号に天皇が付されたのは、九世紀後半の光孝天皇（在位八八四―八八七）までで、その後光格天皇の前の後桃園天皇までは「院」であったが、光格天皇からは天皇号が復活している。

光格天皇は実父の閑院宮典仁《すけひと》親王に再三にわたって太上天皇の尊号を贈ることを要求したが、幕府はこれを最後まで拒否した。皇位につかずに「太上天皇」を贈られた先例はある。たとえば後堀河天皇の父の守貞親王や後花園天皇の父の貞成《さだふさ》親王に「太上天皇」が贈られている。

明治天皇によって明治十七年（一八八四）に典仁親王に慶光天皇の尊号が贈られたのは、光格天皇の太上天皇号を強く要請した故事にもとづく。なお明治天皇による「天皇」尊号追贈には、近江の大津宮の天智天皇の皇子（大友皇子）に対して、明治三年（一八七〇）弘文天皇が追諡された例がある。

「天皇制」という用語も、その内容にそくして厳密に使うべきだが、私の古代史研究が天皇制とは何かを問うことからはじまったのも、戦争中「天皇陛下のために」と「尽忠報国」を強制されたことへの疑問と反発をスタートとしたからである。

上代史と古代史

昭和二十五年（一九五〇）三月の京都大学文学部卒業のための卒論のテーマが「日本上代に於ける国家的系譜の成立に就いて」であり、はじめて活字となった私の論文題目が「上代氏族系譜の成立過程」（『国史学』五五号）であって、「古代」を使わずに「上代」という用語で書いているのを不思議に思われるかもしれない。

当時は「古代史」という表記よりも「上代史」という表現の方が一般的であり、たとえば前に述べた津田左右吉博士が昭和五年（一九三〇）の四月に出版した著作は『日本上代史研究』（岩波書店）であった。実際に昭和十五年（一九四〇）前後のころの著書には『上代史』が圧倒的に多い。

それなら「古代史」という用語は、いったいいつごろから使われるようになるのか。しばしば、マルクス主義歴史学が、原始・古代・中世（日本では中世・近世に分ける）・近代の発展段階説にもとづいて、「古代史」という用語をさかんに使うようになってからだと、マルクス主義歴史学の影響を指摘する見解があるけれども、それは明らかにあやまりである。

江戸時代には、新井白石の『古史通』、『古史通或問《わくもん》』あるいは平田篤胤の『古史成文』、『古史徴』など、「古史」という用語が多く使われているが、明治・大正に入ると「上古」という用語が使われるようになる。

中国史はもとより日本史についても注目すべき数多くの問題提起をした内藤虎次郎（湖南）は、たとえば『シナ上古史』を著わし、『日本文化史研究』では「日本上古の状態」について言及し、「支那の記録から見た日本上古史」を考察している。

世に「京都学派」という名称がおりおりに使われるが、西田幾多郎の哲学（西田哲学）あるいは桑原武夫や今西錦司などの学問をさすのがはじまりと思っている人びとが多い。しかしそもそものはじまりは、内藤湖南の史学が東大とはいちじるしく異なっており、中国の古代史家郭沫《かくまつ》若《じゃく》が、内藤の学問を「京都学派」とよんだのに由来する。

明治の著書や論文のなかで「古代史」という名称をいち早く使った例では、久米邦武の『日本古代史』（早稲田大学出版部、一九〇五）や喜田貞吉《きたさだきち》の「考古学と古代史」（一九〇九）などがある。もっとも両者とも論著のなかでは「上古」という用語も併用されていた。

折口信夫は名著『古代研究』（一九二九—三〇）のとおりに好んで「古代」を用いたが、「古代学」という用語も用いている『上代文化研究』（一九二八）では、「上代」という用語を使っている。もっとも国文学などでは、今でも上代文学という用語が使われており、古代文学の前期すなわち文学の発生から奈良時代までを「上代文学」とみなす見解が有力である。

古代学をめざして

折口学における「古代」は、歴史学にいう時代概念としての「古代」ではなかった。まさに中世・近世にも生きつづけている「古代的要素」としての「古代」であったが、そのゆえにまた柳田学とは異なる独自の学風を構築しえたといえよう。

その後の古代学者としては、後年、みずから古代学協会を組織して、考古学と文献学などとの総合をめざした角田文衛《つのだぶんえい》平安博物館館長のほか、森浩一同志社大学名誉教授などがある。古代の研究には、あらゆる史料に基づいて歴史地理学・民俗学・文化人類学などを総合した古代学Paleology の見地から、その歴史と文化を考察する必要がある。

日本の学者でいち早く「古代学」を志向したのは喜田貞吉（一八七一―一九三九）である。日本古代史の研究に文献学、考古学、民俗学を総合した分野を開拓し、明治四十二年（一九〇九）の「考古学と古代史」（『東亜之光』）を、自伝『六十年の回顧』では「考古学と古代学」に改めている。

古代史といえば文字資料つまり石材や金属器などに文字をしるした金石文、短冊状の木に文字を記した木簡・土器に文字を記した墨書土器など、なによりも文書（差出人があって受取り人のある文）、記録（覚え書・日記など）の文献を中心に研究するものと思われがちだが、文献だけで古代の歴史と文化の究明が充分にはたせるわけではない。

文献のたぐいはいうまでもなく、遺物・遺跡さらに言語学、文学までも含める「古代学」をめざしたのは角田文衛であった（『古代学序説』、山川出版社、一九五四）。考古学者であったが、国文学などにも造詣が深く、古代ローマの遺跡や平安京の遺跡の発掘調査でも注目すべき成果をあげた。考古学者の小林行雄は折口信夫の影響もあって「古代学」を論じ、考古学者で地域学の構築をめざす森浩一も古代学を提唱した。

私もまた『古代学とその周辺』（人文書院、一九九一）をはじめとする著書や論文で、古代学の見地から古代史を考察することをこころがけてきた。

「こだい（古代）」の用語は古くからあって、たとえば『源氏物語』（若菜上）には「こだい（古代）のひが事どもや侍りつらむ」とのべられている。「古きむかし」は、もはや現代と関係がないと思うかもしれない。だが天皇制のなりたちは古代へさかのぼらなければその本質はみえてこない。日本国家がいつどのようにして成立したかも、古代史をみきわめなければその実像は浮かびあがってこない。いま、二十一世紀に活きる日本文化のありようが改めて問われているが、日本文化とは何かをしっかりと認識するためには、古代史を史実にそくして学ばなければ、そのほんとうの姿をみいだすことはできない。

京都大学文学部を卒業した私は、旧制大学院に籍をおきながら、三回生の春から教壇に立っていた京都府立園部高等学校にひきつづき奉職し、昭和二十五年（一九五〇）の七月三十日付で京都府立鴨沂《おうき》高等学校へ転任した。

そのころ愛読していた書物のひとつに、イタリアの歴史学者・哲学者であり政治家でもあった、ベネデット・クローチェの『歴史叙述の理論及び歴史』（羽仁五郎訳、岩波書店、一九二六）がある。

クローチェは一八六六年に生まれて一九五二年に亡くなったが、一九二〇年から二一年のジョリッティ内閣の文相をつとめ、第一次世界大戦後、ファシズムが擡頭したおりには反対はしなかったが、ファシズムが独裁体制をつくると反ファシズムの立場を貫いた。

クローチェがその著者のなかで、

歴史とは生きた歴史であり、年代記録とは死んだ歴史である。歴史とは現在的歴史であり、記録とは過去の歴史である。

とのべている言葉が、わが胸にこだました。

古代の歴史といえども、いまを生きるおのれが現代から古代をかえりみるのである。過去に学んで、現在をよりよくみきわめ、正確に未来を展望するために、古代史を学ぶのである。生きた歴史を実感し、会得したい。そして日本人としてはなによりも日本国家のなりたちをみきわめたい。

第Ⅰ部

第一章　列島文化のあけぼの

日本列島の誕生

まわりを海で囲まれている日本列島は、いつごろ、どのようにして誕生したのであろうか。その由来は、気も遠くなるような巨大な時間と空間のいにしえにさかのぼる。まず地質学や人類学、考古学の側からの研究成果に学んで、そのおよそをたどってみることにしよう。

地質時代の区分によれば、日本列島の原型が形づくられた時代は、約二六〇〇万年前からの新第三紀であったという。新第三紀は、中新世と鮮新世とにわけられているが、中新世のころには、原日本海ともよぶべき内海ができたとされている。そして、約一〇〇〇万年前からの鮮新世の時代に、日本列島はほぼその姿をあらわして、暖流が太平洋側を流れ、日本海側では、いまとはちがって寒流が暖流よりも強く流れていたと考えられている。

海岸線も現在とは大きく異なっており、日本列島もたえず変動した。約二〇〇万年前からの第四紀は、洪積世（更新世）と沖積世（完新世）とに区分される。第四紀のはじめには造山運動がさかんとなり、火山活動もはげしくなった。山脈や盆地の形ができはじめ、日本列島の形がしだいにととのってくる。

第四紀の洪積世の時代は、氷河時代とよばれているように、氷河の拡大した氷期と氷河の縮小した間氷期とがくりかえす。気候も温暖から寒冷へ、寒冷から温暖へと変動し、氷期には海面は降下し（海退期）、間氷期には氷河がとけて海面は上昇した（海進期）。

日本列島の海岸線は、氷河性海面変動に影響されるところが大きかったという。大陸と海洋との間に存在するわが弧状列島は、まさにその変動帯であって、地殻の運動がつづいた。五回におよぶ氷期と間氷期とのくりかえしは、動植物の生態にも多大の変化を与えた。

ここで注目されるのは、洪積世前期の時代には、原日本海は内海の状態であったと推定されていることである。陸地づたいに動植物が渡来してくることも可能であった。洪積世中期には、沖縄の島々が大陸からはなれ、日本列島も大陸から分離しはじめたらしいが、約一〇万年前の間氷期には、海面が上昇して大陸との接続がたたれた。さらに最後の氷期（ヴュルム氷期）のクライマックスが約二万年前におとずれて、大陸との陸橋ができ、動物や人類も大陸から移動したのではないかと想定されている。

氷期の最盛期がすぎると、気候はしだいに温暖となり、氷河がとけて海面はふたたび上昇する。後氷期の海面上昇は五、六〇〇〇年前にピークに達したようである。

このようにして日本列島は最終的に大陸からはなれた弧状列島となる。約一万八〇〇〇年前に朝鮮海峡が、ついで約一万二〇〇〇年前に宗谷海峡ができたという。

第四紀の洪積世と沖積世の境は約一万年前のころとみなされているが、沖積世のはじめには気候も現在に近づき、日本列島も現状に似かよったものとなったらしい。

だがその後においても気候変動がなかったわけではないし、縄文海進といわれる海面上昇やリアス式海岸の発達、あるいは河川の土砂によって埋め立てられた沖積平野のひろがりなど、その環境にもまた歴史の歩みがつきまとう。

地質時代のできごとは、とにかく話のスケールが大きい。第四紀だけでも二〇〇万年の歴史がある。したがって、約一万年前よりも古い時代のこととともなれば、なおさらだかでないところが少なくない。

だが、こうした日本列島のなりたちじたいのなかにも、その島生みの歴史が、大陸との接点としておりなされてきたことをみいだすことができる。東海の島の生いたちは、大陸との接続と分離のなかにはじまるのである。海・山のあいだの歴史は、遠くかつ古い。

後期旧石器時代の人びと

日本列島に新人（現世人類のホモ・サピエンス）が生活していた最古の時期とみなされるのは後期旧石器時代の四万—三万五〇〇〇年前という。平成二十一年（二〇〇九）の八月、島根県の出雲市多伎町の砂原遺跡で一二万年前と推測される旧石器（二〇点）がみつかり、九月に日本列島史最古の旧石器として報道されたが、これを疑問視する説も有力であって、さらなる検討がまたれる。

四万―三万年前の地球は寒冷期で海面は下がっていて、インドシナ半島から東南アジアにかけての島々は、「スンダランド」とよばれる亜大陸を形づくっていた。礫石器はスンダランド方面から渡来した集団が持ちこんだとみなされている。列島最古の港川《みなとがわ》人や山下洞人も、スンダランドから大陸海岸部にかけての地域がそのルーツという。

二万―一万四〇〇〇年前のころには、細石刃《さいせきじん》やナイフ形石器が各地にひろがったが、いずれも大陸起源で、朝鮮半島経由やサハリン（樺太）、北海道経由など複数のルートで多様な集団がもたらしたと考えられている。

いまのところ列島最古の旧石器時代人の人骨は「浜北人」だが、一万八〇〇〇年前の物（下層）と、一万四〇〇〇年前の物（上層）で特徴が異なるのも、あらたな渡来による集団の交替をうかがわせるようである。

日本列島が誕生してからの人びとのくらしは、旧石器のむかしから海上の道と深くかかわりあいをもっていたことがわかるのはきわめて興味深い。

栃木県北部の高原山の黒曜石原産地遺跡で約三万五〇〇〇年前の旧石器が見つかった。知的で効率的な作業の跡を示す黒曜石の石器のなかには、伊豆諸島（東京都）の神津島産の黒曜石が含まれていた。氷河期であっても、神津島が伊豆半島と陸続きであった痕跡はまったくない。旧石器時代人が険しい高原山に登って黒曜石を採掘したばかりか、神津島の黒曜石を求めて採取し、加工していたと考えられる。

氷河期の最寒期でも、対馬海峡や津軽海峡は干上がることはなかった。後期旧石器時代の初頭には、現代人とほぼ同様の思考や行動をもった新人が日本列島にたどりついていたことが推察され、旧石器文化が渡来の新人と深いかかわりをもつと考えられる。

日本文化はこの島国である日本列島のなかで、独自に発展した日本固有のものとする見解がある。しかしそうした見方や考え方があやまりであることは、後期旧石器時代のくらしのルーツを考えただけでも明らかとなろう。

縄文文化の出現

一万五〇〇〇年前ごろからはじまる縄文時代は、その時代名が物語るように、いわゆる縄文土器の型式などによって編年されてきたが、時代の区分は早期・前期・中期・後期・晩期の五期あるいは早期の前に草創期を設ける六期の区分、さらに成立段階（草創期―早期）・発展段階（前期―中期）・成熟段階（中期末ないし後期―晩期前半）・終末段階（晩期後半）とするような時期区分もある。

世界でもっとも古い土器のひとつと考えられているのが、青森県の大平山元1遺跡の無文土器である。放射性炭素年代測定からの推定では約一万六〇〇〇年前という。そこで多くの研究者は一万五〇〇〇年前ぐらいから日本列島では土器が使われていたと考えている。もっともロシアのグロマトゥーハ遺跡などでは、約一万六〇〇〇年前とみなされている土器がみつかっており、日本列島の土器だけが世界最古というわけにはいかない。しかし南アジア・西アジア・アフリカが約九〇〇〇年前、ヨーロッパが約八五〇〇年前といわれているから東アジアでの土器使用はきわめて早い。

最古の土器は文様のない無文土器だが、約一万四五〇〇年前ころから粘土ひもをはりつけた「隆起線文土器」が生まれる。なぜ土器が使われるようになったのか。まだまだわからないことが多いが、氷河期が終わりに近づいて一万六〇〇〇―一万五〇〇〇年前ごろから亜寒帯的森林から落葉樹のまじわる森林へと植生が変化し、ドングリなどの植物質食料が入手しやすくなり、アク抜きに必要な容器が必要になったのではないかとみなす説もある。土器文化の渡来を示唆するのは、隆起線文土器と同じ地層から出土する細石刃である。シベリア起源で中国→朝鮮半島経由で伝わったと考えられる技法で作られている。

家畜のなかでもっとも古いのは犬だが、縄文時代から家畜犬が登場する。一六種類の血中のタンパク遺伝子の構成の分析などから、縄文人となる集団に連れられた古い犬が列島に住みつくようになったが、その渡来のルートには北方（サハリンや朝鮮半島経由）と南方の双方があり、弥生時代から古墳時代にかけて、朝鮮半島経由で日本列島に渡来した集団が新しい犬を連れてきたと推定されている。

縄文時代は停滞していない

縄文時代の文化がいわゆる原始そのものであり、未発展で未開発であったとみなすわけにはいかない。たとえば佐賀市の縄文時代早期の東名《ひがしみょう》遺跡からは日本最古の精巧な編みかご約四〇〇

鹿児島県・上野原遺跡出土の「逆S字形渦巻き文の耳飾り」(鹿児島県立埋蔵文化財センター所蔵)

点、櫛・船の櫓・人面の彫刻など多数の木製品がみつかり、約九〇〇〇年ばかり前の鹿児島県霧島市の上野原遺跡では、列島内ではもっとも古いといわれている定住集落跡がみつかり、竪穴式住居跡五二、集石遺構三九、薫製をつくるのに使われたと考えられている連穴土坑一九が検出されている。

平成十一年(一九九九)の十月八日、現地を実地に視察したが、貯蔵用の壺形土器や角筒形土器、パレット形土製品や西南日本最古の土偶が出土しているばかりではない、S字の逆の形で渦巻の文様のある耳飾りがみつかっている。

私がこの渦巻き文を重視してきたのは、昭和三十八年(一九六三)に平城京跡で発見された隼人の楯の渦巻き文と同じ文様であったからである。従来この渦巻き文の由来については、装飾古墳の渦巻き文や南海の民俗にみられる渦巻き文との比較などがこころみられてきたが、上野原遺跡の縄文ムラにさかのぼることがほぼ明らかとなったといえよう。

逆S字形渦巻き文が呪力を象徴する文様であった可能性は高いが、隼人の楯のS字形渦巻き文のルーツは縄文時代に求めることができるのではないかと想像をかきたてる。

平成十年（一九九八）の九月に現地視察した青森市の三内丸山遺跡も目をみはる縄文時代の遺跡であった。

縄文時代前期中葉から中期末葉（約五五〇〇—四〇〇〇年前）という三内丸山遺跡は、集落の規模が大きく、その存続期間が長く、そして出土遺物も多く、しかも種類が豊富である。北の谷や遺跡の東南部の発掘調査での成果も注目される。前述の上野原遺跡などでも注目すべき縄文文化が検出されているが、青森県鰺ヶ沢町の餅ノ沢遺跡でも、縄文中期末の大規模な集落跡がみつかっている。

三内丸山遺跡の縄文人の交易の範囲が想像される以上のひろがりをもっていたことは、北海道産の黒曜石のほか、長野県霧ケ峰産の黒曜石、北陸系の前期末の土器などが出土しているのをみただけでもわかる。漆の器は九〇〇〇年前の北海道の縄文遺跡でみつかっているが、三内丸山の漆製品もみごとである。漆塗りの技術の発展もマツリの発展とかかわりがある。

集落とマツリの場そして墓場が明確に区別されているのにも感銘をうけた。集落の北への道は海辺にのびており、縄文海進のころは海にのぞむ集落であったと推定される。舟の櫂がみつかっているのも興味深い。巨大な六本の立柱は神柱の可能性がある。隣接する大型掘立柱建物は、マツリの直会《なおらい》の場としても使われたのではないか。

いまは縄文文化の一端をかいまみたにすぎないが、近時、紀元前三〇〇〇年ごろからの日本列島の西部ではあらたな動きのはじまっていることが指摘されている。まず縄文土器から縄文の文様が消えて、土器の無文化が顕著となり、深鉢（口径よりも土器の高さが大きい鉢）よりも浅鉢が多くなり、皿や椀など多様な器種が使われるようになる。そこにはくらしのしかたが多様となり豊かになったことが反映されている。

第二章　信仰の始源

信仰のありよう

日本列島における縄文文化を特徴づけるものに信仰のありようがある。そこでまず検討しなければならないのは、信仰と呪術あるいは信仰と宗教とのかかわりあいである。そして呪術と宗教との関係についても、あわせて考察する必要がある。

信仰とは霊的なるもの・神的なるものに対する安心あるいは信頼の心情を意味する言葉として使われる場合が多いが、人間的な知識ではなく、知識を越えた不合理な要素を含む場合が少なくない。「不合理なるが故にわれ信ず」という言葉の生まれる所以でもある。したがって非科学的な信仰は迷信として排除されるケースもしばしばあるが、呪術的であり不合理であるからといって、そのすべてを迷信として捨て去るわけにはいかない。なぜなら本来の信仰とは時間・空間を越えた永遠なるもの・無限なるものにかかわる心情であるからだ。科学もまた、もともとは永遠なるもの・無限なるものへのあこがれを内包し、永遠と無限への憧憬なくして発達しなかったといえるのではないか。

信仰という用語は、欧米の宗教を受容するようになってからはじめて使われるようになったとする見解もあるが、それはあやまりである。

信仰と類似する用語に信心がある。「信心」という用語は仏典に早くからみえ、たとえば『大乗義章』（巻二）には、「信心清純にして、疑心を離るる故に信となづく」とのべられている。日本における現伝の仏教説話集の最古といってよい『日本国現報善悪霊異記』（上巻・第一五話。以下、『日本霊異記』としるす）にも「然して後に、乃ち信心を発し、邪を廻らして正に入れり」としるす。

そして「信仰」という用語も、古くから使われており、たとえば『今昔物語集』（巻三・三話）には「仏の御音の不思議なる事を弥よ信仰して頂礼し奉けりとなむ語り伝へたるとや」と記載する。したがって平安末期に成立した古辞書『色葉字類抄』もまた「信仰」について明記している。

キリスト教・ユダヤ教・イスラム教などの一神教を高等宗教の信仰とみなし、動植物その他すべてのものにアニマ（霊魂）の存在と働きを信ずるアニミズムや、社会の各集団がある特定の動植物などの種と関係をもつトーテミズムなどの信仰を、未開・野蛮の原始宗教の信仰と理解する見解はいまもなお多数を占める。そこには信仰の発展段階説に類する進化論がある。

しかしはたして一神教が高等宗教の信仰であり、アニミズムやトーテミズムなどは、未開・野蛮の宗教の信仰と断定しうるであろうか。いわゆる成立宗教の信仰が高度であり、いわゆる民間信仰が素朴で低度とみなすことが正しいであろうか。一神教で失われたもの、既成の成立宗教が欠落させてきたものが、いわゆる原始宗教や民俗宗教のなかに豊かにみなぎっている場合が決して少なくない。賞味期限の切れた成立宗教の信仰よりも、民俗宗教の信仰のなかに、あるべき宗教と信仰の内実をみいだす場合も多い。

原始信仰や古代信仰の方が近代や現代の信仰よりも、霊的なるもの・神的なるものに対する安心と信頼のなかみがより多様に、しかも活力ある心情としてよみがえってくることを実感している。そして日本列島の信仰の展開は、アジアの動向につながる日本列島の歴史と文化を形成し、日本独自の文化を形づくる前提となり背景ともなった。

呪術と宗教

かつてフレーザーは、超自然的な力や霊的存在の助けをかりて強制したり統禦したりする呪術に注目して、神的・霊的存在を畏敬し、懇願し祈念する態度や行為がより濃厚な宗教よりも、呪術が先行することを説いた。

しかしこの呪術先行論については批判的な研究が少なくない。むしろ呪術と宗教との間には相関・混在・連続する場合が多いことから、今日では「呪術・宗教的」(magico-religious) と表現される傾向が強い。たしかに呪術と宗教の境目は微妙であって、呪術的なるものと宗教的なるものは、峻別しがたい場合がある。

だが、呪術と宗教の混在・相関・連続とはいいながら、両者の間に差異がなかったかというとそうではない。古典的な類別になるかもしれないが、超自然的な力ないし霊的存在をある目的のために統禦し利用しようとする呪術と、霊的な存在にたいしてその神聖観や依存感を背景に懇願し祈願する宗教との間にはひらきがある。レヴィ＝ストロースもいうように、呪術には人間行為の自然化、宗教には自然の擬人化が濃厚であるといえるかもしれない。もとより呪術のみがあって宗教がない、あるいは逆に宗教のみがあって呪術がないというような、一方のみがあって、他は存在しないという背反の関係で、すべてを律することはできない。しかし霊的存在にたいする観念の多様な社会では、より呪術的なるものが支配的となり、霊的存在にたいする観念が集約された社会ではより宗教的なるものが色濃くなる傾向をみいだすことができよう。

フレーザーは呪術の原理には二種類があって、たとえば雨乞いのために水を撒いたり太鼓をたたいたりする呪術は、類似の原理にもとづく類感呪術・模倣呪術であり、たとえば他人を傷つける目的で、その人の毛髪や爪などを傷つける呪術は感染呪術であると類別した。そして呪術には人にわざわいをもたらすブラックマジックと社会に幸いをもたらすホワイトマジックがあるという。

超自然的な力や霊的存在の助けによって望ましいことを起こさせようとする呪術は、吉凶を予知したり卜占したりする行為と密接なかかわりをもつ。さらに、相手にわざわいをおよぼす呪符と、わざわいから身を守る護符との二種類があることもみのがせない。

こうした呪術にたいして、宗教のありようはどうであったか。「宗」という漢字は建物をさす「宀」と、机をあらわす「丁」にその上に献げられた犠牲から流れる血を加えた「示」で形づくられる。中国では祖霊をまつった霊廟が「宗」であったが、サンスクリットの仏教用語 siddhanta の漢訳として、宗が用いられるようになる。siddhanta とは、siddha（成就された完成されたもの）と anta（終り・極致）の合成語とされ、「宗」とは仏教の根本真理を把握することによって到達する至高の境地を意味した。そして経論・教義・宗要・宗旨などとなり、宗門・宗派の用語となる。「宗門」は「宗門改」、「宗門人別帳」、「宗門改帳」をはじめとしてしばしば使われた言葉だが、「宗教」という用語が登場するのは明治に入ってからであった。

明治二年（一八六九）のドイツ北部連邦との修好通商条約で、Religionsübung の訳語として「宗教」が使われて以来のことである。

もっとも孔子を祖とする古代中国の教学を「儒教」と表現する用例は『史記』（遊俠伝）をはじめとして多数あり、「仏法」（『日本書紀』敏達天皇即位前紀）・「仏道」（同孝徳天皇即位前紀）のほかに「仏教」（同推古天皇二年〈五九五〉是歳《ことし》の条・大化元年〈六四五〉八月の条・持統天皇六年〈六九二〉閏五月の条）のように「仏教」という用語も、かなり早くから使われていた。

土偶と土製の仮面

狩猟・漁撈・採集などによってくらしをいとなんだ縄文時代の人々は、きびしい自然のなかに知恵をたくわえて生きた。自然に依存し、かつ自然のきびしさにたえて集団生活を維持してゆく生活のなかで、生活技術を開発していったが、信仰生活では精霊などの呪力を信じ、わざわいを防ぎ、幸いをもたらすことを期待しての呪術が展開した。

縄文時代の社会が呪術を重視する社会であったことは、数多くの呪術関係の遺物によって裏づけられる。土でつくられた人の形をした土偶はその代表的なものであった。土偶というよび名は江戸時代の珍品図録『耽奇《たんき》漫録《まんろく》』の「土偶人」に由来するという。そのほとんどが女性をかたど

上黒岩岩陰遺跡出土の石偶。素朴ながら頭髪・乳房・腰蓑と思われる形がきざまれている（写真提供：愛媛県久万高原町教育委員会）

っており、誇張した乳房を表現したり、妊娠をあらわしたり、性器を示したりしたものがある。愛媛県の上黒岩岩陰遺跡で出土した石偶は、緑泥片岩の礫に線刻した小形のものだが、素朴ながら頭髪・乳房・腰蓑と思われる形がきざまれている。長径五―六センチの扁平な礫に彫られたこの石偶と、後の土偶とがどのようなつながりをもつか、その間の事情はなお明らかではないが、かなり早くから女性の呪像が存在するのは興味深い。

　最古の土偶としては縄文時代草創期（約一万三〇〇〇年前）の滋賀県東近江市の永源寺相谷町相谷熊原遺跡土偶が注目されるが、早期の茨城県花輪台貝塚から出土した高さ四―五センチの女性像土偶などのように早期にもつくられている。中期以後になるとその数は増加して、より写実的なものになる。そしてその種類も山形土偶、有脚立体土偶、みみずく土偶、遮光器土偶などと変化にとむ。完全な形で発見される土偶は少なく、多くは手足を欠いたり身体部を傷つけられたりしている。なかには中期の新潟県栃倉遺跡などのように、特殊な遺構を設けて地下に埋納されていた土偶もあった。

これらの土偶には、人形《ひとがた》としての呪像の性格がただよい、人間の身がわりとして、手足や身体の一部を損い、生命の充足と安全をはかる呪物としての色あいが強いと考えられる。妊婦の土偶などには、身ごもることに神秘を感じた生殖への願いがこめられていたのかもしれない。青森県階上《はしかみ》町の滝端遺跡からは胴体から頭部を抜きとることのできる珍しい土偶もみつかっている。石囲いをして蓋石をしたり、台石や盛り土の上にのせたりした地下埋納の土偶などは、地霊の信仰につながる死と再生の呪術を暗示する。

北海道余市町・大谷地貝塚から出土した遮光器土偶（天理大学附属天理参考館所蔵）

北海道南端部から中部の地域にかけての晩期の遺跡から出土する遮光器土偶は、口と鼻の上に、大きな楕円形があたかも強い反射光をさける遮光眼鏡のように表現されたものである。便宜的に遮光器土偶と名づけられてきた土偶であった。その楕円形のなかには横にひとすじの線がひかれている。これはみみずく土偶の大きなまるい眼と同様に、邪霊をしりぞける僻邪視をあらわしたものであろう。

僻邪視の信仰は殷・周の青銅器の文様などにもみいだされるが、眼の呪力は中国の甲骨文にも象形されている。媚の字はシャーマン的巫女を意味し、甲骨文には媚の下部を怪獣の形にしるして、巫女が動物霊を使って呪詛したことを物語るものがある（白川静『漢字、岩波新書、一九七〇』）。

遮光器土偶の大きな楕円形のなかの横ひとすじの眼あるいは眼のまわりに独得の線刻のくまどりをしたものなどは、邪霊に対抗した僻邪視を意味し、その姿からは、動物霊などを用いて危害を加えるものを呪詛した女性呪術者が連想される。

もっとも縄文時代に呪術者が存在したかどうか、その確たるあかしはないけれども、護符的な呪物が使用されたことは、小判形や長方形の土版（土製品）・岩版（石製品）の呪物のなかに、紐を通す穴のついたものがある例などにうかがわれる。これらは体につけて外からの攻撃やさまたげから身を守る護符的役割をはたしたものであったと思われる。

なかでも注目をひくのは、土製の仮面やそのたぐいの遺物である。岩手県一戸町でみつかった土面には目じりの両側に紐通しの穴があり、福島県の三貫地貝塚出土のものには目や口の穴のほかにやはり紐通しの穴のついた仮面がある。また仮面をつけた土偶もみつかっている。

岩手県北上市の八天遺跡からは、縄文時代の中期末―後期の柱穴と土壙群が検出されたが、円形プランの土壙および長楕円形プランの土壙から、仮面の部分品と考えられる耳・鼻・口などの発見が報告されている。こうした類例には岩手県稗貫郡大迫町の内川目小学校敷地から出土した鼻・耳、宮城県石巻市の前谷地宝ヶ峰遺跡でみつかった鼻などがある。使用後に廃棄したものか、埋葬時に死者の顔をおおった仮面の一部か、なお今後の検討を必要とする。八天遺跡の場合、ひとつの土壙から鼻三点だけが出土したり、また同じ土壙から鼻二点、口一点、耳一点が出土したりしている。出土地点の高さは近似するとはいうものの「平面的にはバラバラ」でみつかっており、「仮面が腐蝕してその部分品がそのままの位置に残ったという状況でない」(北上市教育委員会「北上市八天遺跡出土の〃土製仮面〃について」、『考古学ジャーナル』一二六所収)という。

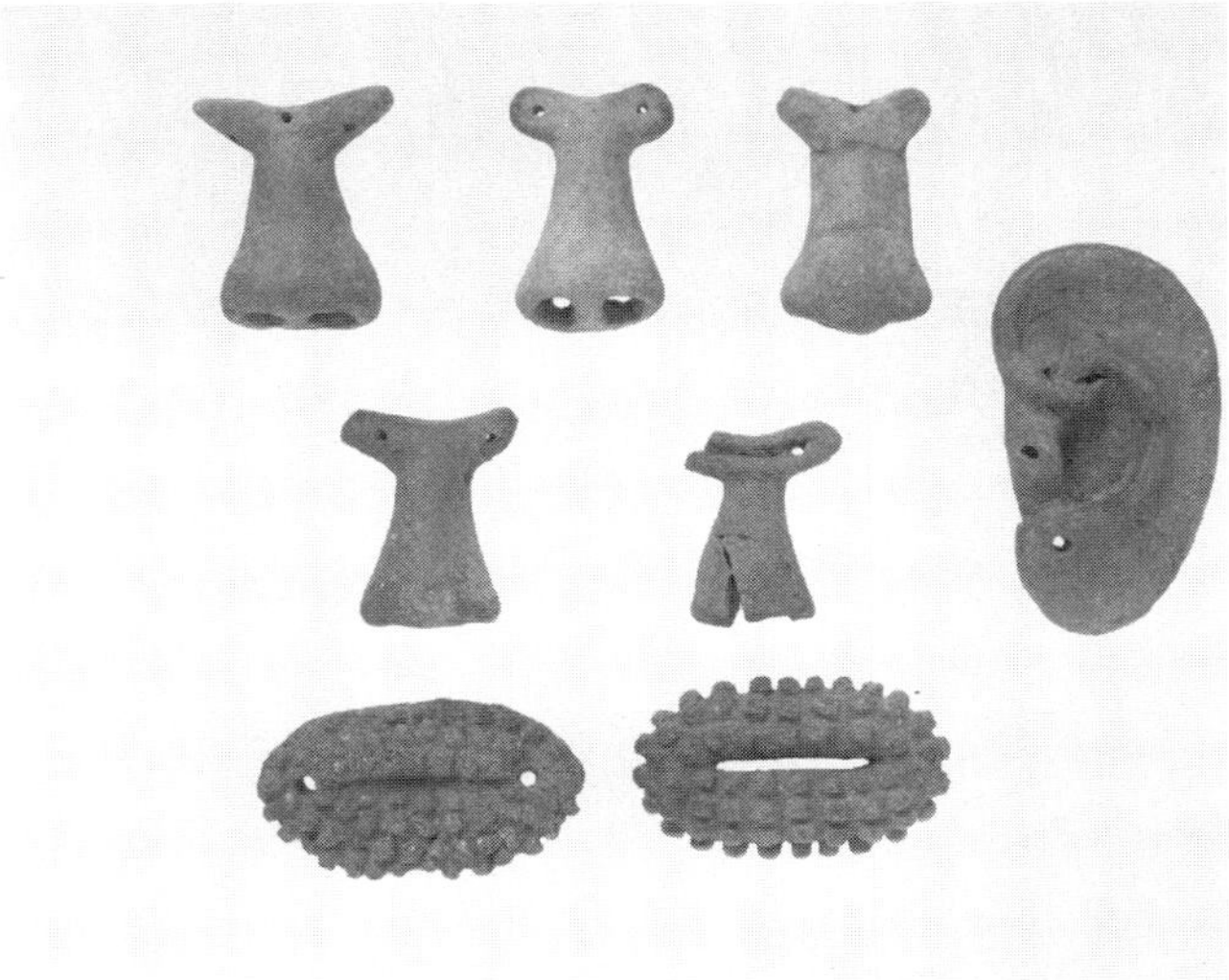

北上市・八天遺跡出土の土製仮面の一部、耳・鼻・口（写真提供：北上市教育委員会）

八天遺跡の耳一点は左耳だが、取り付け穴があり、鼻や口にもそれぞれ穴がある。布や皮のたぐいの仮面に取り付けたものかもしれない。これらの仮面あるいはその部分品と思われるものが、いかなる者によっていかなる目的で用いられたか、依然として謎であるが、あるいは収穫の多きを願っての予祝の呪能（呪術をともなう芸能）に使われたものかもしれない。

縄文時代の土製仮面は、このほか石川県能登町の真脇遺跡、滋賀県東近江市能登川町の正楽寺遺跡などでもみつかっている。ところが弥生時代に入ると土製の仮面はきわめて少なくなる（岡山市田益の田益田中遺跡では、土製の仮面ではないかと思われる土器片が出土している）。そこには時代によるマツリの変化が考えられる。

精霊とのまじわり

呪物には、おおまかにいって、人々の内部生命力を振起し充足して、生命の安全をはかる呪符的な呪物と、外から生命をおびやかし攻撃するものにたいして、これを撃退し防御する護符的な呪物とがあった。ともに人間のいのちを守り活かさんとする原初の知慧であった。

呪物を駆使し、人々に危害を加えるものを呪詛する呪術に堪能なる者は呪術者となって、呪術的行為の主導者となる。その場合に自然や人間や事物に精霊（アニマ anima）が宿り、かつ精霊は移動するという観念がしだいに具体化してくると、威力ある精霊を人間のいのちに付着し、あるいは人間にとって脅威となる精霊の力を利用して、幸せを獲得しようとする願いがたかまってくる。たんなる呪術のみでなく、精霊との交流を媒体とする呪能が重んじられるようになった。

地霊の信仰は、稲作の段階に始まったとする説があるけれども、それに先だつ根栽植物や雑穀類などの食用が行なわれた段階にも存在した。それを暗示するものに、縄文時代の蛇体信仰がある。冬には地下で冬眠し、夏には地表であやしくうごめく蛇は、森林や大地の精霊の化身としてうけとめられたらしく、地下に住み、また地表に姿を現わして脱皮する蛇体は、地霊信仰とむすびついた要素が濃厚である。

中期の縄文土器や土偶のなかには蛇体装飾のものがかなりある。長野県札沢遺跡から出土した土器あるいは同県尖石《とがりいし》遺跡出土の土器などには、土器の釣手、口縁部、把手などに蛇体や蛇頭があらわされているが、山梨県坂井遺跡でみつかった中期の土偶には、その後頭部の髪型にとぐろをまいた蛇体を表現している。そうした例はこの他にもあって、蛇体の信仰が、縄文時代にもあったことを示唆する。

長野県井戸尻遺跡群の曽利遺跡32号住居跡から発見された深鉢型土器の文様について、「その主要な文様の中心には、人体文が両手足をぐったり開いた恍惚の状態でつけられて」、「この人体文の頭部には、天に向って口を開いた蛇体が、土器把手となってついている」、「また人体文の開いた両足間に、緊張した蛇体《ファロス》が、受容の体勢充分に広がった女陰部に、挿入される図であるとみられる」とする解釈がある（宮坂光昭「縄文人の蛇体信仰」、『えとのす』八号所収）。これなどは、「蛇体を冠する特殊な女性」、「蛇を奉じて呪術を司る特殊な女性」で「その神人交合を画いている」ものと考えられている。

原始農耕の呪能の世界には、精霊と交流する女性呪術者が存在した可能性がある。地母神が蛇体をとる例は、世界の各地にあるが、それは蛇が地霊あるいは水霊の化身と信じられたことと関

井戸尻遺跡群曽利遺跡32号住居跡から出土の「神人交会文深鉢」（井戸尻考古館所蔵）

連する。蛇霊あるいは蛇神は、雨水や雷電の化身ともなるが、同時に火山信仰とも重なりあっていた。火山列島ともいうべき日本列島にあっては、火山の活動も地底にひそむ蛇霊や蛇神のはたらきとみなした痕跡もあった。

古代のカミのなかには、蛇体をもって登場するものが少なくないが、それを〝おろち〟〝みずち〟〝いかずち〟あるいは〝かぐつち〟とよぶその由来をさかのぼれば、縄文時代の蛇体信仰にまでたどりつく。

精霊との交流あるいは祈りを象徴するものに、立石の遺構がある。有名な秋田県鹿角市の大湯環状列石（野中堂遺跡と万座遺跡）の場合、野中堂では中央に高さ約八〇センチの立石があって、そのまわりに放射状に石をならべた組石があり、万座では立石の上部は破損しているが、野中堂よりは大きく、やはり組石遺構がある。ともに内帯と外帯とからなる環状列石があって、野中堂の内帯は径約一四メートル、外帯の外周径は約四二メートル、万座の内帯は径約一六メートル、外帯の外周径は約四六メートルとされている。

鹿角市・大湯環状列石（写真提供：鹿角市教育委員会）

こうした環状列石がいったい何を意味するのか、いまだ充分には解明されていないが、組石遺構の下から屈葬で遺骸を葬ることのできる土壙がみつかり、野中堂遺跡の北東三〇〇メートルの地点であらたに組石遺構群がみつかり、二基の組石下土壙から甕棺、一基からは副葬品と思われる一三点の石鏃、他の一基からは朱塗りの木製品がみつかるなど、墓地の可能性がたかまった。

そして環状列石の周囲に、住居跡・貯蔵施設・調理施設などが馬蹄形あるいは環状にめぐることも明らかとなった。こうした立石をともなう組石遺構も、精霊との交流の場となったにちがいない。

神柱の由来

立石をともなう環状列石と関連して注目されるも

のに、神柱の信仰がある。日本列島における神柱信仰のありようは、古く縄文時代のいにしえにさかのぼってたしかめることができる。たとえばカミあるいはタマの依代《よりしろ》としての神体木の信仰は、青森市の三内丸山遺跡の巨大な木柱列、金沢市のチカモリ遺跡の直径約六メートルの円を描く木柱列、あるいは石川県能登町の真脇遺跡の木柱列などにも反映されている。これらの多くは住居跡内ではなく、いずれもが非居住地区に存在する。

環状木柱列は富山県小矢部市の桜町遺跡でも出土しており、円形の柱穴跡ばかりでなく、方形の柱穴跡も長野県茅野市の阿久尻遺跡などでみつかっている。これらはカミのマツリの場（聖域）やマツリのシンボルとしての神体木のありようを示唆する。

御柱《おんばしら》といえば、寅歳と申歳にくりひろげられる諏訪大社の御柱祭が有名である。長野県の諏訪大社は、上社（本宮・前宮）・下社（春宮・秋宮）のいわゆる二社四宮の古社だが、各社の四囲に高さ五丈五尺（約一六・七メートル）の一之御柱（二以下は五丈）はじめ四本ずつ立つ。現行はモミの木だが、古くはツガ・サワラ・マツ・カラマツなども使用された。

諏訪大社の御柱が四本であるため、一般的に諏訪の御柱はとかく四本と思われやすいが、下伊那郡大鹿村の葦原神社は一本の御柱であり、上水内郡小川村の小川神社には二本の御柱が立つ。一本・二本の御柱もかなりあって、長野県千曲市戸倉の船山神社なども一本の御柱である。御柱の古態がもともとは神の依代としての一本の神体木であったことを示唆し、屋敷神の御柱もあって興味深い。

諏訪の地域では諏訪大社の御柱を「大宮の御柱」と呼び、諏訪大社の摂社・末社や各集落の神々あるいは屋敷神などの御柱を「小宮の御柱」という。その数は三〇〇〇本を超える。延文元年（一三五六）の「諏訪大明神画詞」に「数十本ノ御柱上下ノ大木、一本別一二千人ノ力ニテ採用」としるすのは、二社四宮だけではなく、摂社・末社を含めての御柱であろう。

古態の一本の神柱が、四囲に立てられる四本の御柱へと推移したのは、聖域を囲む四囲の御柱へと変化したためではないか。諏訪大社の御柱に関連して注目すべきは、諏訪大社もまた本殿のない古社のたたずまいをいまに伝えていることである。

上社本宮の神体山は守屋山であり、その社叢は禁足地となっている。守屋山の山頂には磐座《いわくら》群があり、中腹にも巨石の磐座がある。そして本宮の守屋山側には硯石と呼ぶ巨石の磐座が存在する。現在のような社殿配置になったのは、古代末期から中世の初期といわれており、古くは現在の神楽殿が拝殿の役割をになって、そこから磐座と神体山を拝んでいたと考えられる。硯石を中心とする場所が斎庭《ゆにわ》であったとみなす説もある。その聖なる禁足地を囲んでの御柱が具体化していったのではないか。

一本の神柱を象徴するのは、伊勢神宮の正殿床下中心に立てられる心《しん》の御柱《みはしら》である。弘安二年（一二七九）の『内宮仮殿遷宮記』には、心の御柱について「地上三尺三寸許、地中二尺余」としるし、鎌倉時代後期の伝書『心の御柱記』では「地上三尺、根二尺」と書きとどめている。伊勢神宮の心の御柱は象徴的な神柱だが、神殿中央の柱（岩根《いわね》の御柱《おんはしら》）を中心に九本の柱が田の字形にならぶ出雲大社に代表される大社造も、そのルーツは神柱の信仰にさかのぼる。

神柱の信仰を象徴する発掘成果としては、島根県出雲市大社町の出雲大社境内地遺跡での岩根

出雲大社境内地遺跡から出土した宇豆柱（写真提供：島根県立古代出雲歴史博物館）

の御柱（心の御柱）・宇《う》豆柱《ずばしら》・南東側柱の巨柱をみのがすわけにはいかない。

出雲大社境内地遺跡の発掘調査が開始されたのは、平成十一年（一九九九）の九月一日からであった。この調査は当該地の地下に、祭礼準備室を設けるための事前調査としてはじまった。これまでにも境内地の調査は行われていたが、今回ほど本格的ではなかった。まず江戸時代初期の境内遺構、ついで戦国時代末葉、さらに室町時代・鎌倉時代へと、境内遺構と建物跡が時代順に出土し、平成十二年の二月中旬に入って、平安時代の注目すべき遺構が発見された。それればかりではない。調査地の東南隅からは古墳時代の勾玉二点・臼玉一点や祭祀用の土器などがみつかった。

四月五日から、造営の設計図ともいうべき「金輪《かなわ》御造営差図《さしず》」に対応する宇豆柱が姿をみせはじめ、四月二十六日には杉の巨柱三本を組み合わせた直径二・七メートルの宇豆柱（南側）の全貌が明らかとなった。

そして七月十七日から、岩根の御柱および南東側柱を中心とする追加調査が開始された。寛文年間（一六六一―七三）の遺構、ついで慶長年間（一五九六―一六一五）の遺構が姿を現わし、鎌倉時代の遺構が検出されはじめたのは九月二十日である。さらに九月二十六日には南東側柱、九月二十八日には岩根の御柱（心の御柱）が確認された（直径約三メートル）。そして心の御柱の下の杉の板材の年輪年代測定により、伐採年は安貞元年（一二二七）の数年後とされた。

発掘調査地の西は守礼所で、北には八足門などがあって、可能なかぎりの調査であったが、心の御柱、南東側柱と宇豆柱の巨柱によって、この神殿の桁行（南北の長さ）は一一・六メートル、梁間（東西の長さ）は一三・四メートルであることがはっきりした。「金輪御造営差図」では正方形だが、なぜ長方形で「金輪御造営差図」と微妙に異なるのかが改めて問題になる。

第二は、宇豆柱には赤色顔料《ベンガラ》が付着していたが、今回検出された心の御柱、東南側柱にもすべて赤色顔料が塗られており、その大社造は朱塗りの神殿であったことがはっきりした。『古事記』雄略天皇の条の〝纏向《まきむく》の日代《ひしろ》の宮〟の歌や『出雲国造神賀詞《かんよごと》』に「八百《やお》丹杵築宮《にのきづきのみや》」とみえること、あるいは『出雲国風土記』の神門郡吉栗山の条に「所造天下大神の宮材を造る山なり」とあることなどとの関連があらたな課題となって浮かぶ。

第三は、宇豆柱の柱穴からはみつからなかったが、今回の調査で帯状の金具、大型の釘やかすがいなど、多数の鉄製品が出土して、神殿の建築工法をうかがわせる貴重な成果があった。

そして第四には、検出されたすべての柱の表面には焼土が堆積しており、焼土のなかからは土師質土器や柱状高台付坏《つき》がみつかるなど、その神殿の建替えの時期には、なんらかの祭祀が巨柱を中心に行われたことを示唆する。

さらに第五に、調査区域の東側から、遺物を包含する土砂をふるいわけした今回の作業によって、さらに勾玉一一点が出土して、この聖域が古墳時代にはすでにマツリの場となっていたことが明らかになった。

マツリと柱

ところで心の御柱を中心に九本の巨柱でなりたつ、「天高く」しかも「底津岩根に太しる」大社造のルーツはどこに求めることが可能であろうか。古代出雲の地域では、大社造と同じ形態の建物遺構があいついで検出されている。島根県出雲市斐川町直江の杉沢Ⅲ遺跡は、『出雲国風土記』にもみえる御井《みい》社の西約一五〇メートルに位置する標高約二五メートルの山頂にあって、タテ・ヨコ三・六メートルの正方形の建物跡は、田の字形に直径約三〇—四〇センチの柱穴（深さ約三〇センチ）がならぶ遺構であった。この遺構は古社の可能性があり、時代は八—九世紀とみなされている（出雲市青木遺跡でも田の字形建物遺構検出）。正方形の九本柱の遺構は、鳥取県の大山町・米子市淀江町にまたがる弥生時代後期の妻木晩田《むきばんだ》遺跡でもみつかっているが、三重の巨大な濠をめぐらし、濠の外に住居群があった、島根県松江市乃白町の田和山《たわやま》遺跡では、三重の濠の中心に位置する標高約四六メートルの山頂部に、九本の掘立柱が田の字形にならんで存在していた。田和山遺跡は弥生時代前期末から中期のもので、東西二・七メートル、南北四・九メートルの九本柱の中心柱穴には幅二〇センチ、厚さ一〇センチの平石が置かれていた。東側に塀跡ではないかと思われる柱穴があり、北側と西側に柵列とみられる柱穴が連なっている。この建物遺構がなんらかの「聖なる空間」であったことはまちがいない。

これらの田の字にならぶ九本柱の遺構を、ただちに大社造のルーツと断定することはできないが、古代の出雲を中心に田の字形の九本柱の建物が大社造に先行していたことを軽視するわけにはいかない。

『日本書紀』の神功皇后摂政前紀には、五十鈴宮（伊勢神宮）の神が「撞賢木厳之御魂《つきさかきいつのみたま》」と託宣するくだりがみえる。その神名は、聖なる賢木に依り憑く威霊を表現したものだが、伊勢神宮正殿中心の下には、心の御柱があり、神宮の祭でもっとも重要な神嘗祭では、清浄な心をこめた由《ゆ》貴《き》の大御饌《おおみけ》が心の御柱に供えられる。その神柱は、まさに神座である。出雲大社本殿にも岩根の御柱があるのも、神柱の信仰が神社の古態としていかに重要ないわれをもっていたかを示唆する。

ここで想起されるのはつぎにのべる、古墳のマツリと柱とのつながりである。

『日本書紀』の推古天皇二十八年（六二〇）の十月の条には、檜隈陵《ひのくまりょう》（欽明天皇陵）のまわりに土を積んで山を築き、氏族ごとに大柱を山の上に立てさせたという記事がある。そのおりに、渡来系の氏族である倭《やまとの》（東）漢氏《あやうじ》の坂上直《さかのうえのあたい》の立てた柱が、もっともすぐれて高かったので、時の人びとは坂上直を大柱直とよんだと物語る。

古墳のまわりに柱を立てたとのこのエピソードは、古墳を荘厳化する意味にとどまらない。被葬者のマツリと立柱の信仰が重なりあった例とみなすことができよう。平成九年（一九九七）、京都府与謝野町の白米山《しらげやま》古墳の第二次調査が実施されたが、墳丘のまわりに柱穴列のあったことが判明した。私などは『日本書紀』に記す檜隈陵のまわりの立柱列の意味を考える貴重な発掘成果と考えている。

ところで土偶や石棒など、生殖崇拝のマツリの用具が東日本では弥生時代にも持続されているが、西日本では消滅し、あらたなカミとマツリへの展開がみいだされる。さらに土器の胎土のなかにコクゾウムシの圧痕が増加する。北部九州の縄文後期には、穀類が貯蔵されていたイエの近くで土器づくりが行われていたことがたしかめられている。そして縄文後・晩期には焼畑農耕が存在したことも明らかとなった。

縄文後期中葉・晩期になると、西日本では穴屋（竪穴住居）が激減する。遺跡数は増加しているのに住居が激減しているのは、穴屋から平屋（平地住居）や高屋《たかや》（高床住居）へ住居の主流が代わったためとみなされている（石野博信『弥生興亡 女王・卑弥呼の登場』、文英堂、二〇一〇）。穴屋中心のムラから平屋や高屋のあるムラへと変貌していったことがわかる。

縄文文化は列島内部のみで発展したのではなかったことは前にのべたが、日本列島で出土する環の一部が欠けた玦《けつ》状耳飾は中国の江南がルーツであり、海人の間でも北部九州と朝鮮半島の間に交流があったことは、朝鮮系の結合釣針が両地域でみつかったことからもわかる。さらに東北の縄文晩期の文化と北部九州の弥生前期文化とのつながりがあったことは東北の縄文晩期の土器の文様と同じ文様の土器が、鹿児島県の出水市市来《いちく》遺跡や高知県土佐市居徳遺跡でみつかるなど（石野博信、前掲書）、列島の北と南を結ぶ海上の道のあったことからもたしかめられている。

第三章　マツリの展開

水稲のコメ文化のひろがり

縄文文化の時代と弥生文化の時代のちがいを特徴づけるのは土器の様式の差異ばかりではない。水稲による稲作文化のひろがりや青銅器や鉄器の使用がもっとも注目される。

『古事記』や『日本書紀』（以下、『記』・『紀』とすることもある）をはじめとする日本の古典神話では、荒ぶる神々の「葦原の中つ国」を高天原から天降った「天孫」が「豊葦原の瑞穂の国」（あるいは「豊葦原の千五百秋《ちいおあき》の瑞穂国」としている）にするというストーリーがいわゆる「神代史」の構想のもとに描かれている。そのこともあって、日本の文化は「豊葦原の瑞穂」の文化であるといわれたりする。

しかし後述するように、日本文化イコール稲作文化ではなく、稲作の「コメ」の文化自体が渡来の文化であったことに、改めて注意する必要がある。

「コメ」には陸稲の「コメ」もあれば、水稲の「コメ」もある。そして「イネ」の種類も、最近ではインディカとジャポニカだけでなく、ジャワニカ（ジャワ型）の三つに分けられている。さらに「イネ」の遺伝的形質の研究が進んで、ジャポニカとジャワニカの遺伝的性質が近く、ジャポニカを温帯ジャポニカ、ジャワニカを熱帯ジャポニカと区別する説などもある。

日本列島における「イネ」の栽培が、いったいいつごろからはじまったのか。そして栽培種の「イネ」がどのあたりの地域を起源とし、いかなる種類の「イネ」がどのようなルートをたどって日本列島に伝播したのか。その問題自体が古くて新しい研究課題だが、これまでのいわゆる常識を破る新知見がつぎつぎに登場して、「イネ」と「コメ」をめぐる論究はあらたな段階を迎えている。

たとえば、宮崎県えびの市の桑田遺跡のプラント・オパール（植物の細胞中に蓄積されるガラス質―含水珪酸体）の微化石の分析によれば、熱帯ジャポニカが多く、温帯ジャポニカが少ないことが明らかにされている。桑田遺跡は縄文時代晩期（研究者によっては弥生時代先Ⅰ期＝早期）の遺跡とみなされており、熱帯ジャポニカの焼畑栽培は、まず沖縄などの南島づたいに入ってきて、少し遅れて中国・朝鮮半島から温帯ジャポニカが伝播したとする仮説も提出されている。また岡山県総社市の南溝手遺跡では、後期縄文土器のなかから「イネ」のプラント・オパールが検出された。

このようにイネの伝来についてはさらに検討すべき課題を残すが、紀元前五〇〇年ごろ、北部九州に水稲のイネの文化が伝わっていたことは、福岡市博多区板付遺跡や佐賀県唐津市の菜畑《なばたけ》遺跡などによって、そのありようをうかがうことができる。灌漑用水路をめぐらし、平鍬・狭鍬《せまぐわ》・鋤なども出土した。イネがいかなる経路で九州へ伝わってきたかについては諸説がある。長江（揚子江）下流の地域および華中から、朝鮮半島南部・北九州に伝播したとする説が有力である。

北部九州に入った水稲のイネの文化は、紀元前三〇〇年ごろ（弥生前期初頭）には、大阪湾海岸地域に伝わった。縄文晩期の中頃に、西から水稲文化が伝播したようだ。大阪府の茨木市東奈良遺跡で晩期後半の大洞A式土器と、福岡県北部の遠賀川流域で出土する遠賀川式土器が一緒に出土するのは、その頃の状況を示す。三重県の納所遺跡でも同様という。近畿あたりの縄文人が、西の弥生人とのまじわりを通じてコメの文化をはぐくんでゆく。

弥生前期の末になると、西日本の各地で弥生遺跡が増加し、遠く本州北端の東北の地域にまでひろがる。青森県弘前市の砂沢遺跡や青森県南津軽郡田舎館村垂柳《たれやなぎ》遺跡などがそのありようを物語る。田舎館村の垂柳遺跡は実地を見学したことがある。弥生時代中期の水田跡六五六枚が発見されて、最北の稲作遺跡として有名である。縄文時代後期の土器の影響をうけた、いわゆる田舎館式土器ばかりでなく、土偶の文化もうけつがれていた。陸路ばかりでなく、海上のルートによる水稲稲作の伝播を考えておく必要があろう。ただし寒冷の地域におけるコメは常食であったわけではなく、備蓄して飢饉などにそなえたり、特別のマツリのおりに供えたりした、ハレの食であった可能性がある。

日本のマツリの前提を築く

水稲のイネの文化は、日本のマツリの前提を築いていった。まずはじめにヤマト言葉のマツリの意味とその形態を考えることにしよう。

「マツリ」というヤマト言葉の原義について、本居宣長が大著『古事記伝』（巻一八）のなかで、

「神に奉《つか》へ仕《つかまつ》る」ことと説いているが、その語源はタテマツルの「マツル」すなわち供献する・お供えすることに由来する。その「マツル」に継続を意味する助動詞のフがつくと、「マツロフ」(奉仕・服従)という言葉になる。「マツリ」はこの「マツル」の名詞形であった。

ヤマト言葉では日常生活をケ(褻)とよんでいるが、「ケガレ」の本来の意味については、日常の生命力が枯渇する「褻枯《けが》れ」とする説が有力である。したがって神を迎え、神威とふれあって生命力を振るいおこすために、「マツリ」をするわけでもある。

神迎えの前には「イミ」の期間が必要とされる。「イミ」には積極的に身を清める「斎」もあれば、消極的に身を守る「忌」もある。禊《みそぎ》の原義は「身滌ぎ」とされているが、禊や悪を払う祓《はらい》には潔斎の意味もある。「イミ」が終わって神を迎える。日常のケ(褻)から非日常のハレ(晴)に入る。「マツリ」の本番が始まる。海・川・野をはじめとする種々の味物をお供えして祈る。現在では神に「〇〇をして下さい」と祈願するのがそのほとんどだが、たとえば『延喜式』のなかの最後の言葉が「宣《の》る」で終る古い祝詞《のりと》(一〇例)を読むと、神への感謝と供え物の言葉のみがしるされていて、特定の願いごとは書かれていない。

そして「鎮魂《ちんこん》」をする。今では「鎮魂」といえば文字どおり魂を鎮めることとされているが、古くは「鎮魂」を「ミタマフリ」と訓《よ》んでいた。神をまつり、神威とふれあって、衰微したタマシヒを振るい起たすことが「鎮魂」のもとの姿であった(視力の衰えをメシヒというように、タマの衰えがタマシヒである)。その古い鎮魂の伝統は、石上《いそのかみ》神宮の毎年十一月の鎮魂祭にうかがうことができる(「石上の神宝と祭祀」、『古代伝承史の研究』所収、塙書房、一九九一)。「鎮魂」

だけではなく、さらに歌舞などの芸能も奉納される。
「マツリ」の本番が済むと、非日常のハレから日常のケにもどる。神送りを済ませて「直会《なおらい》」になる。神に供えた御酒などを飲んで、ハレからケに直りあうのである。そして酒盛りすなわち「饗宴」になる。

現在ではこうした本来のマツリのかたちがくずれて簡略化されている場合が多いが、宮中の天皇の即位に関するマツリである大嘗祭《だいじょうさい》などには、そのマツリのこころとかたちがいまも受け継がれている。

中国西晋の陳寿《ちんじゅ》が太康年間（二八〇—二八九）に著わした『三国志』の『魏書』（いわゆる『魏志』）東夷伝倭人の条には、「春耕し、秋収むを記して年紀となす」という魚豢《ぎょかん》の『魏略』の文を引用している。日本のマツリを特徴づけるのは、春のイネの種まきと秋のイネの収穫である。現在でも日本の各地で実施されている春の祈年祭はその予祝祭であり、秋の新嘗祭はその収穫祭である。

日本の春まつり・秋まつりの前提がイネの水稲文化によって形づくられていったことは、多くの民俗調査からも明らかになっている。そこで新嘗祭を例にして、コメとマツリのありようを検討することにしよう。

『常陸国風土記』の筑波郡の冒頭には、古老の伝承として、尊い神が諸神たちのところを巡行して、駿河国（静岡県）の福慈岳（富士山）に到った時に、日が暮れて宿をするところを請うたが、福慈の神が「わせ（新粟）の新嘗して、家内物忌《ものいみ》せり、今日の間はねがはくは許し堪へじ（お宿をいたしかねます）」と断ったので、「汝のすめる山は、生涯のきはみ、冬も夏も雪ふり霜おり冷寒しきり、人民登らず、飲食な奠《たてまつ》りそ（山神に飲食物を供えるものがないぞよ）」とつげたとしるす。

この記事は、民間で行われていた収穫の粟の新嘗マツリとして注目すべきだが、他の者を近づけず物忌（潔斎）しているありさまを反映する興味深い伝承である。『万葉集』（巻第一四）の東歌のなかに〝にほ鳥の　葛飾《かつしか》わせ（早稲）を　尓倍《にえ》（嘗）すとも　そのかなしきを　外《と》に立てめやも〟（三三八六、葛飾の地で作った早生の稲を神にお供えして、神のおとずれを待つ夜であっても、どうして恋人を外に待たせることができましょうか）と歌われているのも、民衆の間における新嘗の物忌を物語る。

養老五年（七二一）の下総国葛飾郡大島郷の戸籍が、正倉院に残っているが、家族のなかの娘が物忌して神のおとずれを待つならわしがあったことを、この歌からも推察できる。やはり巻第一四の〝誰《たれ》そこの　屋の戸おそぶる　尓布奈未《にうなみ》（新嘗）に　我が夫《せ》を遣りて　斎《いわ》ふこの戸を〟（三四六〇、誰がわが屋の戸を押し動かすのか、新嘗のマツリで夫でさえ外にだして、マツリをしているのに）、この歌の場合は妻が物忌している新嘗の姿をうかがわせる。

新嘗マツリが宮廷でも行われていたことは、『日本書紀』の皇極天皇元年（六四二）十一月十六日の条に「天皇新嘗きこしめす。是の日、皇子・大臣各自ら新嘗す」とのべるのにもみいだされる。新嘗マツリを天皇・皇子・大臣それぞれが行ったとするのは注目にあたいする。「大宝令」や「養老令」に「毎年大嘗」とみえるのは毎年の新嘗祭で、「毎世大嘗」は践祚大嘗祭であり、毎年十一月の卯の日から行われるが、大王・天皇の親祭で、新穀による神饌を献じ、みずからも食する。十一月の卯の日が二度ある時は下の卯の日から、三度ある時は中の卯の日から執行する。

　七世紀の後半になると日本の朝廷では即位式のみで皇位の継承がととのうのではなく、即位の翌年の新嘗祭を拡充した大嘗祭を執行することによって、皇権が確立するようになる。そのなりたちについては天武朝に注目する説と、持統朝を重視する説とがある。だが、『日本書紀』の天武天皇二年（六七三）十二月の条には「大嘗に侍奉《つかえまつ》れる中臣・忌部及び神官の人等、幷て播磨・丹波、二つの国（悠紀《ゆき》・主基《すき》の国）の郡司、亦以下の人夫等に、悉に禄を賜ふ」とあるけれども、天武天皇五年九月の条には、「神官（後の神祇官）奏して曰はく」として、「新嘗のために国郡を卜はしむ。斎紀《ゆき》（悠紀）は尾張国山田郡、次《すき》（主基）は丹波国訶佐（加佐）郡、並に卜にあへり」としるすように、天武朝は即位の翌年の新嘗祭を大嘗祭にするための前段階とみなすのが適当であり、やはり持統天皇五年（六九一）の十一月に、大嘗祭が確立したと考えられる。『日本書紀』は持統天皇四年正月一日の持統女帝の即位式を「元会儀（むつきついたちのひのよそおい＝元旦の祭儀）の如し」とのべているが、即位式が元日のマツリと同じようになったのにたいして、神官頭（後の神祇官の長官）であった中臣大嶋らは、新嘗祭を拡充して、わが国独自の大嘗祭を創出したと考えられる（『藤原不比等』朝日選書、一九八六）。

　いまは新嘗マツリを例として、水稲稲作のコメ文化が、日本のマツリにいかに大きな影響をおよぼしたかをかえりみたが、稲作の文化のみによって、日本文化のなりたちを論ずるわけにはいかない。

非稲作の文化

日本列島の文化を水稲のコメ文化のみで論ずる説もあるが、狩猟・漁撈・畑作などを主とする山の民や海の民も数多く存在した。日本列島の文化の基層に山と海の文化が存在し、大きな役割をはたしたことを忘れてはならない。

私もまた弥生時代以降における日本列島の歴史と文化の形成に、稲作を中心とする生活が重要な役割をにない、大きな影響をあたえたことを否定はしない。しかし日本の国土の約四分の三は山地であり、日本列島はまわりを海で囲まれていた文字どおりの島国であった。釈迢空（折口信夫）の歌集名の『海やまのあひだ』のとおりに、日本列島（火山列島）では山とそして海、その間に盆地や平野がひろがる。南方から北上して太平洋側を流れる黒潮（日本海流）、九州の南で分れて玄界灘を進み、日本海側を北流する黒潮分流（対馬海流）、北方から三陸沖へと南下する親潮（千島海流）と日本海側を回流するリマン海流など、海と山々そしてそのはざまで日本の歴史と文化は展開した。

稲作民の文化ばかりでなく非稲作民の文化も、日本文化の基層を構成してきた。そしてその前提には、むしろ山民や海民の文化が横たわって重層・交錯したと推察しうる場合が多い。

日本文化の基層が、稲作文化であったか非稲作文化であったかという解明よりも、むしろ非稲作文化と稲作文化とがどのようにまじりあって展開したかを、まず検討することが肝要であろう。

稲作を一括して論ずることはできない。陸稲もあれば水稲もある。コメにしてもそうである。赤米・黒米もあれば白米もある。種の種類じたいが前にも述べたようにジャポニカのみではなく、インディカもあればジャワニカもあった。

稲作とその文化が、いずれの地域を起源とし、それがどのようなルートをたどって日本列島に伝播したかという問題は、古くから考察され、今日もなおいろいろと検討されているところだが、稲作文化にさきだって照葉樹林文化に属する雑穀型の焼畑文化が存在したとみなす説はきわめて有力であり、前にのべた粟の新嘗祭（75ページ参照）などもそのありようを示唆する。

『古事記』や『日本書紀』におけるいわゆる「神代史」の基本的な構成にあっても、葦原の中つ国に、「邪《あ》しき国つ神」が先住しており、その葦原の中つ国に、「高天原を主宰する天つ神」の子孫（天孫）が降臨し、「国つ神」を「ことむけやわす（言向和平）」ことによって、「葦原の中つ国」が「豊葦原の瑞穂の国」になるというすじみちを物語っている。『日本書紀』（巻第二の第二の「一書」）にも明記されているように、稲穂じたいが天降る天孫に高天原の主神たる天照大神が神授したものとして記述する。すなわち高天原の聖なる稲穂を天孫に授けるとのいわゆる「斎《ゆ》庭《にわ》の稲穂の神勅」がそれである。

日本列島の民俗や芸能の内実もまた、稲作文化のみを背景にしたとはいいがたい。粟やイモなどを媒体とするマツリや、それにともなう民俗や芸能も明らかに存在するし、また山民や海民の民俗や芸能も実在する。たとえば「エビスさん」として親しまれている、島根県松江市美保関町の美保神社の青柴垣《あおふしがき》神事においては、サトイモとその芋膳が重要な儀礼の要素を形づくり、島根県飯石郡飯南町頓原の姫ノ飯神事では、神饌として赤米とサトイモが供えられている。蝦夷や隼人の文化には、海神の信仰やあるいは粟作などの非稲作をめぐる文化が内包されていた。このように稲作文化一元論のみでは、日本文化の基層を明確に論究することはできない。

『記』・『紀』の五穀発生神話

ところで渡来の文化である稲作が、『古事記』や『日本書紀』の神話では、（1）前述したように高天原において天照大神がみずから「営田《つくだ》」し、しかもその営田の稲穂を天降る「天孫」に「神授」したとし、さらに（2）粟・稗・麦・大小の豆を、イネ（この場合は水稲）の「水田《たな》種子《つもの》」にたいして「陸田種子《はたけつもの》」とし、「うつしき蒼生《あおひとぐさ》の食ひて活くべきものなり（この世に生きている民の食物である）」と明記していることのいわれには、改めて注目すべき問題を内包する。

『古事記』（上巻）には、天照大御神の作る「営田」を、建速須佐之男命が「天照大御神の営田の阿《あ》（畦《あぜ》）をはなち（こわし）、その溝を埋め、亦その大嘗を聞しめす殿（食事をされる宮殿）に屎まり散らしき」としるす。

『日本書紀』（巻第一）の記述はより詳細であって、本文には「天照大神、天狭田《あめのさだ》・長田《ながた》を以て御田としたまふ」と書き、第二の「一書」では「天垣田《あめのかきた》（囲いのある田）を以て御田としたまふ」、また第三の「一書」では「日神（天照大神）の田、三処あり、号《なづ》けて天安田《あめのやすだ》（安穏に実る田）・天平田《あめのひらた》・天邑幷田《あめのむらあわせだ》（豊かな井戸のある田）と曰ふ、此皆良き田なり」としるす。

その天照大（御）神の作る「営田」の稲の由来は、どのようなものであったのか。その点についてみのがせないのが、『日本書紀』(巻第一)に載す、第十一の「一書」のつぎの伝えである。保食神《うけもちのかみ》(食物を掌る神)を月夜見尊《つくよみ》が殺して、その屍からいわゆる五穀が発生したとする神話がそれである。

この神話に類似する神話は『古事記』にもみえている。『古事記』では建速須佐之男命が大気《おおげ》都比売神《つひめのかみ》(穀物の女神)を殺し、その屍から蚕・稲種・粟・小豆・麦・大豆が生じたのを神産巣《かみむす》日《ひ》御祖命が「種と成したまふ」とのべる。この神話の『古事記』と『日本書紀』におけるちがいは、およそつぎのようになる。

(1)『古事記』では建速須佐之男命が大気都比売神を殺すのだが、『日本書紀』では月夜見尊が保食神を殺すことになり、(2)発生物は『古事記』では蚕・稲種・粟・小豆・麦・大豆であるのに対して、『日本書紀』では牛馬・粟・蚕・稗・稲・麦・大豆・小豆ということになる。(3)『古事記』では神産巣日御祖命が「種」にしたとするのを、『日本書紀』では天照大神が「種子」にしたとする。

(1)にかんしていえば大気都比売の神話は、『古事記』ではほかにもあるが、『日本書紀』には全くみえず、『古事記』ではほとんど活躍しない月読命(月夜見尊)が『日本書紀』では活躍すること、(2)については『古事記』にみえない稗・牛馬が、『日本書紀』では発生し、それぞれの化生した身体の部分と化生したものとのつながりも両書の間にはひらきがある。(3)の場合、『古事記』には『日本書紀』のような「陸田種子」や「水田種子」の類別はなく、『日本書紀』ではその発生の「稲種を以て、始めて(天照大神の)天狭田および長田に殖ゑたまふ」と記載する。

そして『日本書紀』では天照大神が粟・稗・麦・豆の「陸田種子」を「うつしき蒼生の食ひて活くべきものなり」と告げるのである。そしてその神話はさらに天照大神が「口の裏《うち》に蚕を含みて、すなはち糸抽《いとひ》くこと得たり」としるす。

天照大神の神格に、道教における西王母の信仰がオーバーラップしていることは、中国や朝鮮半島における織女神としての西王母信仰との対比などから論究したところだが（『日本の神話を考える』、小学館、一九九一）、高句麗の徳興里壁画古墳（後述参照）に描かれている織女神（西王母）、茨木市紫金山古墳出土の勾玉文鏡の坐神像（西王母・織女神）などとのつながりばかりでなく、天照大神は明らかに「忌服屋《いみはたや》」（『記』）・「斎服殿《いみはたどの》」（『紀』）に坐して、「神御衣《かんみそ》を織る」（『記』）・「神衣を織る」（『紀』）織女神であった。そして実際に七世紀後半の宮廷（持統朝）では七夕の宴が行なわれていた。『日本書紀』に天照大神みずからが「口の裏に蚕を含みて、すなはち糸抽く」と織女神としての神格を物語るのもけっして偶然ではない。

私がこの神話でもっとも重視するところは、高天原の主宰神とされる天照大（御）神が、高天原でみずから「営田」した「水田種子」（稲）を天降る「天孫」に「神授」し、粟・稗・麦・豆の「陸田種子」をこの世に生きている民の食物とする認識にもとづいて位置づけている点である。

神話構成上の認識としては、水稲は支配者層の文化を象徴し、粟・稗・麦・豆などの「陸田種子」は被支配者層の文化としてシンボライズされている。

弥生時代以降、稲作を中心とするマツリは支配者層においてまずひろがり、水稲耕作の拡大によって、民衆生活においても重要な意味あいをもつようになるが、民衆の間にあっては、粟や麦など焼畑耕作にうかがわれるような非稲作の文化のくらしを営んでいた。

銅鐸絵画の謎

弥生時代には銅鏃《どうぞく》(銅の矢じり)・銅矛《どうほこ》・銅剣・銅戈《どうか》などの武器類のほか、銅鐸・銅鏡などの宝器、祭器類があり、装身具その他の器具にも青銅器が用いられたことが遺物によって証明できる。中国では、紀元前十三—十二世紀のころの殷代にはすでに青銅器が製作されており、紀元前四〇〇年ごろにはじまる戦国時代には農具や工具に鉄が用いられるようになるが、前漢に入って鉄製品もさかんに使われるようになった。

中国における青銅器時代から鉄器時代への展開は、周辺の諸地域にも影響をおよぼす。初期金属器文化の夜明けは、日本列島に先立って朝鮮半島におとずれる。

弥生時代に青銅器のみならず鉄器も使用されたことは、考古学などの研究成果によってたしかめられるが、前期には朝鮮や中国などから入った工具類の一部が九州や西日本の一部で珍重されたにとどまったという。しかし中期になると、鉄製の農具・武具・工具・漁具なども用いられるようになった。

イネと金属器の文化はともに渡来の波によってもたらされたものであり、そうした渡来文化の背後には、人間と人間の交渉があり、じっさいに日本列島へ渡来してきた集団があった。

ところで、イネと金属器の文化の日本列島における具体化は、人々のくらしのいとなみに多大の作用をあたえた。そしてそれは古代芸能のなりたちにも注目すべき役割をはたした。

稲作の普及にともなって、移動性にとんだ人々の生活はしだいに定着化し、集落の規模もだんだんと拡大してゆく。とりわけ春の種まきと秋の刈り入れは、前にものべたとおり農耕生活者にとっての重要な節目となった。

精霊やカミにたいする信仰も、田の民の増加にしたがって変化してくる。狩猟や漁撈の生活を背景とする山の民や海の民の信仰とは異なった様相を示すようになる。農事はじめや農事おさめのハレ（晴）の日が、カミや精霊の去来する時となり、ある一定の期間、田の精霊あるいは田のカミとしてとどまるとあがめられた信仰をはぐくむ。人々のくらしが定着化し、四季に順応した農耕生活がいとなまれるようになると、臨時的な呪能は、農耕にともなう周期的反復的なマツリと饗宴に包摂される。そしてその反復性と連続性のなかで、歌謡や舞踊の具体化と伝承が豊かになる。

もちろん弥生時代の信仰のすべてが農耕を基盤とする信仰におおわれていたわけではない。弥生時代の前期、急速に稲作を中心とする農耕文化がひろまった西日本にあっても、山間や海辺などには、山の民や海の民が存在したし、中期以降になって稲作文化が入る三河以東の東日本の地域では、前期はもちろんのこと、中期以降においても、狩猟・漁撈・採集などの伝統がなお根強く生きつづいていた。稲作の信仰に畑作をめぐる信仰も重層し、また山の民や海の民の信仰が重なりあっていったプロセスを軽視できない。

鉄器の使用がもたらした生活への影響も大きい。弥生時代の中期末から後期へかけての時期は、日本列島における石器製作の終末期にあたっている。石器の製作が終りをつげて鉄器がだんだん用いられるようになったことは、武器はもとより、農具や土木具・木工具などの改良をもたらし、生産力の発展にも寄与し、階級の形成を促進した。

精霊や人間の霊魂が遊離し移動するとの観念が濃厚であった段階では、呪術が支配的であったが、カミや精霊が自然や事物に来臨し鎮座するという観念が明確になってくると、特定の事物や自然を精霊や神の坐すところとして崇拝し、祭祀するようになる。

うっそうたる照葉樹林を精霊の住まうところと信じ、また森林を精霊のよりますところとした信仰は、縄文時代にも存在したと考えられるが、農耕生活の普及と拡大によって、人々のくらしが定着化すると、特定の事物や場所がカミや精霊のよりますところとして固定化してくる。「依《よ》代《しろ》」としての巨石が磐座《いわくら》となり、神聖な樹木が神籬《ひもろぎ》となる。また磯城《しき》・磐境《いわさか》などとよばれる聖域ができる。そしてたとえばカミや精霊が来臨し鎮座すると信じられた聖なる山は神奈備《かんなび》とあおがれた。それらはマツリの対象物となるわけだが、磐座や神籬がそれぞれ単独にまつられる場合もあれば、神籬と磐境あるいは磐座と神奈備というように複合して存在する場合もあった。

神事の歌舞ともいうべき神楽《かぐら》の語の由来については、かんがかり説、かぐれあい（神が寄りつく）説、かぐれ（歌のかけあい）説などいろいろと提出されているが、もっとも有力なのは神座《かみくら》説である。カミや精霊の来臨し鎮座する神座は、マツリにとって不可欠であった。

もっともカミや精霊にたいする観念にも変貌があり、マツリの場はそれに対応してさまざまな形態をとるし、まつられるものとまつるものとの関係によって祭場の構成にも発展があった。

弥生時代には銅鏃のように武器として使われた青銅器もあるが、本来は武器であった、銅剣・

銅矛・銅戈がマツリの祭器となり、また青銅器の吊すかねが、置く祭器へと変化していった。従来の通説ではいわゆる近畿を中心とする銅鐸の文化圏と北九州を中心とする銅剣・銅矛・銅戈の文化圏とが想定されてきた。しかしいまでは単純にそうした文化圏を設定するわけにはいかなくなっている。たとえば、実際に銅剣が鋳造されたことを物語る鋳型が兵庫県尼崎市の田能遺跡から出土し、また銅戈の鋳型も大阪府茨木市東奈良で発見されている。さらに佐賀県鳥栖市の安永田で銅鐸の鋳型が、福岡県春日市の岡本遺跡の丘陵地帯で「小銅鐸」の鋳型が、それぞれ出土して注目されている。

そればかりではない。昭和五十九年（一九八四）の七月には、島根県出雲市斐川町の神《かん》庭《ば》荒神谷《こうじんだに》遺跡で銅剣三五八本、ついで翌年の夏には同じ遺跡から銅鐸六個・銅矛一六本がみつかった。そして平成八年（一九九六）の十月には、同県雲南市加茂岩倉遺跡から銅鐸三九個が出土

島根県出雲市斐川町・神庭荒神谷遺跡で見つかった銅剣358本（写真提供：島根県立古代出雲歴史博物館）

した。さらに平成十五年（二〇〇三）に出雲市の青木遺跡では、銅鐸片（飾り耳部分）が検出された。これらで出雲の地域からはあわせて五四個（伝出雲三個を含む）の銅鐸がみつかったことになる。これまで出土した銅鐸は全国で約五五〇個といわれているが、出雲はその最多の地域である。さらにそれまでの全国銅剣の総数が約三〇〇本であったから、神庭荒神谷遺跡だけでそれを越える銅剣が出土したこととあわせて考えれば、古代出雲が弥生時代の青銅器文化圏でいかに重要な位置を占めていたかがわかる。

日本列島で出土する武器としての銅剣・銅矛・銅戈の多くは、朝鮮半島でつくられたものだったが、日本列島でそれを模倣してつくられたものには、非実用的な広形のものが多い。それらの銅剣・銅矛・銅戈は、青銅武器形祭器とよばれており、副葬品としてそえられたもののほかに、特別に土中に埋納されているものもある。こうした青銅武器形の祭器は、弥生時代の祭儀に使用されたものと考えてよい。銅鐸も青銅祭器としての性格をもつ。

かつては、いわゆる畿内を中心とする銅鐸と北九州を中心とする銅剣・銅矛・銅戈の二大青銅器文化圏としての意義づけがなされてきたが、出雲を中心とする青銅器文化圏を検討する必要がある。たとえば広島市東区福田出土のように銅鐸といわゆる近畿型の銅剣・九州型の銅戈が、島根県松江市鹿島町佐陀本郷出土のように銅鐸と近畿型の銅剣が、それぞれ伴出《はんしゅつ》する例などもみつかっているためである。つまりこれらの例は銅鐸を用いた人々が同時に銅剣あるいは銅戈を使っていたことを物語る。

青銅の祭器がどのように用いられたのか、まだまだそこには多くの謎がひめられているが、銅鐸をめぐって若干の推測をのべることにしよう。

銅鐸はこれまでに約五五〇個ばかりみつかっているが、そのおよそ八割が単独で出土し、その出土地は河原や海辺・湖辺・砂丘などのほか、山丘頂の近くまたは山かげで発見されている。とりわけ多いのは、山丘頂近くである。銅鐸は土中に埋納保管し、祭事のさいにとりだして用いたのではないかとする考えもだされているが、銅鐸出土地の多くが、山丘や山頂近くであるのは、山丘などにカミや精霊の降臨をあおいだ信仰とあるいは関係があるかもしれない。

マツリとの関連が深い銅鐸で注意されるのは、その絵画である。銅鐸絵画の例は、国立歴史民俗博物館の佐原眞によると、六二個ばかりといわれているが(『銅鐸の絵を読み解く』、小学館、一九九七)、ふつうは身の横帯・袈裟襷文の区画内に描かれており、なかには、いくつかのシーンが連続していて、マツリを媒体とする人々の祈りを投影したと思わせるものがある。香川県出土と伝えられる大橋氏蔵の銅鐸や兵庫県桜ヶ丘出土の5号鐸、福井県坂井市春江町の井向2号鐸などの絵には、秋の稔りを予祝する人々の願望が反映されているかのようである。

銅鐸の出土地の多くが山丘頂近くであるのは、春に山入りして農耕の稔りを予祝する山見行事に関係をもつのではないかと推定したことがあるけれども(『大和朝廷』角川新書一九六七、のちに角川選書一九七二、講談社学術文庫一九九五・『日本神話』岩波新書一九七〇)、桜ヶ丘1号鐸の舞《まい》(銅身の上部)の部分に描かれた九人の人物の姿は、そうしたマツリに仕えた人々のありし日をしのばせる。

銅鐸の絵画のなかには、海とのつながりを示すものもある。たとえば福井県の井向1号鐸には船と船人を描き、島根県雲南市加茂岩倉遺跡出土の10号鐸には海亀を描いている。兵庫県豊岡市の気比遺跡からは銅鐸四個が出土したが、その場所は円山川が日本海に注ぐ河口の近くであり、加茂岩倉の地には赤川を媒体とする海の信仰も入りこんでいた（『出雲国風土記』大原郡海潮郷の条）。

マツリには（1）ムラのマツリ、（2）イエのマツリ、（3）氏族の同族団のマツリ、（4）マチのマツリ、（5）王者のマツリ、（6）流行神のマツリ、（7）イチのマツリなど、さまざまな形態がある。銅鐸を用いてのマツリには、ムラのマツリの色あいが濃い。島根県加茂岩倉遺跡の三九個、滋賀県小篠原の二四個、兵庫県桜ヶ丘の一四個などのような多数の出土例には、ムラとムラとの連合によって銅鐸が集中されたとみなす説もある。

マツリの変貌

銅鐸という青銅器の名称は、江戸時代の学者や明治以後の考古学者が使いだした用語ではない。すでに古代日本の人びとも銅鐸という名称は使っていた。それは『続日本紀』の和銅六年（七一三）七月六日の条によってたしかめられる。すなわち大倭（大和）国の宇太（陀）郡波坂郷の人で大初位上村君東人《むらのきみあずまひと》が、銅鐸を長岡野の地に得て、これを献じたとの記事がそれである。「高さ三尺、口径一尺、其の制常に異なり、音、律呂《りつりょ》に協《かな》ふ、所司に勅してこれを蔵さしむ」とあるから、大型の銅鐸であり、銅鐸を鳴らして、「音、律呂（六律六呂、音楽の調子）に協ふ」異様な楽器類とみなしたらしいことがわかる。

古代の日本のみではない。中国南朝梁の沈約《しんやく》がまとめた『宋書』（巻二七）の「符瑞上」に、愍帝《びんてい》の建興四年（三一六）陳龍が「田中に在る銅鐸五枚を得た」とし、「柄口皆有竜虎形」とするす。ここに「銅鐸五枚」と記載して、「柄口」に竜虎の形があったとのべているのは興味深い。

古代の中国に、扁鐘などのほか、銅鐸とよぶ青銅器が存在したことを物語る史料である。周代の官制を記した『周礼《しゅらい》』には、軍事に鐸を使って合図をしたと伝え、また『釈名《しゃくみょう》』（後漢の劉熙著）の古注の、文事には木鐸、武事には金鐸を用いたとする記述もみのがせない。

私はかねがね弥生時代のわが国土の小型銅鐸と、類似する朝鮮半島から出土する朝鮮式小銅鐸との関連に注目してきた。韓国の大邱市坪里洞、大田市槐亭洞、慶尚北道慶州市入室里などから出土した小銅鐸を実見したことがあるが、昭和五十五年（一九八〇）の八月、はじめて訪朝したおり、平壌中央歴史博物館で、平壌楽浪区域貞栢洞ほかで出土した小銅鐸と平壌出土と伝える小銅鐸の鋳型を実測してその使用のありようを思案した日を思いだす。

大分県宇佐市の別府遺跡から小銅鐸、福岡県春日市大谷遺跡から小銅鐸の鋳型がみつかっているが、わが国土で出土する小銅鐸のルーツは、朝鮮式小銅鐸と関連するのではないか。小銅鐸は関東の地域でも出土し（たとえば千葉・栃木・群馬県など）、また鳥取県羽合町の長瀬高浜遺跡（古墳時代の前期後半から中期後半の集落遺跡）の大型掘立柱建物跡からも櫛描文《くしがきもん》のある小銅鐸が出土している。

わが国土で出土する小型銅鐸と、いわゆる朝鮮式小銅鐸を短絡的に同一視することはできないが、朝鮮式小銅鐸はマツリなどのほか、軍事（武事）などの号令や合図に鳴らして用いたかもしれない。

島根県雲南市の加茂岩倉遺跡の場合は、三九個のうち七個に絵画があり、18号鐸の画面いっぱいの一匹のトンボは、きわめてリアルであり、29号鐸では鈕《ちゅう》（上部の釣り手）のいちばん上の部分に人面を描いている。そして三九個のなかで一四個に×印がつけられている。神庭荒神谷遺跡の銅剣三五八本のなかで三四四本の茎に×印（邪霊をしりぞける避邪の印か）があるのとあわせてみのがせない。しかも10号鐸の鈕には前にのべたように海亀がみごとに鋳造されていた。

加茂岩倉遺跡出土の18号鐸に描かれたトンボ（▼印）。（写真提供：島根県立古代出雲歴史博物館）

昭和五十九年（一九八四）に銅剣三五八本、ついで翌年に銅鐸六個・銅矛一六本が、島根県出雲市斐川町の神庭荒神谷遺跡でみつかったおりから、注目してきたのは、銅鐸の出土地名である。神庭のサイダニ（斎谷では音訓がまじり、塞谷かもしれない）に銅鐸六個、岩倉に銅鐸三九個が埋納されていた。神戸市

加茂岩倉遺跡出土の29号鐸、鈕に描かれた人面（▼印）
（写真提供：島根県立古代出雲歴史博物館）

桜ヶ丘からの銅鐸出土数は一四個を数えるが、その古い地名はカミカ（神岡）であった。滋賀県野州市小篠原の大岩山遺跡の大岩山は字桜生《さくらばさま》にあった山で、山頂のあたりに巨石（磐座）が存在したことに由来する。銅鐸の出土した兵庫県姫路市夢前《ゆめさき》町の地名は神種《こうのくさ》であり、大阪府岸和田市のそれは神於（土地では「こうの」とよぶ）であった。それらの埋納地が「カミ」の地名や「イワクラ」とゆかりをもつことも、たんなる偶然とはいえない。たとえば大阪府箕面市白島の延喜式内社為那都比《いなつひ》古《こ》神社のそばの如意谷から銅鐸が出土したが、近くに巨石（ヨーガ岩、磐座）がある例なども参考になる。

ところで銅鐸のマツリは、いったいいつごろから、どの地域より終りをつけて、あらたなマツリへと推移していったのであろうか。最近の研究成果によると、出雲や吉備では、紀元前一世紀から紀元後一世紀の時期に銅鐸・銅剣のマツリが終わり、大和や尾張では銅鐸・銅剣のマツリが、筑紫では銅剣・銅鐸のマツリが二世紀末ごろで消えてゆくという。

たとえば出雲では出雲市中野美保遺跡で長方形の貼石墓が現われ、方形あるいは長方形で四隅が突出した四隅突出型の墳丘墓が具体化する。そして、出雲市の西谷墳墓群（とくに3・4・9号墳）や安来市の仲仙寺・塩津山墳墓群のなかの巨大な四隅突出型墳丘墓へと発展してゆく。

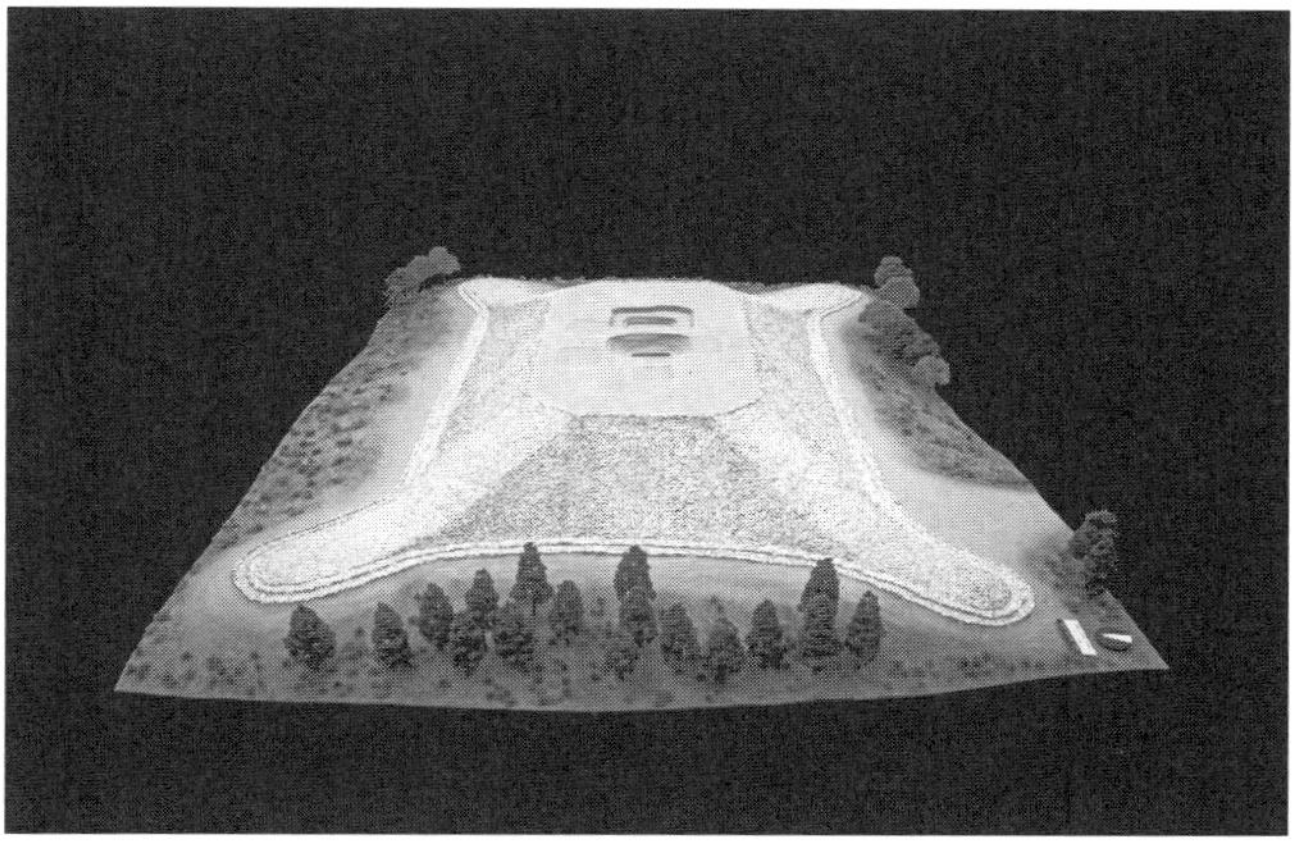

四隅突出型墳丘墓の西谷3号墳の模型（写真提供：島根県立古代出雲歴史博物館）

これらの巨大な墳丘墓の登場には争乱を勝ち抜いたあらたな政治勢力のありようと、新しいマツリへと移行する状況がうかがわれる。出雲市の矢野遺跡ほか、正蓮寺周辺遺跡や古志本郷遺跡などの弥生時代の集落跡、とりわけ正蓮寺周辺遺跡は直径三〇〇メートルの広大な環濠集落（古志本郷の環濠集落遺跡につながる可能性もある）であることが明らかとなり、そして防禦の要素をもつ、高地性集落が、安来市門生町の陽徳遺跡や松江市宍道町の野津原Ⅱ遺跡などでみつかっている。これらの遺跡のいわゆる倭国の乱との関連が注目される（倭国の乱については後述する）。

二世紀の末ごろで西日本を中心とする地域で銅鐸のマツリが終りをつげる状況を、私は前々から「倭国の乱」と関連づけて考えてきた（「出雲のクニと倭国の乱」、『東アジアの古代文化』八十二号、『上田正昭著作集』第4巻所収、角川書店）。

銅鐸のマツリから鏡のマツリへの示唆にとむ見解を提示したのは、三品彰英同志社大学教授であった。土地の精霊やカミをまつる地的宗儀から祭天の天的宗儀へと変貌したことを背景とみなした見解であった（「銅鐸小考」、『朝鮮学報』四九所収）。

大地の霊力を重視する地的宗儀は弥生時代にはじまったわけではない。大地の霊威への信仰は、縄文時代にもあったし、稲作農耕が広まった弥生時代にも「祭天」の太陽神などにたいする信仰はあった。したがって、地的宗儀から天的宗儀への展開が銅鐸終焉の背景とする説にも、さらに検討すべき余地がある。そこで銅鐸など（銅鐸ばかりでなく、銅剣・銅矛・銅戈を含む）の埋納によって、その製作が断絶するのは、「あらたな政治勢力による新しいマツリの出現と権力の構築があった」からではないかとする仮説を抱いていたからである。

私がそのように想定した前提には、前述の倭国の乱を重視する視座があった。倭国の乱については、『三国志』の『魏志』（『魏書』）東夷伝倭人の条（いわゆる「倭人伝」）をはじめとする中国の古文献が明記している。すなわち『三国志』に「其の国、本亦男子を以て王となし、住まること七、八十年、倭国乱れ、相攻伐すること歴年、乃ち共に一女子を立てて王となす。名づけて卑弥呼と曰ふ」とのべるのにはじまる文がそれである。

この「倭国の乱」を「倭国の大乱」と書くのは『後漢書』東夷伝倭の条と『隋書』東夷伝倭国の条であって、その時期を「桓霊の間」(桓帝から霊帝の間、一四六―一八九)とし、「倭国大いに乱れ」とするす。『晋書』四夷伝倭人の条は「漢末、倭人乱れ」とし、『南斉書』東南夷伝倭国の条は「漢末以来、女王を立て」とする。『梁書』諸夷伝倭の条は「漢霊帝光和中(一七八―一八四)、倭国乱れ」とし、『隋書』の東夷伝倭国の条では「桓霊の間其の国大いに乱れ、逓《たがい》に相攻伐」とのべる。『北史』東夷伝倭国の条では「霊帝光和中、其の国乱れ、逓に相攻伐」とするす。さらに『太平御覧』では「霊帝光和中」としている。

そして『梁書』と『北史』は、女王台与《とよ》の後「復《また》男王を立て、并に中国の爵命を受く」と書き加えている。

邪馬台国の王位は男王→女王(卑弥呼)→男王→女王(台与)→男王へと推移したことがわかる。二世紀なかばから三世紀の時代の王権は必ずしも安定してはいない。換言すれば激動の世紀であったといってよい。倭国の乱の背景に後漢末の道教教団太平道の信徒を中心とする黄巾《こうきん》の乱(一八四―一八八)による後漢王朝の衰退、朝鮮半島における民族の勢いがさかんになって「郡県制するあたはず(後漢の郡県制による支配ができない)」の状況(『三国志』・『魏書』東夷伝)、さらに石器製作が消滅して、鉄器がしだいに普及する生産力と生産関係の変化など、当時の日本列島の西側(主として北九州から東海へかけての地域)にあっても、その激動の渦は波及したはずである。二世紀後半の倭国の乱を前提に、邪馬台国の女王卑弥呼が「共立」されるが(後述参照)、その背景には、弥生時代後期の畿内の文化が北九州よりもより発展していた状況が考えられる。

第Ⅱ部

第一章　倭人の軌跡

倭の奴国王

中国・朝鮮の古文献や金石文には、しばしば倭、倭人、倭地、倭種、倭王、倭国など、〈倭〉という文字がみえる。その古い例には、中国で現在に伝わる最古の地理書『山海経《せんがいきょう》』のつぎの文がある。「蓋国《がいこく》は鉅燕《きょえん》の南、倭の北にあり、倭は燕《えん》に属す」とするのがそれだ。

『山海経』には後人の加筆があって、その信憑性にはなお問題がある。しかし文じたいは簡単で、この「倭」をいかに解釈するかについての見解もさまざまである。鉅燕の位置をどこに求めるかもさることながら、蓋国・倭の位置についても意見は分かれている。蓋は濊《かい》で、朝鮮半島の北部であり、この倭は燕の東北にあるとみなす考えもある。

ついで後漢の王充《おうじゅう》（二七―一〇〇？）の『論衡《ろんこう》』をみると、周の時代に倭人が鬯草《ちょうそう》を献じたという記事がある。鬯草とは香草のことで、当時は粤地《えっち》の特産とされており、この倭人は南方の種族であるかのように書かれている。

後漢の班固《はんこ》が建初年間（七六―八四）に著わした『漢書』の地理志には、有名な「楽浪海中に倭人あり、分れて百余国となる」との記載がある。文にいう楽浪は、紀元前一〇八年に前漢の武帝が設けた楽浪郡の楽浪とされ、この倭人は北九州の人びととする説が有力だが、他方朝鮮半島南部の倭人と推定する考えもある。ただしこの記載が、『漢書』の燕地《えんち》の条にでてくる点はみのがせない。

『漢書』のつぎに注目すべきは、『後漢書』東夷伝にみえる倭の条である。しかし『後漢書』の成立年代は、邪馬台国論争で有名ないわゆる「魏志倭人伝」（『魏書』東夷伝倭人の条）を収録する『三国志』よりも新しい。すなわち南朝宋の范曄《はんよう》（三九八―四四五）が編集した史書である。したがって『後漢書』のなかには、明らかに『三国志』を参考にしてしるされている個所がある。『後漢書』以前に、後漢のことをのべた史書がなかったわけではない。たとえば『続漢書』があったけれども、これは残念ながら散逸してしまい、その内容を詳しくたしかめることはできない。

ところで『後漢書』東夷伝の倭の条には、「倭の奴国《なこく》、奉貢朝賀す、使人みずから大夫《たいふ》（論議をつかさどる官）と称す、倭の極南界なり、光武賜ふに印綬を以ってす」とあり、また同光武帝本紀にも「東夷の倭の奴国王、使を遣はして奉献す」とある。ともに建武中元二年（五七）のできごととする。

さらに『後漢書』には、「安帝の永初元年、倭国王帥升《すいしょう》ら生口《せいこう》（奴隷的なあつかいをうける人々）百六十人を献じ、請見を願ふ」とし、安帝本紀にも、安帝の永初元年に、「倭国、使を遣はして奉献す」とするす。後漢の安帝の永初元年は、一〇七年に相当する。

これらの『後漢書』の記事は、『三国志』の『魏書（『魏志』）』にはみえないもので、独自の伝承として注目すべきである。この場合の「倭の奴国」「倭国王」「倭国」はいずれも、北九州の地域を中心とするものであろう。

だが、だからといって「倭」をすべて日本列島にかかわるものと解釈しうるかというと、かならずしもそうとは限らない。

西晋の陳寿（二三三―二九七）が太康年間（二八〇―二八九）に撰述した『三国志』の『魏志』東夷伝倭人の条には、倭・倭人・倭種のほか、倭国・倭王・大倭などの表現がある。そこで東夷伝にみえる倭・倭人のすべてを日本列島ないし列島内の種族と考えがちであったが、そのような見方にただちに従えないことは、つぎの例をみても明らかとなろう。

『魏志』の東夷伝韓の条に、「韓は帯方の南、東西は海を以つて限りとなし、南は倭と接す」とある倭は、日本列島内の倭とは考えにくい。

帯方とは、二〇四年のころに遼東へ進出した中国遼東の豪族である公孫《こうそん》氏が、楽浪郡の南部を帯方郡としたその帯方であり、韓は帯方の南で、東と西とは海をもって限りとし、南は倭と接続するとした倭であるから、この倭は朝鮮半島南部にあったことになろう。

同弁辰の条に「瀆盧《とくろ》国（朝鮮半島南部の国）倭と界を接す」とか、あるいは「国、鉄を出す、韓・濊・倭皆従つて之を取る」とかの倭もそうである。

倭・倭人の実相

倭とか倭人を、ことごとく日本列島ないし列島内の種族としがたい例はほかにもある。『後漢書』の鮮卑の条に書かれている濊人国《かいじんこく》の一つの「倭人国」もそうだし、高麗の金富軾《きんふしょく》の撰になる『三国史記』、その高句麗本紀にみえる「倭山」も同様である。

『三国史記』のなかには、倭人・倭兵・倭国・倭王などの用例がある。その多くは日本列島内の倭を意味すると考えられるが、しかしそのすべてがそうかというと、なかには朝鮮半島南部の海辺の倭をさすと思われるものもある。

さらに高句麗の長寿王が甲寅年（四一四）に建立した先王好太王（広開土王・永楽太王）の功績をたたえた顕彰碑（好太王碑）の碑文に記す倭・倭寇も、はたしてそのすべてが日本列島内の倭を表現したものかどうか、なお吟味を必要とする。まして倭＝大和朝廷と速断することはできない。高麗僧の一然の編集した『三国遺事』塔像・皇竜寺の条、慈蔵法師の伝えには、新羅は北方で靺鞨《まっかつ》につながり、「南は倭人と接す」とある。この倭人も朝鮮半島南部の倭人をさすと考えられよう。

もとより『後漢書』前掲の倭の条のように、列島内の「倭の奴国」、「倭国王」をあらわす倭、あるいは『魏志』倭人の条の、女王卑弥呼を「親魏倭王」とした倭王の表現例などのように、列島内の倭を称したものもある。

したがって、中国や朝鮮の文献や金石文にみえる倭・倭人などが、それぞれの例においていかなるものをさしているか、そのおのおのにそくして吟味しなければならない。その点では、『魏略』を書いた魚豢《ぎょかん》なり『魏志』を著わした陳寿なりが、「倭人」と「倭」を表現上書き分けていたとする指摘にも留意する必要がある。

ところで、「倭」にはいったいいかなる意味があったのであろうか。倭は我・吾の転じたものとするような考え（『釈日本紀』『日本書紀纂疏』）や、人に従い女に従うの意味があって、中国人が女治を伝聞して用いたとするような解釈（『異称日本伝』）などはまったくの臆説である。倭の音は𩐳《わい》に通じ、汚穢、腐臭の人をさすとの説もあるが、本来は後漢の許慎（三〇―一二四）の『説文解字《せつもんかいじ》』の倭の説明に「順皃、人に従ひ、委の声」とあり、委もまた「委従」とされていて、柔順の意味が強い。

そして「倭」の字を東夷のなかで用いたのは、中国の哲理で、木・火・土・金・水を重視する五行《ごぎょう》思想にもとづくと考えられる。すなわち五行思想における東は、五行で木、五徳で仁にあたる。だから『前漢書』でも『後漢書』でも、東夷にかんして「天性柔順なり」と表現したのであろう。

帥升等と生口

『後漢書』東夷伝の倭の条にのべる、建武中元二年（五七）の後漢王朝と北九州の倭の奴国との交渉は、東夷伝のみならず、光武帝本紀にもみえている。そしてその実際の通交は、福岡県志賀島出土という金印によっても傍証される。この金印について、唐の張楚金《ちょうそきん》は、六六〇年ごろに著わした『翰苑《かんえん》』（太宰府天満宮に伝える）で、「紫綬の栄」としるしている。おそらく紫綬の金印であろう。

天明四年（一七八四）に、博多湾口の志賀島から偶然に発見された金印（印台一辺二・三五センチ、一〇九グラムの純金製）の「漢委奴国王」は、倭の奴国王が後漢王朝とどのような外交関係をもっていたかを示唆する。鈕《ちゅう》（つまみ）が蛇鈕で亀鈕でなく、印文が「……王」で終って「璽」や「印」に相当する文字が使われていないのは、不臣の外臣で文字を理解しない異民族の王や侯らに与えた官印のためとみなす説がある。おそらく上表文による外交ではなかったであろう。

つぎの安帝の永初元年（一〇七）の記事はどうか。この『後漢書』の記事をめぐる解釈は論者によって異なる。ふつうにはこの「倭国」は、末盧国（佐賀県松浦郡地域）ないし伊都国（福岡県糸島郡地域）のこととされているが、奴国であるとする説も提出されている。問題はこの「倭国王帥升等」をどう読むかにもかかわってくる。

通説は「帥升」を王名と解釈して、伊都国（末盧国あるいは奴国）の王らが連合して貢献したことを意味するという。しかしはたしてそうであろうか。『後漢書』の安帝本紀には、「倭国、使を遣はして奉献す」とあるように、「帥升等」は、使節と解することもできる。実際に『後漢書』や『魏志』の書例をみても、使節名を複数であらわすものが多く、遣使朝貢のこうした例で王名を複数とするものはほとんどない。

のみならず『後漢書』の古写本のなかでは、「王帥」ではなく「主帥」としたものがあり、「倭国王」ではなく、「倭国の主帥（官名）升等」とする説も提出されている。使節とその従者らを意味すると考えたほうが妥当であろう。

この「帥升等」を王名と解し、この「等」の字にこだわって、原始的民主制とか部族国家などのあかしとする考えには従えない。第一に、部族国家というようなあいまいな表現をとることじたいに問題が残る。

原始社会の基本的な単位集団である氏族《クラン》（氏族《うじぞく》ではない）には、血縁的要素が濃厚であり、その上になりたつ部族は、耕地あるいは牧地・漁場などを共有し、共通の言語と信仰をもつ。そしてそれら部族の同盟にも、政治的組織は存在するのであって、長老会・評議会・民会などが部族らの全体意志を決定する。

国家のなりたちを政治的組織の有無だけによって決定するわけにはゆかぬ。国家はそうした氏族の体制が崩壊し、階級社会の出現によって公的権力が形づくられ、地域的な土地と民衆の支配、徴税の体系、官吏などによる行政機構、軍事力や警察力が具体化するなかで誕生する。部族と国家とを無媒介に結合する部族国家という表現じたいがあいまいである。

安帝の永初元年の「生口百六十人」をどう認識するかについての論議も分かれている。『魏志』の倭人の条には、卑弥呼の献ずる「男生口四人、女生口六人」、台与《とよ》が献上したという「男女生口三十人」のことがしるされている。それらの生口数よりも「生口百六十人」と多数であることが、連合ないし同盟の傍証とされたりする。だが、その数のみで、部族同盟か国家かを論断するのは単純にすぎる。

生口については、未開人説・技術者説・捕虜説・奴隷説などがある。また『後漢書』倭の条と

『魏志』の倭人の条との生口の間に、内容の違いを説く考えもある。

見解はさまざまだが、『後漢書』鮮卑の条などには「生口・牛羊・財物」とあり、『魏志』濊の条にも「生口・牛馬」としるされ、倭人の条にも、頭の手入れをせず、しらみなどをとらず肉を食べず、女を近づけなかったという持衰《じさい》の記事に関連して「生口・財物」と書かれている。

一〇七年の頃といえば、考古学上の遺物・遺跡においても、階級社会の様相がうかがわれる。この「生口」はたんなる技術者などではなく、牛馬・財物と同等の扱いをうけた奴隷的な身分に属するものとみなすほうがよいだろう。

このように『後漢書』では、日本列島内の「倭国」と中国王朝との間に通交のあったことを物語るが、弥生時代に、中国や朝鮮半島との交渉があったことは、遺物の上でもたしかめることができる。

光武帝の授けた金印のほか、前漢のつぎの新を支配した王莽の貨泉《かせん》（「貨泉」と鋳出されている貨幣）、前漢鏡、蓋弓帽、漢の馬鈴、環頭鉄刀、環頭刀子、銅製腕輪、朝鮮半島の多鈕細文鏡《たちゅうさいもんきょう》、有柄式磨製石剣、石鏃、加耶式土器、朝鮮半島でつくられた銅剣、銅戈、銅矛、鉄剣、鉄製工具などがみつかっている。

これらの遺物の出土地をみても、対馬、福岡県、山口県をはじめ西日本の日本海沿岸地域などでも、実際に交渉のあったことを確認することができよう。

第二章　邪馬台国と女王卑弥呼

邪馬台国論争のはじまり

中国の西晋王朝の陳寿《ちんじゅ》が、太康年間（二八〇—二八九）にまとめた、魏・蜀・呉の三国にかんする歴史書が有名な『三国志』である。魏の曹操《そうそう》・蜀の劉備《りゅうび》・呉の孫権《そんけん》をリーダーとする英雄たちの活躍は、中国ではもちろんのこと、わが国でも古くから読まれて語りつがれてきた。

その『三国志』の正確にいえば『魏書』の東夷伝倭人の条が、邪馬台国や女王卑弥呼のことをしるすいわゆる「魏志倭人伝」である。中国の史書として世に知られているものに、陳寿の『魏書』のほかに王沈《おうしん》の『魏書』や北魏の史書で魏収《ぎしゅう》の書いた『魏書』もあって、『三国志』の『魏書』は俗に『魏志』とよばれている。

その本文の字数は一九三一字であり、引用する魚豢の『魏略』や裴松之《はいしょうし》の註の文を加えておよそ二〇〇〇字ばかりとなる。その「魏志倭人伝」を、養老四年（七二〇）の五月二十一日に「奏上」した『日本書紀』が神功皇后摂政の三十九年・四十年・四十三年の条に引用しているように、『日本書紀』は卑弥呼を神功皇后と対応する人物と考えていた可能性がある。

初唐の魏徴が隋王朝の歴史を著わした『隋書』の東夷伝倭国の条（「隋書倭国伝」）は、「邪靡《やま》堆《と》に都す、則ち魏志の所謂邪馬台なり」と明記して（『北史』は邪摩堆と書く）、開皇二十年（六〇〇）からの奈良県のヤマトにあった飛鳥朝廷との外交を具体的にのべるなかで、『魏志』の邪馬台国に言及している。

『日本書紀』や『隋書』以来の邪馬台国と女王卑弥呼の論議といってよい。邪馬台国の研究が本格化するのは、江戸時代に入ってからである。とりわけ注目すべきは江戸時代前期の儒学者で医者であった松下見林《まつしたけんりん》の『異称日本伝』である。私が松下見林の大著『異称日本伝』と出合ったのは、「魏志倭人伝」の邪馬台国と女王卑弥呼に関する諸説を検討しているさなかであった。

そして松下見林が「卑弥呼は神功皇后の御名、気長足姫尊《おきながたらしひめのみこと》を、故れ訛《なま》りて然か言ふ」と『異称日本伝』に明記しているのを知った。

新井白石が『古史通或問《わくもん》』のなかで「倭女王卑弥呼と見へしは日女子と申せし事を彼国の音をもてしるせしなるべし」として、「魏志に倭女王奉献の事見へしは神功皇后の御事とみへけり」と、邪馬台国畿内説・女王卑弥呼＝神功皇后説を公にしたのは、正徳六年（享保元年＝一七一六）三月のことであった。

邪馬台国研究史における新井白石の説はかなり有名であって、畿内大和説の提唱者としてしばしば紹介される（ただし白石は後に筑後国山門説に転向した）。だが新井白石よりも早く、元禄元年（一六八八）の九月に、その序文を書いている『異称日本伝』（元禄六年開板）には、松下見林の畿内大和説・卑弥呼女王＝神功皇后説がすでにのべられていた。

『異称日本伝』の巻数は上・中・下の三巻だが、そのなかみは実に百二十七部（按分を除く）にわたる力作である。その完成には三十余年の歳月をついやしたという。

松下見林は寛永十四年（一六三七）に生まれ、大坂天満町の医者松下見朴の養子となった。その松下の家名は、代々河内国の松下村に居住したのにもとづくという。二十一歳のおりに居を京都に移して、塾を設けて教授した。見林のすぐれたところは、国内のみならず海外の文献をひろく探求して、それぞれの関連をみきわめようとした方法にあった。たんなる外籍の引用のみにはとどまらない。それぞれの史料の吟味を随所にこころみているのも貴重である。

上・中・下の三巻を、さらに細別した『異称日本伝』の書名の「異称」は、見林みずからが「諸異邦人、之を称するを取るなり」としたところに由来する。集成未だならず、「同志」の人びとがその「考據」（考えのよりどころ）を検討して、「妄謬」（でたらめやあやまり）を正しきれなかったところをさらに深めることに期待しての執筆であった。

日本の古典にかんする造詣にもなみなみならぬものがあって、『日本書紀』、『続日本紀』、『万葉集』、『古語拾遺』、『先代旧事本紀』をはじめとして、内なる古文献をも数多く参照している。「邪馬台国は大和国なり、古は大養徳国と謂ふ」とし、「邪馬台国は大和の和訓なり」と畿内大和（大倭）説は、当時にあっては出色の見解であり、従来の畿内説をはるかに抜きんでていた。日本という国号を論じて、『旧唐書《くとうじょ》』・『新唐書』の異同を考証したり、また唐の玄宗皇帝の宰相であった張九齢の文集にみえる「勅日本国王書」を引用しているあたりには、現在もなお示唆されるところが少なくない。

従来ややもすれば松下見林の研究が軽視されてきたので、やや詳しく言及してきたが、江戸時代の研究者として注目すべき人物に、日本の国学の大成者といわれる本居宣長がいる。松下見林や新井白石とは異なって、中国史書の記述には多くの疑惑をいだいていた。それはたとえば宣長が天明五年（一七八五）に脱稿した『鉗狂人《けんきょうじん》』に、

大かた、かの書ども、などに、皇国の事をしるせる。非なる事いとおほし。（中略）前史を麁忽《そこつ》に見誤りて、あらぬさまに記し違へたるなども多く、又よくも知れざる事を、人のいふまゝにしるして、大に実にたがへるも有《あり》。又その国々へ使者のゆきて、まのあたり見聞たるところを記せる趣なるにも違へる事多し。そはその使者の復命の時に偽はれること殊に多く、又誤れる事もあれば也

とのべているのにも明らかである。

そして安永六年（一七七七）に執筆をおえた『馭戎概言《からおさめのうれたみごと》』では、「魏志倭人伝」にしるす景初・正始の年号の代は息長帯日売尊《おきながたらしひめのみこと》すなわち神功皇后の代にあたるとみなしながらも、「かの国（魏）へ使をつかはしたるよししるせるは、皆まことの皇朝の御使にはあらず。筑紫の南のかたにていきほひある、熊襲などのたぐひなりしものゝ、女王の御名のもろもろのからくにまで高くかゞやきませるをもて、その御使といつはりて、私につかはしたりし使也」と論じるのである。つまり熊襲などのたぐいが、神功皇后の御使と偽称して、魏王朝へ使節を派遣したのだと結論づける。

しかし本居宣長がその論のなかで、不弥国《ふみ》より女王卑弥呼の都までの方向を「南」としているのは、奈良県の「大和」であれば「東」としなければならず、投馬国より女王の都までを「水行十日陸行一月」と書いているのも、「一月」は「一日」のあやまりであると、方位・日程の記述などの矛盾を指摘しているのは興味深い。さらに宣長が「倭人伝」の「女王国の東、海を渡ること千余里、復《また》国あり、皆倭種なり」とのべるのを、「大和にしてはかなはず、これもつくし（筑紫）より海をへだてて東なる四国をいへるなり」とし、狗奴国を伊予国（愛媛県）風早郡の河野郷のあたりとし、さらに奴国を儺県《なのあがた》（福岡県博多の地域）、不弥国を宇瀰《うみ》（福岡県宇美地域）に比定するなど、国名の該当推定地をあげているのも軽視できない。伊都国を伊覩《いと》県（福岡県糸島の地域）とみなしているのも注目すべき点である。本居宣長の論点には、のちの論争となる問題への仮説が含まれてはいたが、「天照大御神の神代」以来の「皇朝」を重視した宣長においては、「そもそも大御国（日本の国）には、神代より今に至る迄、天皇の御末（子孫）ならで、王といふ例は、さらになきことなるを、三十許国《ばかりのくに》、国ごとに皆王と称すといへるは、まことには王にはあらで、次に大倭王（原文では「大倭」）といへるぞ、まさしく天皇をさして申せるには有ける」ということになる。そこには本居宣長の学問の限界と制約があった。

　明治に入って邪馬台国論争はより科学的となった。そのひとつの例は、古代日本の紀年をどのように理解するかという紀年論争のなかにみいだすことができる。明治十一年（一八七八）に「上古年代考」を発表した東洋史学者那珂《なか》通世《みちよ》は、その見解をさらに深めて、明治二十一年に「日本上古年代考」、さらに明治三十年には「上世年紀考」をまとめた。

『日本書紀』の神武天皇即位年が、推古天皇九年の辛酉から一蔀《いちぼう》すなわち一二六〇年前の辛酉を「神武創業の大革命の」歳とさだめたとみなした那珂は、

神功ノ年代ヲ近肖古ノ時ト定ムルコトニツキ、必起コルベキ一ツノ駁論アリ。ソハ、魏志ノ倭人伝ニ載セタル倭女王卑弥呼ノ時代ハ漢魏ニ跨リ、略神功紀ニ合ヘリニ由リ、卑弥呼ヲ神功ノ御事ナリトスル説ニシテ、紀ノ紀年ヲ維持セント欲スル者ハ、必此ノ女王ヲ引テ証セントスルナリ。然ルニ、卑弥呼ヲ我ガ神功ニ較スルニ、同ジク女豪傑タルノ外ニハ、其ノ行事ニ於テ一ツモ我ガ神功ラシキ所ナシ。

とし、「魏志倭人伝」に描く女王卑弥呼と神功皇后伝承とは全く異なり「神功トハ全ク別人ナルヲ知ルベシ」とした。神功皇后の時代よりも卑弥呼の時代は百余年も前であることをおのが紀年論にもとづいて論断し、「邪馬台国ハ皇都ノ在リシ大倭国ニハアラズ」とする「上古年代考」の論を深めた。この那珂の論をうけて明治―昭和前期の歴史学者三宅米吉《みやけよねきち》が「神功皇后卑弥呼ノ異同如何」の可否を世に問うことになる。

いまは明治に入ってからの論争の一端をかえりみたが、邪馬台国論争が本格化したのは、明治四十三年（一九一〇）からである。その論争を代表するのは東京帝国大学の白鳥庫吉と京都帝国大学の内藤虎次郎（湖南）との論争である。平成二十二年（二〇一〇）は、画期的な論争開始の年より数えて一〇〇年になる。

白鳥は「倭女王卑弥呼考」を『東亜之光』（五巻六・七号、明治四十三年六・七月）に発表し、内藤は「卑弥呼考」を『芸文』（一巻二・三・四号、明治四十三年五・六・七月）に発表した。ほぼ同時期に公にされた論文であったが、白鳥は同年二月十一日の日本学会でその論説を口頭で発表し、内藤はその内容を七月の論文のなかでとりあげて白鳥の説を批判した。

両者の説は多岐におよぶが、その論争の一端は、内藤が白鳥の邪馬台国九州説を展開して、「魏志倭人伝」の道里にかんする記述の理解を批判した文にもうかがうことができる。白鳥が帯方郡から女王国までは一万二〇〇〇余里、帯方郡から不弥国までの距離が合計一万七〇〇余里であるから、不弥国から女王国、すなわち邪馬台国までは一三〇〇余里となる、一万七〇〇余里は、魏尺の里数でわが里数では二九〇余里にすぎないので、残りの一三〇〇余里では、大和に達するに足りないとしたのにたいして内藤はつぎのように批判した。

当時の道里の記載はかく計算の基礎とするに足るほど精確なる者なりや否や、已《すで》に疑問なり。帯方郡より女王国に至るとは、女王之所都なる邪馬台国を指せりや、女王境界所尽なる奴国を指せりや、将《は》た投馬国と邪馬台との接界を指せりや、先づ之を決せざるべからず。女王之所都に至るとせんには、白鳥氏の計算の如くなるべきも、奴国に至るとせんには一万六百余里に過ぎず、もし投馬と邪馬台国の接界を標準とせば、一万二千余里は必ずしも短きに過ぎたりとはすべからず。且つ此道里は海路をば太だ遠く算し、陸路をば比較上近く算したる者なることを認めて、伸縮する所なかるべからざるが上に、……帯方より不弥に至る道里と、帯方より女王国までの道里とは、其記者をも記事の時をも異にしたれば、之を一致せしめんこと難かるべし。又当時奴国、不弥国以南にして道里明白ならば、宜しく其の数を記すべきに、単に其の行程を日数にて計り、里数を挙げざるを見れば、此間の道里を一万二千余里の中より精確に控除して計算せんことは、杓子定規に近きの嫌あり。故に考証の基礎を地名、官名、人名等に求むるの寧ろ不確実なる道里に求むるよりも安全なるを知るべし。地名を等閑視するの過《あやまち》は、白鳥氏の考証に於て、已に之を見る者あり

東の白鳥が九州説・西の内藤が畿内説という象徴的で対照的な見解の差異は、方位・里数・日程、邪馬台国と狗奴国の対立、国々の比定、卑弥呼の人物像、「魏志倭人伝」の本文批判などにおよんで多彩であった。

この白鳥・内藤論争を契機として論争はより本格化し、第二次大戦後の論争へとうけつがれる。戦後の論争史については北海道大学教授佐伯有清著の『研究史 戦後の邪馬台国』(吉川弘文館、一九七二)が詳しい。私自身がこの論争に参加したのは、昭和三十三年(一九五八)の十一月であった。『日本史研究』(三九号)に発表した「邪馬台国問題の再検討」がそれである。

戦後の日本古代史の研究できびしく論争されたテーマのひとつに国家が成立する以前、民主制を背景とする英雄が活躍した「英雄時代」が日本列島の三―五世紀に存在したとする説をめぐる論争がある。この論争の口火を切ったのは石母田《いしもだ》正《しょう》法政大学教授の「古代貴族の英雄時代」(『論集史学』所収、三省堂)であった。昭和二十三年(一九四八)に発表された石母田正論文はへー

ゲルの『美学講義』と昭和十四年に高木市之助が公にした「日本文学に於ける叙事詩時代」（『吉野の鮎』所収、岩波書店、一九四一）を前提に、三―五世紀を「日本古代貴族の英雄時代」とみなした。この論説にたいして北山茂夫立命館大学教授は、昭和二十八年「民族の心」（「日本における英雄時代の問題に寄せて」『日本古代の政治と文学』所収、青木書店、一九五六）を公にして批判した。

この英雄時代説の賛成者は多く、一時「英雄時代は、今や古代史研究の世界において一個の市民権をえつつある」（歴史学研究会編『歴史学の成果と課題』一九五一）といわれたほどであった。西郷信綱・川崎庸之・藤間《とうま》生大《せいた》の各氏をはじめつぎつぎに「英雄時代」論を展開した。

基本的に石母田正説を支持する井上光貞東京大学教授は、三、四世紀は「英雄時代、もしくは原始的民主制の段階にふさわしい」（『日本国家の起源』、岩波新書、一九六〇）とされた。見解を異にする上田の批判にたいしては「英雄時代を三世紀から五世紀のはじめにもってくる私の見解は、結論的に撤回されなければならない」（藤間生大『日本歴史概説』河出書房、一九五四）という見解もあったが、邪馬台国の段階には、王―大人―下戸―生口・奴婢の身分が存在し、「尊卑各差序有（尊い者と卑しい者の差別がある）」階級社会であったとみなす私は、井上説のような「原始的民主制」論にはくみするわけにはいかなかった。『後漢書』東夷伝の倭の条（「後漢書倭伝」）にみえる安帝の永初元年（一〇七）の「倭国王帥升等」を部族同盟の倭国のなかの国名とする説や女王卑弥呼の「共立」をやはり原始的民主制や部族同盟のたしかな証拠とはしえないことを論じたのも（後述）、井上説には賛同できなかったからである。

『魏志』のなりたち

邪馬台国問題は古くから論じられ現在もなお論争がつづいている問題である。論争参加者の数は厖大であり、その研究史をかえりみただけでも大著となる。そこでまず『三国志』の『魏書』東夷伝倭人の条をいかに読むべきかをのべることにする。

『三国志』は西晋王朝の陳寿が太康年間（二八〇—二八九）にまとめた魏・蜀・呉の三国にかんする史書である。中国の河内温（河南省温県）の名族司馬懿《しばい》は、曹操以来魏王朝に仕え、嘉平元年（二四九）政権を掌握した。権勢はその子の師（景帝）・昭（文帝）にうけつがれた。昭は蜀討伐の功によって晋王となり、その所領は魏の領土の三分の一におよんだ。そして昭のあとをついだ子の炎（武帝）は、咸熙二年（二六五）魏の元帝から禅譲、同年西晋王朝を樹立した。太康元年（二八〇）武帝はついに呉を滅ぼして中国を統一する。

西晋の陳寿が『三国志』をまとめたおりは、晋王朝の全盛期であり、晋朝が魏のあとをうけた正統の王朝であるとして、魏をもっとも重視し、『魏書』は三〇巻で外国の四夷伝を『魏書』に配し、『蜀書』は一五巻、『呉書』は二〇巻とした。

魏の歴史をかえりみる時、魏は蜀・呉とのみ対立していたわけではない。遼東半島を基盤とする公孫《こうそん》氏と魏との関係も軽視できない。公孫氏は後漢末から三国の時代にかけて勢力を拡張した。遼東の太守となった公孫度《ど》は東は高句麗と戦い、西は烏丸《うがん》、南は東萊《とうらい》の諸島を討って勢威を伸張した。初平元年（一九〇）には自立して遼東侯・平州牧となった。度のあとを子の康《こう》がつぎ、建安十二年（二〇七）には袁尚《えんしょう》を斬って魏の曹操に献じ、襄平侯《じょうへいこう》・左将軍となった。

公孫康は、前漢の武帝が元封三年（紀元前一〇八）に朝鮮半島の平壌を中心に朝鮮半島西北部においた楽浪郡の屯有《とんゆう》県以南の荒地を分割して、あらたに帯方郡を設置した。『魏書』の「東夷伝」韓の条や「公孫康伝」によると建安九年（二〇四）のころであったと考えられる。韓の条が「兵を興して韓・濊を伐つ」とし、「是の後倭・韓は遂に帯方に属す」と書いているのが注目される。建安十二年になると公孫氏は魏と対立するようになり、康の死後、弟の恭《きょう》が擁立されたが、子の淵が成長すると位を奪って実権を掌握した。公孫淵は魏との関係が悪化すると、景初元年（二三七）に自立して燕《えん》王となり、独自の年号（紹漢元年）を採用した。しかし翌年八月には司馬懿を将軍とする軍勢によって公孫淵父子は滅ぼされる。「東夷伝」の序によると、魏は景初中（二三七―二三九）に海路から進軍して楽浪・帯方の両郡を掌握している。

こうした状況のなかで、魏は「近攻遠交」の政策をとり、邪馬台国の女王卑弥呼は景初三年（二三九）の六月に、大夫難升米《なしめ》らを魏王朝へ派遣したのである。

邪馬台国と公孫氏の関係はどうであったか。建安九年（二〇四）のころ公孫康《こうそんこう》が帯方郡を設けて「倭・韓は遂に帯方に属す」（「韓伝」）とする伝えは示唆にとむ。もっとも「順・桓の間」（順帝の一二五年から桓帝の一六七年までの間）に、楽浪・帯方両郡に侵入し、中平元年（一八四）からは黄巾《こうきん》の乱が勃発しているので、後漢王朝へ倭の王者が直接朝貢することは不可能であったと考えられる。しかし「公孫淵伝」に「度（公孫度）、中平六年（一八九）を以て、遼東に拠《よ》り、淵《えん》（公孫淵）に至る三世、凡そ五十年にして滅ぶ」としるしているように、二世紀末から三世紀

東大寺山古墳出土の金象嵌の銘文が入った環頭大刀（東京国立博物館所蔵　Image: TNM Image Archives）

はじめのころまで、公孫氏が楽浪・帯方両郡を支配し、後漢の霊帝の光和中（一七八—一八四）を中心とする倭国の乱の後に邪馬台国の女王となった卑弥呼が、公孫氏の支配する帯方あるいは楽浪郡を介して、公孫氏と交渉をもっていた可能性はある。

昭和三十五年（一九六〇）に奈良県天理市櫟《いちの》本《もと》町の古墳時代前期後半（四世紀半ばから後半）の東大寺山古墳（全長一四〇メートルの前方後円墳）の後円部粘土槨から、後漢中平（一八四—一八九）の環頭大刀がみつかった。金象嵌の銘文は「中平□□五月丙午造作文刀百練清剛上応星宿下辟不祥」と訓むことができる。環頭の把頭に鋳銅製の花形飾りがあるが、これは後に付けられたものであった。この中平の大刀は公孫氏を介して賜与されたものとみなす説が妥当であろう。

「魏志倭人伝」の読み方

『三国志』の『魏書』東夷伝倭人の条は、二〇〇〇字ばかりだが、東夷伝のなかでは詳しい方に属する。その文はおよそ三つの部分から構成されている。

（1）方位・里数・日程・戸数・官名・国名などの記事。「倭人は帯方の東南大海の中に在り」から「其の道里を計るに、当《まさ》に会稽の東冶《とうや》の東に在るべし」まで。

（2）倭人の風俗の記事。「其の風俗淫《いん》（みだら）ならず」から「倭の地を参問するに、海中洲島の上に絶在し、或は絶え或は連なり、周旋五千余里可《ばか》りなり」まで。

（3）外交記事。「景初二（三の誤り）年六月、倭の女王、大夫難升米等を遣はし郡に詣《いた》り、天子に詣りて朝献せんことを求む」から最後の「因《よ》つて台《たい》（洛陽の中央官庁）に詣り、男女生口三十人を献上し、白珠五千孔、青大勾珠二枚、異文雑錦二十匹を貢す」まで、である。

邪馬台国がどこにあったかについては、主として（1）の方位・里数・日程などの記述をめぐっての解釈からいわゆる畿内説・いわゆる九州説などに分かれてくる。すなわち朝鮮半島南部の狗邪韓国→（千余里）→対馬国→（千余里）→一大（壱岐）国→（千余里）→末盧国→（東南陸行五百里）→伊都国→（東行百里）→不弥国→（南水行二十日）→投馬国→（南水行十日陸行一月）→邪馬台国という、方位・里数・日数を書く記事をどう読むかが問題となる。

この里は魏晋尺の短里（一里＝約四三五メートル）だが、この記載のとおり連続して読んでゆくと、邪馬台国は九州南方海上に没してしまう。そこで古くからさまざまな解釈がなされてきた。九州説でいえばたとえば榎一雄《えのきかずお》東京大学教授の説のように、伊都国につくまでの行程記事は、方位・距離を示してつぎに国名の順でしるすのに、伊都国からは方位・国名・距離の順で書いていることに注目して、伊都国以後の行程記事は伊都国から奴国、伊都国から不弥国、伊都国から投馬国、伊都国から邪馬台国というように、伊都国を起点に読むと邪馬台国は北部九州に近づく。そして「水行十日陸行一月」も連続して読むべきではなく、「水行スレバ十日、陸行スレバ一月」と読んで「水行十日＝陸行一月」と解釈したり、あるいは「陸行一月」は「陸行一日」の誤写とする読み方まで登場する。

畿内説ではたとえば三品彰英同志社大学教授の説のように『三国志』の『魏書』を参照した『後漢書』（東夷伝倭の条）が「女王国より東、海を度（渡）ること千余里、狗奴国に至る」と書くとおり、邪馬台国を東方に求めており、この文は明らかに倭地を東西に長く連なっていたとする認識を物語っているとする。そして『後漢書』が奴国を「倭国の極南界なり」とするのも、邪馬台国を九州に求めていないあかしとする。『三国志』の原本は残っておらず、古写本に「東」を「南」と誤写した例をあげて、「南投馬国」・「南邪馬台国」の「南」は東のあやまりとみなす説もある。

しかし「魏志倭人伝」の方位・里数・日程の記事をそのままに信頼できないことは、陳寿みずからが、「其の道里を計るに、当《まさ》に会稽の東治の東に在るべし」と明記するとおり、邪馬台国を中心とする倭地を会稽郡の東治県つまり福建省の閩侯《びんこう》県付近の東に推定していたのである。海南島あたりの南方海上に求めていたから、その方位も「南投馬国」・「南邪馬台国」というように南と書かざるをえなかったのではないか。一四〇二年の『混一彊理歴代国都之図』という地図でも、

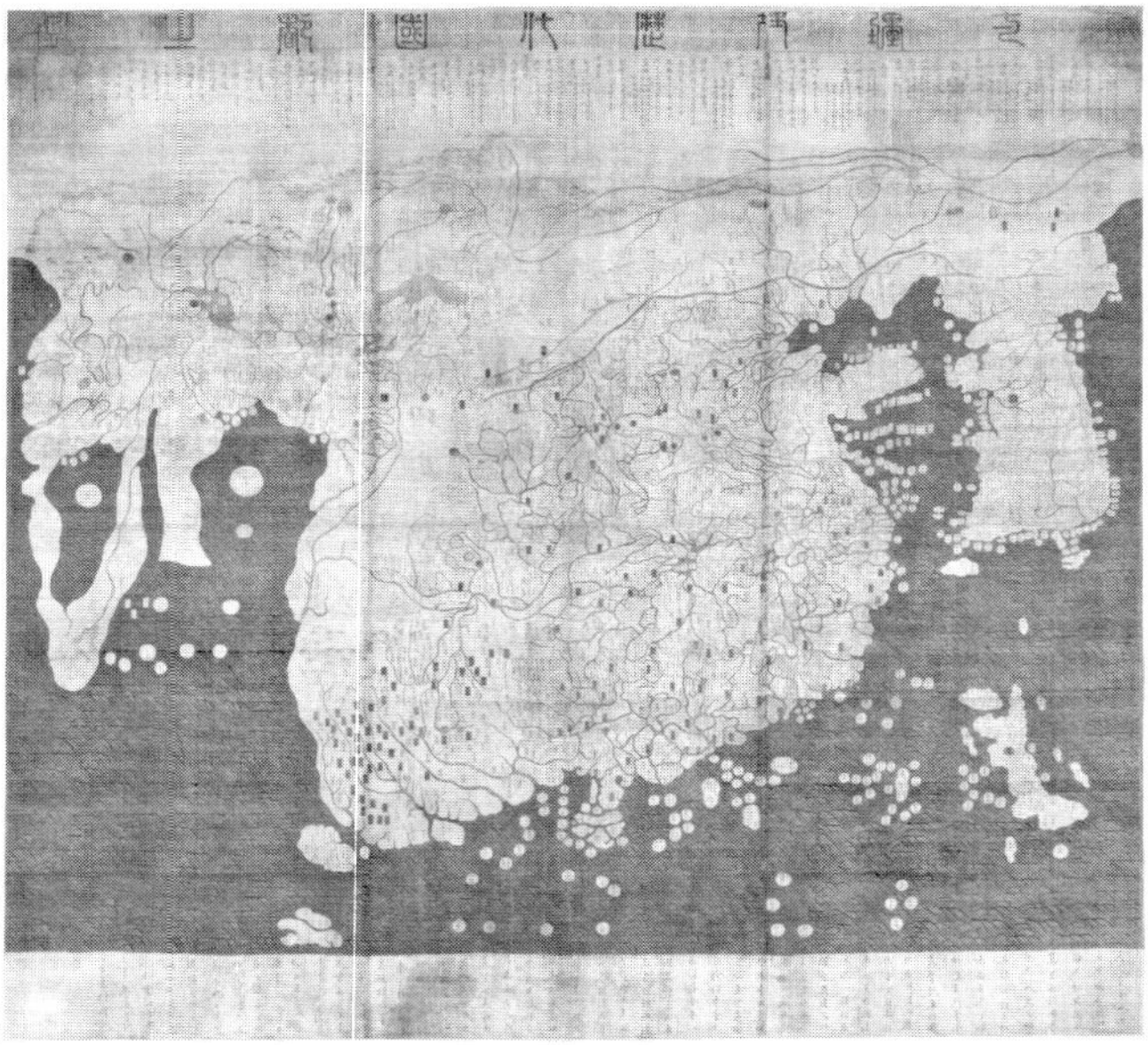

1402年の『混一彊理歴代国都之図』に描かれた日本。右下隅に描かれている。（龍谷大学図書館所蔵）

日本国は南方海上に描かれている。したがって（1）の方位・里数・日程の記事のみからでは、邪馬台国の所在や女王卑弥呼の性格に迫ることはできない。

それなら（2）の倭人の風俗記事はどうか。その記事のなかには、たとえば「倭国の乱」や卑弥呼のありようなど、みのがすことのできない重要な記事があるけれども、そのすべてを信頼しうるかというと、必ずしもそうではない。

陳寿は「其の道里を計るに、当に会稽の東冶の東に在るべし」とみなしていたから、風俗記事の執筆にあたっても、後漢の班固が建初年間（七六―八四）にまとめた『漢書』地理志の儋耳《たんじ》・珠崖《しゅがい》（海南島）郡の条に「兵（武器）には則ち矛盾刀木弓、弩、竹矢或骨を鏃（矢じり）と為す」の文にもとづいて「兵には矛楯木弓を用ふ、木弓は下を短くし上を長くし、竹箭或は鉄鏃或は骨鏃なり」とするし、「有無する所、儋耳・朱崖と同じ」と書いたのである。

これはその一例だが、風俗記事についてもそれをそのままに信頼することはできず、文献批判をなおざりにすることはできない。風俗記事でまず注目されるのは、「其の国、本亦男子を以て王となし、住まること七、八十年、倭国乱れ」という、女王卑弥呼「共立」の前史である。この「其の国、本亦男子を以て王となし」の「其の国」を、私が邪馬台国とみなしたのを、井上光貞教授は『後漢書』にしるす「奴国や帥升らの国の総称であり、したがって倭国であって、決して邪馬台国ではない」（『日本国家の起源』）と批判されたが、『後漢書』は南朝宋の范曄《はんよう》が五世紀前半にまとめた史書であり、『三国志』の『魏書』は読んで参考にしているけれども、太康年間（二八〇―二八九）には執筆をおえていた陳寿が参考にすることはもとよりできない。しかも『後漢書』には「志」がなく、西晋の司馬彪《ひょう》の『続漢書』の「志」をあてて、本紀・列伝には范曄の独自の解釈を加えている。

私がこの「其の国」を邪馬台国とみなした理由のひとつは、陳寿が『魏書』をまとめたころの邪馬台国の国王は男王であったからである。女王卑弥呼→男王→女王台与のあと「其の後復男王を立つ」と『梁書』（諸夷伝倭の条）や『北史』（東夷伝倭国の条）に明記している。したがって、今の邪馬台国の王は男王であるが、「本（も）亦男子を以て王」にしていたと書きとどめているのである。

「倭国乱れ」については第Ⅰ部第三章で詳述したが、井上教授がこれを「倭国の大乱」とよんでおられるのも正しくない。「大乱」としるすのは『後漢書』と『隋書』のみであって、肝心の「魏志倭人伝」をはじめとする中国史書はことごとく「倭国乱る」である。「大乱」と書くのは、後の解釈というべきであろう。

「乃ち共に一女子を立てて王となす。名づけて卑弥呼と曰ふ」の「共立」についても、井上光貞教授ほか多くの研究者が、原始的民主制や部族同盟のあかしとして強調する。だがはたしてそうであろうか。井上光貞教授は「単一の国のもとに統一された秩序ではなく、むしろはつらつたる無政府状況を思わせるものがある」とのべられたが（前掲書）そのように読みとるのが正しいであろうか。私はこの「共立」も『三国志』の『魏書』（『魏志』）の書例から考えるべきであると主張してきた。「共立」の用語をどういう場合に『魏志』が使っているかを調べねばならぬ。その上で『魏志』の書法にしたがって解釈するのが正当なすじみちである。

実際に『魏志』東夷伝のなかの中国東北地区の北に位置する夫余《ふよ》の条（夫余伝）ではつぎのようにしるす。

簡位居《かんいきょ》という王に嫡子がなく、王が死んだので、庶子の麻余《まよ》を「諸加《しょか》（馬加《ばか》・牛加《ぎゅうか》・豬加《ちょか》の官人）」が「共立」したとある。

また同じ『魏志』東夷伝のなかの高句麗の条では、伯固《はくこ》という王が死んだが、長子の抜奇《ばっき》は「不肖」であったから、小子の伊夷模《いいも》を国人が「共立」したとのべる。

これらの「共立」は、嫡子でないものが王となる場合に用いられており、王位継承の秩序にもとるさいの用例である。

いまかりに女王卑弥呼の「共立」という用字を原始的民主制の証として重視するなら、卑弥呼の死後に一時男王となったとする例では「男王を立てしも」とあって「共立」となく、また宗女台与が女王となったさいにも「年十三なるを立てて王となし」とあって、やはり「共立」と書かれていない点はどうなるのか。

「共立」の字にこだわって「原始的民主制」とか「部族同盟」のあかしとかとする見解はあまり生産的ではない。『魏志』倭人の条には、「共立」の実体がなんであったかをしるしていない。いわゆる「魏志倭人伝」の吟味は、二〇〇〇字たらずの倭人の条だけでは不十分となる。東夷伝のなかの倭人の条であるから、少なくとも東夷伝の他の条でどのように記述されているかを参照しなければならない。

前掲の夫余の場合には、諸加が「共立」したとし、高句麗の場合では、「国人」が「共立」したとする。「諸加」とは夫余王のもとの「官」であり、「国人」とは王の宗族とみなされるので、卑弥呼「共立」の主体は、邪馬台国および周辺の支配者層とみなすべきではないか。

「鬼道を事とし、能く衆を惑はす」

卑弥呼について『魏志』はつぎに「鬼道を事《こと》とし、能く衆を惑はす」としるす。しばしば「鬼道に事《つか》え」と訓んでいるが、私は「鬼道を事とし」と訓む方が鬼道の内容にふさわしいと思っている。『三国志』の『蜀書』(『蜀志』)の劉焉《りゅうえん》伝には、つぎのような記述がある。張魯《ちょうろ》の母は、「鬼道」をもって、常に益州牧の劉焉の家に出入し、その縁で張魯は出世して勢力を蓄え、漢中

（漢水の上流地域）に侵入したという。

この張魯は、道教の教団（五斗米道《ごとべいどう》）を創始したと伝える張陵の孫である。治病を主とした五斗米道（後に天師道ともよばれる）の流れをくむ張魯の母が「鬼道を以て」、「常に往来」したというのは、張魯が漢中の地を占領し、張脩《ちょうしゅう》を殺して五斗米道の政権を樹立したこととあいまって示唆にとむ。

張魯が督義司馬に任じられたのは二世紀の末であって、彼は五斗米道教団の基礎をかためた。『魏志』の張魯伝には、「鬼道」をもって民を教え、師君張魯のもとには治頭・大祭酒・祭酒の位があったことをしるす。そして行路者のため宿泊施設である義舎を設け、義舎に置かれた義米肉は必要に応じて食べることができたが、もしも過多の食をすると「鬼道」によって病気になるとされた。

一般入信者は鬼卒とよばれ、鬼吏がいたが、この鬼吏は神々に仕える役人をさす。『後漢書』の劉焉伝にも、張魯の母はかねがね「鬼道」をもって、劉焉の家に往来していたという。『三国志』の『魏志』や『蜀志』にいう「鬼道」は、道教とのかかわりをもつ。卑弥呼の「鬼道」をただちに道教であったというわけにはいかないが、不老長生の神仙信仰にもとづく現世利益の道教的信仰が日本列島に導入されていたことは、二世紀末―三世紀前半の鏡の内区に方格《ほうかく》と規矩《きく》などの文様のある方格規矩鏡（男仙最高の東王父、女仙最高の西王母などを鋳す）が、福岡県糸島市の井原鑓溝《やりみぞ》墓・平原墓で集中的に出土し、畿内では三世紀中葉の奈良県桜井市ホケノ山古墳でみつかった画文帯神獣鏡にも東王父や西王母を鋳造する。

かつて津田左右吉や和辻哲郎などの先学は、日本列島には神仙思想は伝わっていたが、道教信仰は伝わっていないと断言されたが、道観（道教の寺院）はいまのところ検出されていないが道教の信仰は流伝しており、「道士」にかんする史料もある（『神と仏の古代史』吉川弘文館、二〇〇九、後述参照）

『後漢書』の東夷伝倭の条は卑弥呼の「鬼道」を「鬼神道を事とし、能く妖を以つて衆を惑はす」と解釈している。（傍点は「後漢書」の追加の文）

この「鬼神」の信仰が、三世紀の朝鮮半島などに存在したことは、『魏志』のなかにも記載されている。

すなわち高句麗の条には、居所の左右に「大屋を立てて、鬼神を祭る」とあり、馬韓の条には「常に五月を以て、種を下し訖《おわ》り、鬼神を祭る」とか、「鬼神を信じ、国邑各一人を立てて天神を祭ることを主《つかさど》らしむ」とか、「大木を立て、鈴鼓を懸け、鬼神に事《つか》ふ」とかとのべる。また弁辰の条には「鬼神を祠祭するに異なりあり」ともしるして、その祭祀に地域的なちがいのあったことにも言及している。

鬼神信仰は、中国の古典にもみえるところであって、『書経』には「能く鬼神に事へ」とあり、『春秋左氏伝』には「吾、鬼神に事へ」、「能く鬼神に事へ」、『論語』には「鬼神に事ふを問ふ」などとある。また『史記』の孝武帝本紀には「鬼神の祀」などとある。それらの鬼神は、もともと祖霊あるいは死霊を意味したものであった。

鬼道の用例は、『史記』の孝武帝本紀に「八通の鬼道」などとあるほか、とりわけ注意をひくのは、『三国志』における「鬼道」の表現であって、明らかに道教をさしていた。したがって『隋書』東夷伝倭国の条（倭国伝）が「鬼道を以って」と解したように「鬼道を事とし」と訓む方がよい。

風俗として描かれた身分制、卜占、入れ墨

さらに『魏志』は「年已《としすで》に長大なるも夫婿無く、男弟あり、佐《たす》けて国を治む」とのべることの記述についても、卑弥呼は年は高齢であって、男弟がこれを補佐したヒメヒコ制であるという評価がされているが、はたしてそうであろうか。私はこうした見解には疑問をいだいている。なぜなら『蜀書』の董允《とういん》伝には「長大」とあるが、年齢は二五歳であり、『呉書』の諸葛瑾《しょかつきん》伝にも「長夫」と記するが、その年齢は三四歳であった。

いまのような高齢化社会ではない。早死の多い世のなかの「長大」であった。女王を男性が補佐する体制をヒメヒコ制とよぶようだが、前にものべたように、邪馬台国は「本亦」男王であったが、「倭国の乱」で女王となる。だがその女（卑弥呼）の死後は男王が立ち、「国中服さず」争乱となって女王（台与）が立つ（『魏書』）。そして、その後に男王が立つ（『梁書』・『北史』）と明記しているとおり、邪馬台国の王権の推移とそのありようからヒメヒコ制とは断定できない。

（2）の風俗記事にはみのがすことのできない注目すべき記事が少なくない。三世紀前半の邪馬台国は「尊卑差ある」階級社会であり、「下戸、大人と道路に相逢へば逡巡《しゅんじゅん》して草に入り、辞を伝え事を聞くには、或は蹲《うずく》まり或は跪《ひざま》ずき、両手は地に拠り、之が恭敬となす。対応の声を噫《ああ》と

曰ふ、比するに然諾の如し（承知しましたと言っているようである）」のありさまであったという。

　大人と下戸の身分差は明らかで、大人と下戸とが道で出会ったおりには両手をつき、跪いて恭敬したという。「対応の声を噫と曰ふ」とのべるのも興味深い。神迎えや神送りのさいに唱える「オーオー」という警蹕《けいひつ》（声をかけてあたりをいましめる）の声（『北山抄』では天皇の出御・入御のさいにも唱えたとする）や平安時代末期の鍋島家本『神楽歌』などにみえる宮中御神楽の「阿知女《あちめ》作法」の「阿知女オオオオ」の唱え言も、この「噫」につながるかもしれない。阿知女は神を招く巫女で、天鈿女命《あめのうずめのみこと》（『記』では天宇受売と書く）のウズメとか漁民のアズミ（阿曇）メ（女）とか、あるいはアユチメ（神功皇后）とかの説があるが、応神朝に渡来した阿知使主《あちのおみ》の阿知女かもしれない（芸能史研究会編『日本庶民文化史料集成』第一巻、三一書房、一九七四）。

　また葬送の記事もあって、「停喪十余日、時に当りて肉を食はず、喪主哭泣し、他人に就いて歌舞飲酒す、已に葬れば、挙家水中に詣りて澡浴」すと書く。モガリ（殯）のさまとミソギ（禊）の習俗をしるす。禊のならわしは『後漢書』の「礼儀志」や『三国遺事』の『駕洛《から》国記《こくき》』などにもみえており、けっしてわが国土のみの風俗ではないが、邪馬台国時代の葬送を知るてがかりとなる。「土を封じて冢《ちょう》（塚）を作る」とあるのもみのがせない。

　身分の高い大人と会えば「敬する所、但《ただ》手を搏ちて以つて跪拝にあつ」と敬礼についても書きとどめる。現在では拍手《かしわで》をうつのは神社参拝のおりの作法とされているが、邪馬台国の時代すでに敬礼の拍手があった。この拍手のならわしは中国にもかつては存在したが、唐代には「上古の遺俗」とされ、日本ではたとえば延暦十七年（七九八）に来日した渤海使が翌年正月の朝儀に参加したおりには手をうつことを禁じている（『日本後紀』）。

（２）の風俗記事のなかには、卜占にかんする記述がある。すなわち「其の俗挙事行来に、云為する所有れば、輒《すなわ》ち骨を灼きて卜し、以って吉凶を占ひ、先づ卜する所を告ぐ。其の辞は令亀の法の如く、火坼《かたく》（さけめ）を視て兆を占ふ」の文がそれである。

弥生時代前のころには骨を用いた骨卜があったことは、たとえば神奈川県の毘沙門洞窟から鹿《ろく》卜《ぼく》の遺物が出土しているのをみてもわかる。太占を『古事記』では「布斗摩迩《ふとまに》」、『日本書紀』では「布刀磨爾」としるすが、『古事記』（上巻）が天の岩戸開きの段に「天の香山《かぐやま》の真男鹿の肩を内抜きに抜きて、天の香山の波波迦《ははか》を取りて、占合《うらな》ひまかなはしめ（占いをして神意をたしかめさせ）」とのべるように、鹿卜は古くから行われていた。

朝鮮半島に近い対馬・壱岐には亀卜《きぼく》の法が伝わり、奈良時代の神祇官所属の卜部は『令集解《りょうのしゅうげ》』が「卜は亀を灼《や》くなり、兆は亀を灼く縦横の文なり、凡そ亀を灼きて吉凶を占ふ」を仕事にしていたとのべる。海にのぞむ伊豆・対馬・壱岐卜部（三国卜部）は京の卜部よりも早く亀卜も行なうようになったと考えられる。

（１）の方位・里数・日程などの記事のなかにも倭人の風俗をのべたところがある。「男子は大小となく、皆黥面文身《げいめんぶんしん》す」としるすのはその一例である。この文は魚豢《ぎょかん》の『魏略』に「其の俗男子皆黥面文す」に類するが、顔や体に入れ墨をする風俗は、南九州の隼人や一部海民の間にあっても、倭人全体の風俗とはいいがたい。

前に『漢書』地理志による文飾があることを指摘したが、風俗にかんする記事のすべてを信頼するわけにはいかない。だが、「男子は皆露紒《ろかい》し（みずらを結い）、木緜《めん》を以って頭に招《か》け、其の衣は横幅、但結束して相連ね、略々縫ふことなし（貫頭衣であり）、婦人は被髪屈紒《くっかい》（髪をたばね）し、衣を作ること単被の如く、其の中央を穿ち、頭を貫きて之を衣《き》る（貫頭衣）」のような記述は、遺物と対応して参考となる。

とりわけ「其の行来・渡海、中国に詣《いた》るには、恒《つね》に一人をして頭を梳《くしけず》らず、蟣蝨《きしつ》（しらみ）を去らず、衣服垢に汚《よご》れ、肉を食はず、婦人を近づけず、喪人（喪に服している人）の如くせしむ。之を名づけて持衰《じさい》と為す。若し行く者吉善なれば、共に其の生口・財物を顧し（あたえ）、若し疾病有り、暴害に遭へば、便ち之を殺さんと欲す。其の持衰謹まずと謂へばなり」という記載は注目するにあたいする。

「持衰」というのは喪服を着た呪術者で、使者らが中国へ渡航するおりには、斉戒《ものいみ》して航海の「吉善」を願ったという。「喪人の如くせしむ」とあるが、『日本書紀』（巻第二）に伝える天稚彦《あめわかひこ》の喪儀に登場する「尸者《ものまさ》」は死霊に代って送葬のまつりを受ける死霊の代行者であるのにたいして、「ジサイ」は航海の吉凶を願う呪術者であったといえよう。

ここで想起するのは推古天皇八年（六〇〇）からはじまる遣隋使あるいは舒明天皇二年（六三〇）から開始される遣唐使、さらに神亀五年（七二八）からの遣渤海使に随行した航海の守護神でもあった住吉大社の神主津守連《つもりのむらじ》の存在である。「ジサイ」はその原姿といえるかもしれない。

魏王朝との外交交渉

この倭人伝のなかでもっとも信頼しうるのは（3）の外交記事である。卑弥呼が邪馬台国の女王となった時代には遼東半島を拠点に公孫氏が勢力を伸長し、中平六年（一八九）から遼東太守となって東夷にかんする「海外の事」を後漢王朝から委任されていた。そして卑弥呼が魏王朝へ遣使朝貢した景初三年（二三九）の六月が、その公孫氏が魏王朝によって滅ぼされた翌年であったこととも関連する。

邪馬台国と魏王朝との外交が文書による外交であったことは、景初三年の十二月、魏の順帝が「親魏倭王卑弥呼」に「詔書」を与え、正始元年（二四〇）少帝が梯儁《ていしゅん》らを遣して「詔書」をもたらし、邪馬台国の女王は「使に因って上表」しているのをみてもわかる。

正始六年には帯方郡で邪馬台国の大夫難升米《なしめ》に「詔して」黄幢《こうどう》（黄色の軍旗）を授け、正始八年には張政らが「詔書・黄幢」をもたらしている。なぜ黄幢が授与されたのか、難升米は魏王朝から率善中郎将（宮城護衛の武官長）に任じられており、その役職の軍旗が黄幢であったとする説が有力である。軍旗が与えられたのは、女王卑弥呼は狗奴国の男王卑弥弓呼《ひみここ》と争っていたからである。詔書・黄幢を持参したさいには、張政は「檄（檄文）」で告諭し、卑弥呼「以死」のあと「更に男王を立てしも」再び国中争乱となり、台与が女王となったおりにも、張は「檄を以って台与を告諭」している。

詔書や檄文を理解する人びとがいなければ、「上表」することはできない。おそらく朝鮮半島あたりからの渡来の知識人が、女王の側近におり、邪馬台国の有力メンバーになっていたのであろう。

邪馬台国と魏王朝との交渉の回数は、邪馬台国からは景初三年・正始四年のほか、『日本書紀』の神功皇后摂政六十六年の条の註に「晋の起居の注に云はく、武帝の泰初二年の十月に、倭の女王、訳を重ねて（通訳を再び送って）貢献せしむといふ」としるすとおり、女王台与の朝貢年は西晋の武帝の泰初（泰始のあやまり）二年（二六六）で、あわせて三回となる。「起居の注」とは天子の言行や勲功の記録であり、『晋書』の「武帝本紀」には「泰始二年十一月己卯、倭人来り方物を献ず」と書きとどめている。魏側からは前述したように正始元年・正始六年（於帯方郡）・正始八年と梯儁・張政らの派遣や帯方郡太守とのまじわりがあった。

信頼しうる外交記事で、私がかねてから重視してきたのは、景初三年（二三九）十二月の魏の皇帝の「詔書」にみえる女王卑弥呼が派遣した次使（副使）都市《としごり》牛利である。二回目・三回目の用例では牛利とのみ書いており、「都市」が職名であったことがわかる。「都」は都督・都護などの「都」で、掌るとか統べるを意味する。船の管理者を「都船」、水の管理者を「都水」というように、「都市」とは市の監督者であった。市場の管理者が魏との外交の副使として三度も名をみせるのは重要である。

「魏志倭人伝」には「国々市あり、有無を交易し、大倭をしてこれを監せしむ」と書く。この「大倭」については、倭人の長・倭人の大人・邪馬台国・各国の大人・一大（人）など諸説があるが、邪馬台国およびその統属の国の市の監督者とみなすのが妥当ではないかと思っている。都市牛利はそれに類する市の管理者であったと考えられる（後述参照）。

纏向遺跡調査のみのり

邪馬台国問題の解決に考古学の発掘調査の成果が大きく寄与することは多言するまでもない。佐賀県の吉野ヶ里遺跡も大きな話題をよんだが、邪馬台国卑弥呼の時代は三世紀前半であり、三世紀前半には衰退していたという吉野ヶ里遺跡をただちに邪馬台国にむすびつけるわけにはいかない。

奈良県桜井市辻の纏向《まきむく》遺跡の一画で、三世紀前半の建物三棟がみつかったのは、平成二十一年（二〇〇九）の三月であった。このうちの二間×三間の柵囲いの建物は昭和五十三年（一九七八）に検出されていたが、三月の調査によって、三棟の建物が柱筋を東西方向に整然と揃えていることが明らかとなった。

柱の径は一五—二〇センチ、規模も四×五メートル前後で、弥生中期（前一世紀）の奈良県田原本町の唐古・鍵遺跡や大阪府の和泉市と泉大津市にまたがる池上曾根遺跡の柱の径六〇—九〇センチよりは小さかった。

ところがその八ヵ月後の平成二十一年十一月十一日に、三棟と同じ軸線上の東で、東西一二・四×南北一九・二メートルの日本列島内では最大の高床式の建物跡（D）が検出された。吉野ヶ里遺跡でみつかっているもっとも大きな建物の一・五倍もある。三世紀前半までの遺跡の中で最大の建物遺構であることが判明した。

祭殿ではないかと推定されている大型の建物は、弥生中期はじめの奈良県の唐古・鍵遺跡、兵庫県尼崎市の東武庫遺跡さらに弥生中期末の大阪府の池上曾根遺跡などがあるけれども、纏向遺跡のA・B・C・D棟というように建物が整然と東西軸に配列されてはいない。しかし東武庫や池上曾根の大型建物は柱列や溝によって長方形に区画された非日常空間と思われる別区にあり、池上曾根遺跡では建物の前に径二メートルの巨大な井戸があって、カミマツリの祭殿を思わせる。

ただしカミをマツルことによって人びとを統治する祭政未分化の段階では、カミマツリと首長のスマイが同殿共床であった段階も想定しておかねばならぬ。なぜなら祭政分離後の段階の祭殿と祭政未分化の段階の祭殿のありようには、時代による変化があったと考えられるからである。

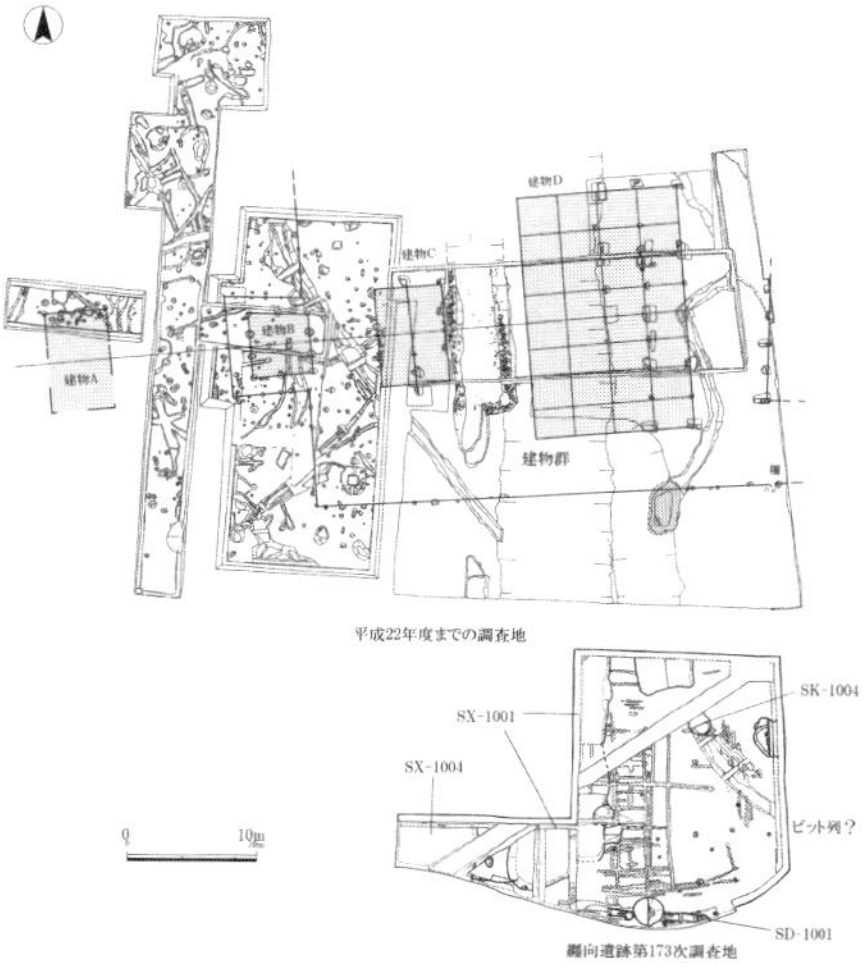

纏向遺跡の東西軸にならぶA・B・C・Dの建物配置（図版提供：桜井市教育委員会）

纏向遺跡の東西軸にならぶA・B・C・Dの建物の配置と三世紀前半までの建物としては列島内最大であることは改めて注目をひく。『魏志』東夷伝の倭人の条には、邪馬台国の女王卑弥呼の「居処」をめぐって、「宮室・楼観・城柵厳かに設け、常に人有り、兵を持して守衛す」とするが、発掘調査の現段階ではその「宮室」を纏向遺跡のD棟とみなすことはできないが、その東西軸の東に巨大な建物が存在したことはきわめて重要である。

これは桜井市の三輪に鎮座する古社のなか

の古社である大神《おおみわ》神社が、神奈備《かんなび》（神体山）である三輪山を西から東へと拝む形態をとっているのと同じ配置といってよい。『日本書紀』の成務天皇五年九月の条の「山河を隔ひに国県を分《わか》つ」の記事に「東西を日の縦《たて》とし、南北を日の横とす」とあり、『万葉集』の「藤原宮の御井の歌」（巻第一、五二）で「畝傍の　この瑞山は　日の緯《よこ》の　大き御門に」「青香具山は　日の経《たて》の　大き御門に」と詠んでいるのが参考になる。

奈良県明日香村の大和飛鳥の宮殿跡や難波宮や藤原宮や平城宮や恭仁京、長岡宮や平安宮など、すべて中国風に「天子南面」の原則にのっとって、南北軸であるのとは対照的である。倭国の有力首長の居館の配置が本来は東西軸であったことを纏向遺跡の建物配置が物語る。

ここで想起するのは、奈良市の春日大社のもともとの「神地」のありようである。

現在も受け継がれている南面する春日大社の本殿が創建されたのは神護景雲二年（七六八）だが、それ以前はいったいどのような状況であったのか。そのありようを物語るのが、天平勝宝八年（七五六）の東大寺を中心とする地図といってよい「東大寺山堺四至図」である。これには樹林に囲まれた方形の「神地」が描かれていて社殿はない。羂索《けんさく》堂・大仏殿・戒壇院・東塔・西塔などが南面するのにたいして、この「神地」は西面する。ただし千手堂は西面に描かれているが、この千手堂は銀堂ともよばれて実際に西面していた（『東大寺縁起』、『七大寺巡礼私記』）。「東大寺山堺四至図」の「神地」の位置は春日大社の境内にあり、この「神地」に対応するかのように「コ」の字形に囲む築地の遺構が、発掘調査によって検出されている。出土した瓦などにもとづいてその築造年代は八世紀代であることがたしかめられた。この西面の「神地」が西から東へ、御蓋山（三笠山）を拝む形の東西軸になっていた。東西軸の配置は春日大社の「神地」にもはっきりと反映されているといえよう。

纒向遺跡は、まだ全体の約一五パーセントしか発掘調査されていないが、それでも注目すべき成果をあげてきた。マツリと関連があると思われる木製の仮面や水の祭祀遺構のほか、二七〇〇個ばかりの「桃」の種がみつかっている。卑弥呼の「鬼道」は陳寿が卑弥呼の宗教を道教に類するものとみなして「鬼道」と表現したことを前にのべたが、道教では不老長生の神仙思想にもとづく女仙の最高とされる西王母を象徴する果実で邪鬼を追い払うとされている。『古事記』（上巻）にイザナギノミコトが、黄泉国を訪問してイザナミノミコトの屍体に蛆が集っているのをみて逃げ帰る神話がのっている。八はしらの雷神に黄泉軍（黄泉国の軍勢）を加えて逃亡するイザナギを追わせたおりに「桃子三箇」をもって撃退したというのも、邪鬼払いの聖なる果実とされていたことを物語る（『日本書紀』巻第一の第九の「一書」には「桃の実《み》」とするす）。

纒向遺跡から出土した木製の仮面は三世紀前半のころのマツリと芸能のありようを考えるのに示唆深い。仮面の長さは約二六センチ、幅は約二一・五センチで、人間の顔を覆う大きさになっている。アカガシ亜属製の広鍬を転用したらしく、口は鍬の柄の孔をそのまま活用し、両眼の孔をあけ、高く削り残した鼻には鼻孔があけられている。眉毛は線刻で表現し、その周辺には赤色《ベン》顔料《ガラ》が付着していた。この木製仮面には紐などを通す孔はなく、手にもって顔面を覆って舞ったり踊ったりしたにちがいない。

縄文時代に土製の仮面が使用されていたことは、岩手県北上市の八天《はってん》遺跡・宮城県石巻市河南

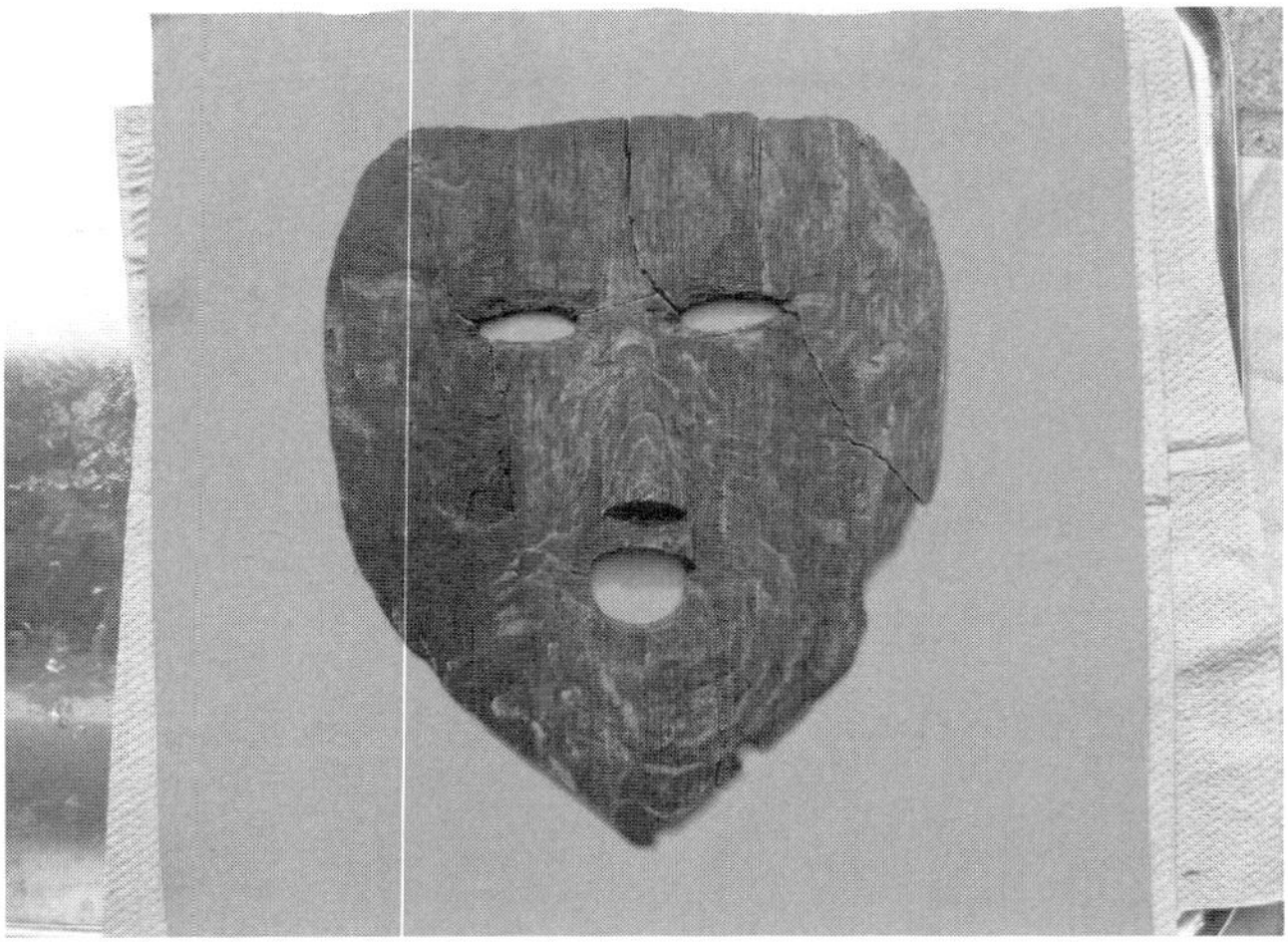

纒向遺跡から出土の木製仮面（写真提供：桜井市教育委員会）

町の前谷地宝ヶ峰遺跡・石川県能登町の真脇遺跡・滋賀県東近江市の正楽寺遺跡などからみつかっているのによってたしかだが、弥生時代に入ると土製の仮面は少なくなって木製の仮面が登場してくる。纒向遺跡出土の木製仮面はその象徴的な仮面であり、銅鐸のマツリが終って、あらたなカミ（たとえば祖先のミタママツリ）が行なわれるようになるプロセスに対応するかのようである。岡山県倉敷市の楯築遺跡の墳丘墓上にまつられている楯築神社の神体石（亀石）に刻まれた弧文をめぐらす弧帯文のなかの顔と纒向の木製仮面に共通する要素があるのも興味深い（後述参照）。

纒向遺跡からは突線紐式の銅鐸の飾り耳の破片がみつかっているが、あらたなマツリが具体化して、前代のマツリのシンボルであった銅鐸が破壊されたことを反映しているかのようである。

さらに興味深いのはタイ・サバなどの海水魚、コイ科の淡水魚、シカやカモの骨などのほかイネ・アワ・ウリ・ヒョウタン・アサ・エゴマなどの種子がみつかっており、その種類は八〇種におよぶ。これらの遺物には、排泄物に特有の寄生虫は含まれておらず、カミへの供え物であったとみなされている。海水魚などは内陸部の纒向遺跡では手に入らず、海に面する地域からの献上品であった可能性が高い。

私がかねがね注意してきたのは、この纒向遺跡はわが国最古の意義による漢和辞書である『和名類聚抄』にもみえる大市郷域内であり、遺跡の南にはヤマトトトヒモモソヒメの墓と伝える箸墓（全長二八六メートル、いまは一重だがもとは二重の濠）があって、『日本書紀』の崇神天皇十年九月の条には「乃ち大市に葬る」とするす。

楯築遺跡の神体石の弧帯文。纒向の木製仮面に共通する要素が。（写真提供：岡山大学考古学研究所）

纒向遺跡から「市」と書いた墨書土器が出土しているだけではない。みつかっている遺跡内の土器の約三〇パーセントが、西は北九州から東は南関東におよぶという、明らかに各地から搬入された土器であり、いまのところ農耕地はみつからず農具の出土も少ない。まさに物流センターであり、農民の集落というよりは都市的要素が濃厚である。

ここで浮かびあがってくるのが、前にも言及した『魏志』東夷伝倭人の条の外交関係記事のなかの景初三年（二三九）十二月の魏皇帝の「詔書」である。その「詔書」には景初三年六月の邪馬台国の使者が「大夫難升米・次使都市牛利」であったとし、難升米を率善中郎将（交替で宿直し、宮城を護衛する武官の長）に牛利を率善校尉（宮城守衛の武官）にそれぞれ任じ、「銀印青綬」を与えたとのべる。この「都市」は前述したように市の監督者の職名であろう。

纒向遺跡には物流センターのおもむきがあり、しかもその地域が「大市」とよばれている場所であったことは、市の交易が邪馬台国の経済を支え、その故に「都市」であった牛利が、「親魏倭王」に任じられた女王卑弥呼の外交副使となったのではないかとも考えられる。

このように検討してくると、弥生時代後期の文化の先進地は纒向遺跡にみられるような状況が反映されており、北九州から吉備へ、吉備から奈良盆地東南部の原ヤマトへの推移が想定される。

第三章　倭・大和・日本

ヤマト、地名の由来

邪馬台国は女王台与《とよ》以後どうなったか。その点はほとんど問題にされていないが、邪馬台国九州説では九州にあったとする邪馬台国がその後どうなったかもあまり問われていない。台与以後の邪馬台国の勢力は九州からいわゆる畿内へ東遷したとみなす見解がある。その東遷説にも、二世紀後半の「倭国の乱」のころ、九州の勢力が畿内の大和に遷ったとする見解もある。考古学の発掘成果にもとづけば二世紀前半までは九州の文化が先進的であるのにたいして、二世紀後半以後になるといわゆる畿内の文化に先進的要素が強くなることも参考となろう。

　ところで中国史書には、邪馬台国の女王台与以後に言及している記述が初唐の姚思《ようし》廉《れん》が編集した『梁書』諸夷伝の倭の条などにみえている。『梁書』では「其後復《また》男王を立て、并《あわ》せて中国の命を受く」としるし、唐の李延寿がまとめた『北史』東夷伝倭国の条には『梁書』と同じく「卑弥呼の宗女台与を王と為す」として「其の後復男王を立て、并せて中国の爵命を受く」とほぼ同じ文章をつづる。

『魏志』東夷伝倭人の条が、「倭国の乱」の前「其の国本亦男子を以て王と為す」と書いているのは、前述したとおり陳寿が『三国志』を書いたころの邪馬台国王が男子であったことを前提としての「本亦」であったといってよい。邪馬台国はけっして台与で滅んだわけではなかった。邪馬台国畿内説では邪馬台国は大和のヤマト王権へと連続してゆくことになる。しかしそれはたんなる連続ではなく、文化の革新を内包しての展開であった。

ところでヤマトという地名の意味やヤマトを倭・大倭あるいは大和・大養徳で表記するそのありようは、いったいどうであったのか。そのことをまず検討することにしよう。

ヤマトという地名は、奈良県以外にもかなりある。たとえば九州にも、古くから山門県・山門郡（筑後）とか山門郷（肥後）とかとよばれている地域があった。これら各地のヤマト名の由来は、（1）山のあるところ・山の間、（2）山のふもと・山の本、（3）山の入り口、（4）山の外側、などというように、その多くが山に密接なつながりをもつ。したがって、ヤマトは、山とトの合成語であり、山々に囲まれた地域にヤマトの地名があっても不思議ではない。しかし、いわゆる畿内のヤマト（奈良県の地域）の原義は、どうも山の入り口とか、山の外側とかという意味ではなさそうである。

それは奈良時代までの古文献における上代特殊仮名づかいからも推察される。平安時代以前にあっては、音に区別のあることが判明して、仮名づかいに甲類と乙類のあったことがたしかになった。たとえば「神《カミ》」のミには加微・加未・可未・可尾など、微・未・尾など乙類の mï の音で表記し、「上《カミ》」のミには可美・賀美など甲類の mi の音で表記した。ところでトの仮名づかいは、甲類では外・戸・門などが用いられている。山の入り口・外側の場合はこの甲類の字が当てられる。他方、畿内ヤマトのトに対する仮名づかいは、すべて乙類であって、跡、登、等、苫、常などが当てられ、甲類を使った例は見うけられない。九州の山門が甲類を用いているのときわめて対照的である。

じっさいに畿内のヤマトは、山跡・夜麻登（『古事記』）、野麻登・夜麻苫・椰磨等・椰磨等（『日本書紀』）、山跡・山常・也麻等・夜麻登・夜末等・夜万登・八間跡（『万葉集』）などであって、甲類の山門・山外・山戸の用字はない。

このことは、畿内ヤマトの名のおこりが、山の入り口や外側にあるのではなく、山々に囲まれたところ、山の間、山のふもとなどというところにあることを有力に示唆する。事実、畿内のヤマトには山々が多い。盆地内には大和三山（香具山・耳成山・畝傍山）をはじめ三輪山などの名山があり、二上・葛城の峰々が連なる。ヤマトの名にふさわしいところである。そしてそれらの山々は、たんなる山岳ではなく、信仰の対象として古くから霊山視されていた山々であった。

万葉の歌人によってしばしば歌いあげられる香具山は、天から降ったとする伝承があり、神武天皇の説話にも、この山の土で作った祭器をもって賊を平定するいきさつが物語られている。また崇神天皇の代にも、香具山の土を取って、謀叛をくわだてたというような説話もある（以上『日本書紀』）。

標高四六七メートルの三輪山は、三諸《みもろ》の神奈備・神岳・神山ともよばれている。現在も、三輪山自体が神体山であって、三輪鳥居で有名なこの地にしずまる大神《おおみわ》神社には本殿がない。三輪山が在地の信仰の中に生きつづけた神山であったことは、この山の神にまつわる神婚譚にもうかがわれる。

「倭・大倭」の表記

ヤマトという古代日本語には、万葉仮名のほかに、倭・大倭を当てる古文献がきわめて多い。『古事記』や『日本書紀』では畿内のヤマトに大和を当てている例は一つもない。万葉仮名以外では、ほとんど倭・大倭を用いている。その一々をあげればかなりの数にのぼり煩雑になるので、ここではその代表的なものを若干あげておくことにしよう。『古事記』では、上巻（神代巻）に「倭の青垣」などとあり、中・下巻つまり神武天皇以降になると、たとえば神武天皇の日本ふうのおくり名（和風諡号）を神倭伊波《かんやまといわ》礼《れ》毘《ひ》古命《このみこと》としるすのをはじめとして、さかんに出てくる。天皇の和風諡号ばかりではない。倭飛羽矢《やまとのとびはや》若屋《わかや》比売（孝霊天皇の条）、倭日子命（崇神天皇の条）、倭比売（垂仁・景行・継体の各天皇の条）、倭根子命、倭建命（景行天皇の条）、また倭屯家《やまとのみやけ》（景行天皇の条など）というような名辞も多い。『古事記』の場合には、大倭という字は、畿内ヤマトよりももっと広い意味で用いて、古訓は「オホヤマト」とする。例をあげれば、イザナギ、イザナミによる国生みのところで、本州のことを大倭豊秋津嶋《おおやまととよあきつしま》と記載するたぐいである。

『日本書紀』でもやはり大和を用いず、畿内ヤマトには、倭・大倭が使われている。倭姫命・倭香山・倭迹迹《やまととと》日《ひ》百襲《ももそ》姫などとあって、また倭大国魂《おおくにたま》神などと書く（崇神天皇の巻その他）。さらに畿内ヤマトに大倭を当てる例もある。大倭大神・大倭直《やまとのあたい》（垂仁天皇の巻その他）などがそれである。『古事記』と違う点は、畿内よりも広い王権の浸透地域を表現するさいには、日本・大日本を当てる場合があることである。たとえば、国生み神話のところで『古事記』が大倭豊秋津嶋とするのを、大日本豊秋津洲とし、その注に「日本、此をば耶麻騰《やまと》といふ」と書く。ここでは明らかにヤマトの概念が、日本へと拡大されている。したがって、日本武尊・神日本磐余彦式の書き方が、『日本書紀』では多くなる。

しかしもともと国号が「日本」と表現されていたのではない。日本という国号は、七世紀後半ごろから使用されたものであって（下巻第Ⅳ部第一章参照）、貴族官人らの対外意識の高まりから、大倭をさけて日本を称し、『日本書紀』の編者がそれをうけて日本と改めたものである。それは『日本書紀』の正式の書名が『日本紀』であり、成立の後に官人の書として講筵が開かれたという、この史書の性格にふさわしい書きぶりでもあった。

『万葉集』においても、畿内ヤマトには倭が最も多く使用されている。この歌集でも大和の用字はほとんどなく、わずかに和がみえるのみである。延暦十六年（七九七）に最終的完成をみた六国史二番めの『続日本紀』においても、天平九年（七三七）十二月までは、大倭国としるされていた。ところが同年十二月二十七日には儒教にいう養徳を用いて大養徳国と改め、天平十九年三月十六日には再び大倭国にもどる。すなわち畿内ヤマトの国は大倭国（大宝二年三月の条その他）とされ、その国造は大倭国造（養老七年十月の条その他）と書かれているのである。奈良時代の天皇による宣命（国文体の詔勅）をみても、ヤマトには倭が当てられていた。

「大和」の登場

大倭の名はまず中国で使われ、それがヤマトに借字されることになったが、大倭はいったいいつ大和と改められたのであろうか。大和の用例の確実なのは、養老年間（通説は養老二年＝七一八年）に、「大宝令」を改修してできた「養老令」の条文である。そこには、はっきりと大和と記述されている。たとえば田令の官田（皇室の供御田など）の規定を見ると、

畿内に官田を置かむことは、大和摂津に各三十町、河内山背に各二十町

とみえている。ところで、「養老令」の前（七〇一年）に完成した「大宝令」においてはどうであったか。その令文は伝わっていないので、その全部を知ることはもとより不可能である。しかし、天平十年（七三八）のころにできた「大宝令」の注釈書『古記』によって、そのおよそは復元することができる（天平十年の三月ごろまでに『古記』は成立）。『古記』を手がかりとしてヤマトの用字をうかがってみると、「大宝令」ではまだ大和は用いられてはいない。「大宝職員令」には「大倭」とあり、『古記』所引の『別記』にも「倭国」とある。

事実、前述のように天平九年（七三七）までは大倭国が正式のヤマト国名であったし、天平十九年（七四七）三月十六日にいたって、ふたたび大倭国に改められるのである。それなら、「養老令」はすでに養老二年（七一八）のころにできているのに、『続日本紀』などではなぜその時から大倭を大和に改めなかったのかという疑問がわいてくる。けれども、「養老令」が施行され

たのは、完成後かなりの時日を経過した天平宝字元年（七五七、正確には天平勝宝九年、八月十八日に天平宝字に改元）五月のことであった。その施行は遅れている。したがって『続日本紀』においても、大和という用字が記述のうえに見えてくるのは天平宝字元年以後となる。

大和の字が出現する時期については、次のような説が唱えられている。平安時代末期の国語の頭音《かしらおん》によって、「いろは」別に天象から名字に至る漢字とその用法を記述した『伊呂波字類抄』では、大和は天平勝宝元年（七四九）から用いたとのべられている。だが『続日本紀』をみればわかるように、その時期は「大倭国の金光明寺」とか、「大倭宿禰小東人」とかのように（天平勝宝元年・同二年の条）、まだ大和は使われていない。また鎌倉時代末期にできた有職故実《ゆうそくこじつ》の書である『拾芥抄《しゅうかいしょう》』にも、天平勝宝年中（七四九—七五七）に、大倭国を改めて大和国にしたと記述しているが、実際は天平宝字元年（七五七）の「養老令」施行以後であった。だから、その年の十二月の条には、前に「大倭宿禰小東人」などと書いていたのを改めて「大和宿禰長岡」などと記載するようになるのであるし、それ以後、大和国・大和神山などの用例も増加してくる。以前には皇子名として「倭王」と書いていたのを「和王」と記述するのも、天平宝字年間からであったし、「倭舞」を「和儛」としるすのも、それよりのちのことであった（宝亀元年の条）。

このように大和の用例がふえてくると、倭歌を和歌とし、倭琴を和琴と改めたりもする（『万葉集』）。さらに、

葦辺行く　鴨の羽がひに　霜降りて　寒き夕べは　和し思ほゆ（万葉集、巻第一、六四）

というように、ヤマトに和（西本願寺本など）を当てるようになってくる。平安時代の前期（九三〇年代）に成立した意義による分類辞書の『和名類聚抄』に、大和国大和郷（於保也万止＝高山寺本、於保夜末止＝刊本）が出てくるのも不思議ではない。けれどもそれらの大和は、けっして日本国全体を意味するものでなく、狭義のヤマトとして使われていた。

第Ⅲ部

第一章　ヤマト王権の展開

発生期の前方後円墳

奈良盆地の東南部、三輪山の西側を中心とする地域で注目すべき発掘成果があった。そのひとつが桜井市の箸中にあるホケノ山古墳である。ホケノ山古墳は、全長約八〇メートル、後円部の径約六〇メートル、高さ約八・五メートル、前方部の長さ約二〇メートル、高さ約三・五メートルで、前方部を南東に向けられた周濠のある前方後円形の墳丘である。被葬者を埋納した主体部は石囲いの木槨墓であり、石囲い木槨の内部には長さ約五メートルの高野槙製の刳抜式木棺を納めていた。

出土遺物には後漢様式の外区のまわりの帯に飛ぶ鳥や獣・神仙などの文様をめぐらす画文帯《がもんたい》神獣鏡一面、内行花文鏡や画文帯神獣鏡の破片若干、素環頭大刀を含む鉄製の刀剣類一〇前後、銅鏃約六〇本、鉄鏃約六〇本、尖突武器（への字形鉄器）若干、その他工具類などがあった。その

ホケノ山古墳から出土の画文帯神獣鏡（写真提供：奈良県立橿原考古学研究所）

築造年代は三世紀前半から中葉とみなされており、まさしく邪馬台国の卑弥呼の時期に相当する。

ホケノ山古墳の周辺には箸墓古墳のほか、纏向石塚、矢塚、勝山、東田大塚など箸墓古墳と同時期あるいはそれに先行する古墳が点在する。ホケノ山古墳は全長約二八六メートルの箸墓古墳よりは古い形態を示し、石囲い木槨・画文帯神獣鏡など、大陸との深い繋がりを物語って、奈良盆地東南部における初期王権のありようを反映する。

画文帯神獣鏡は、後述する天理市柳本の黒塚古墳でも、割竹形木棺の北小口から、二・五メートルのところに、鏡背を南に向けて副葬されていたが、黒塚古墳のように三角縁神獣鏡《さんかくぶち》はホケノ山古墳には埋納されてはいなかった。この画文帯神獣鏡は三世紀の前葉に遼東半島を中心に勢威を誇っていた公孫氏との交渉によってもたらされた可能性を示唆する。

　ホケノ山古墳ばかりではない。徳島県鳴門市の萩原2号墓は全長二五メートルの前方後円形で、三世紀前半の築造と推定されており、その南約五〇メートルの萩原1号墓からは画文帯神獣鏡が出土し、ホケノ山古墳と同じ埋葬施設であることがたしかめられた。さらに兵庫県たつの市の綾部山39号墓からはやはり画文帯神獣鏡が出土し、前方後円形でホケノ山古墳と同様の埋葬施設であることがわかった。こうした特徴をもつ墳墓は、京都府南丹市の黒田古墳、岡山県総社市の宮山古墳、兵庫県加古川市の西条52号墳などがあって、卑弥呼段階とその後の政治勢力のありようを物語る。

箸墓古墳とその伝承

　大神神社の表参道の左手の道は若宮にいたる。この若宮は、オオタタネコを主神とする社で、大直禰子《おおたたねこ》神社ともいう。社殿は弘安八年（一二八五）の建立と伝え、大和の神社建築のなかでも注目すべき国の重文の社となっている。中世には神宮寺が栄えて、大御輪寺《おおみわでら》とも称された。桜井市聖林寺の国宝十一面観音は、神仏分離以前は大御輪寺にあったという。

　オオタタネコを男のカムナギ（覡）とするなら、女のミコ（巫）はモモソヒメやタマヨリヒメである。そのモモソヒメの墓と伝えるのが、大神神社の前方、桜井市三輪箸中にある前方後円墳である。邪馬台国論争で有名な邪馬台国の女王卑弥呼は、モモソヒメのことだとする説があるくらいに、神まつりにしたがったモモソヒメには最高巫女としてのいろあいが強い。

　全長二八六メートル、前方部の高さは一六メートル、後円部の高さは二九・四メートルある。

桜井市三輪箸中にある前方後円墳、箸墓（写真提供：桜井市教育委員会）

前方部よりも後円部の高い前方後円墳である。俗に箸墓とよぶ。この古墳には周濠があって、いかにもずっしりと荘重なかまえだ。六七二年の壬申の乱のさいに、上ツ道の防衛を担当した三輪君高市《たけち》麻呂《まろ》・置始連《おきそめのむらじ》菟《うさぎ》らは、箸墓のもとで戦ったわけだが、その墓のところを通る道が、奈良県桜井市から奈良市の山沿いに北上し、天理市をへて奈良市東部に至る古代の上《かみ》ツ道なのである。

昭和四十三年（一九六八）の十月、宮内庁書陵部は、その後円部墳頂付近を、約三〇メートルにわたって深さ一〇―三〇センチばかり試掘した。その結果、ヘラ書き文様のある土器の破片約三〇点がみつかったが、それらは埴輪の先行形態である岡山市都月坂1号墳の特殊器台土器と類似するものと、それよりも古い形の器台土器であった。

この箸墓はモモソヒメの墓と伝承されているだけに（陵墓参考地）、その科学的な発掘調査を行えば、古墳文化の謎を解明するのにどんなに役立つかもしれない。開発によってつぎつぎに古墳が破壊されてゆくなかで、考古学者はその保存対策に追われているのが現状だが、もし天皇陵あるいは陵墓参考地として指定されている古墳の発掘が可能となったその日には、まずその候補のひとつにあげられるべき古墳である。

箸墓（大市墓）の名は、三輪山の神がモモソヒメを妻問いする神婚譚に由来する。『日本書紀』には、三輪山の神が夜は妻問いにくるので、モモソヒメが「神の顔をみることができないから、しばらく滞在して明朝にあなたのうるわしい姿をみたい」と申し願ったとのべる。そこで三輪山の神は「明朝あなたの櫛笥《くしげ》（櫛を入れるはこ）に入っていよう。しかしわが姿をみて驚くな」と告げて帰った。明朝櫛笥に小蛇となってひそんだ三輪山の神をみて、モモソヒメは驚きの叫びをあげた。神はたちまち人の姿となり「あなたは私に恥をかかせた。私は神山に帰ってあなたを恥ずかしいめにあわせましょう」とつげた。ヒメは帰りゆく神をみながら後悔したが、もはやあとのまつりであった。がっかりして腰をおとした。その時、箸で女陰をついていのちをおとしたという。そこで人々はその墓を箸墓とよぶようになったとする箸墓の起源説話がそれである。

箸墓の箸を墓造りに関係の深い土師《はじ》氏の「はじ」とする説もあるが、あるいはその「箸」というのは神まつりの斎串《いぐし》を意味するものかもしれない。箸墓の造営について「日は人作り、夜は神作る（人は墓を昼に作り、神は夜に墓を作る）」としるす。その墓が神まつりの巫女の墓と伝えられることとあわせて、この前方後円墳をあおぎみた古代の人びとの心情がほうふつと浮かぶ。

人のみならず神もまた墓づくりにいそしむという古代的な、あまりにも古代的な古墳築造の映像が映しだされる。

この箸墓古墳については、平成二十一年（二〇〇九）の五月三十一日の日本考古学協会総会の研究発表会で、国立歴史民俗博物館の研究グループが箸墓古墳の前方部周濠からみつかった布留0式土器に付着した炭化物など約二〇点を放射性炭素（C14）年代測定法で測定し、箸墓古墳の築造年代を二四〇—二六〇年と特定した。そして『三国志』の『魏書』東夷伝倭人の条に記す、「卑弥呼以死、大作レ冢《ちょう》（大きい墓）、径百余歩」を邪馬台国の女王卑弥呼の死——二四七年ごろと時期が一致すると報告した。

これまでにも、箸墓の築造年代を三世紀なかばとして卑弥呼の墓と考える説や、それよりは新しい「宗女」台与の墓と推定する説などがあったが、このたびの発表は、箸墓古墳より一段階古い箸墓古墳の西北にある東田大塚古墳の築造年代を二二〇—二四〇年とし、庄内3式を三世紀前半までに限定、布留1式を三世紀後半と限定しての布留0式の時期にもとづく結論であった。

木材・骨・貝など炭素を含む遺物の放射能の減量を測定することによって年代を推定する放射性炭素年代測定法で築造年代を決定づけられるか、今回測定された土器のうち、築造時のものは少ないので、はたしてこのように断定しうるか、箸墓古墳より一段階前とされている箸墓古墳の東のホケノ山古墳の木材二点の測定値（橿原考古学研究所報告）が、このたびの数値と同じ数値を示すことなど、考古学の研究者からさまざまな反論がなされている。布留0式の時期は二八〇—三〇〇年とする説があるばかりでなく、いわゆる「魏志倭人伝」に卑弥呼の墓を「径百余歩

（直径約一四四メートル）」としるし「殉葬者奴婢百余人」とのべるのをどのように理解するか、そこにはなお検討すべき課題がある。さらに卑弥呼の死を二四七年頃と断定することにも、ただちに賛成するわけにはいかない。

なぜなら、第一に「卑弥呼以死」のよみ方には（1）「卑弥呼以って死す」、（2）「卑弥呼死するを以って」、（3）「卑弥呼以《すで》に死す」と少なくとも三通りのよみ方が可能であって、その絶対年はにわかに断定できない。

それればかりではない。このヤマトトトヒモモソヒメの「トトヒ」は鳥のように霊魂が飛んでゆく脱魂型（後述参照）の巫女である。その名をどのように解釈して、卑弥呼と関連づけるかに、箸墓を卑弥呼の墓とみなすためには、なおそれなりの解答が必要となる。

ここで注意されるのは三輪山の神の嫁となる娘の伝承には前述のモモソヒメのように、三輪山の神とむすばれても子は生まれずに隔絶して死んでゆく神人隔絶型（『日本書紀』）とは別に、イクタマヨリヒメのように三輪山の神とむすばれて子が誕生し、その子オオタタネコが三輪山の神をまつるという神人交流型の伝承（『古事記』）があることである。

女性の巫《ふ》・男性の覡《げき》のシャーマン（呪術・宗教的職能）を中心に卜占・予言・治病・祭儀を行なう現世利益的宗教（シャーマニズム）、そのカミ・タマ・モノと交流する巫覡《ふげき》のタイプには、タマヨリヒメつまりタマ（魂）が依りつくタマヨリ（憑霊《ひょうれい》 possession）型と、タマ（魂）がシャーマンの体から抜けでて鳥のように飛んでゆくトトヒ（脱魂 ecstasy）型がある。すなわちシャーマンにカミ・タマ・モノが依りつくタイプと、シャーマンの霊魂がその身体を離れて天上界や地下界のカミ・タマ・モノと交流するタイプがそれである。『古事記』と『日本書紀』とではその内容にちがいがあっても、タマヨリヒメとの神人交流型とヤマトトトヒモモソヒメとの神人隔絶型をそれぞれに伝えているのは興味深い。北方系に多い脱魂型と南方系に多い憑霊型のありようにも注目する必要がある。

三輪山の神の神婚説話については別に詳しく論証したが（「神婚説話の展開」、『古代伝承史の研究』所収、塙書房、一九九一）、三輪山の神が蛇体となってむすばれ、糸をたどって神の正体を知る苧環《おだまき》型の類似の説話は、朝鮮半島にもあって、『三国遺事』の甄萱《けんけん》の場合は蛇ではなく大蚯蚓《みみず》である。唐の『宣室志』に述べる張景《ちょうけい》の娘のそれは一尺あまりの螬蠐《せいそう》（地虫）であり、清の始祖の老獺稚（ヌルハチ）伝承では老獺《カワウソ》になっている。もっとも張景の娘や老獺稚の場合は、糸をたどって追跡した人間に地虫や老獺は殺される伝えとなっており、三輪の神の苧環型とはその結末が異なる。朝鮮の咸鏡南道の民話のなかには、糸をたどって穴の中の妻を奪いかえし、男児を育てて偉人にしたというような説話もある。

初期ヤマト王権の内実

三輪山の西方ヤマトの地域で大型の前方後円墳が築造されてゆくプロセスは、ホケノ山古墳から巨大な箸墓古墳、さらに北方の大和古墳群の西殿塚古墳（全長二一九メートル）、大和古墳群の南側にひろがる柳本古墳群の行燈山《あんどんやま》古墳（伝崇神天皇陵、全長二四二メートル）や渋谷向山古墳（伝景行天皇陵、全長三〇〇メートル）などにうかがうことができる。西殿塚古墳が六世紀前半の継体天皇の大后とする手白香皇女《たしらかのひめみこ》の衾田《ふすまだ》墓と決められたのは明治九年（一八七六）だが、墳丘の形は古く、三世紀末ごろの特殊器台がみつかっている。

四世紀代の前方後円墳が三輪山の北西方を中心に築造されていることは、この地域にヤマト王権の基盤があったことを推定させる。大和・柳本古墳群の前方後円墳の二三基、前方後方墳の五基の築造年代はほとんどが三世紀中葉から四世紀前半もしくは中ごろとみなされており（広瀬和雄『前方後円墳の世界』岩波新書、二〇一〇）、しかも全長二〇〇メートルをこえる大型の前方後円墳は、箸墓（全長二八六メートル）を含めて、四基が存在する。こうした古墳文化は、三世紀から四世紀にかけてのヤマト王権のありようを考えるのに、有力な手がかりとなる。

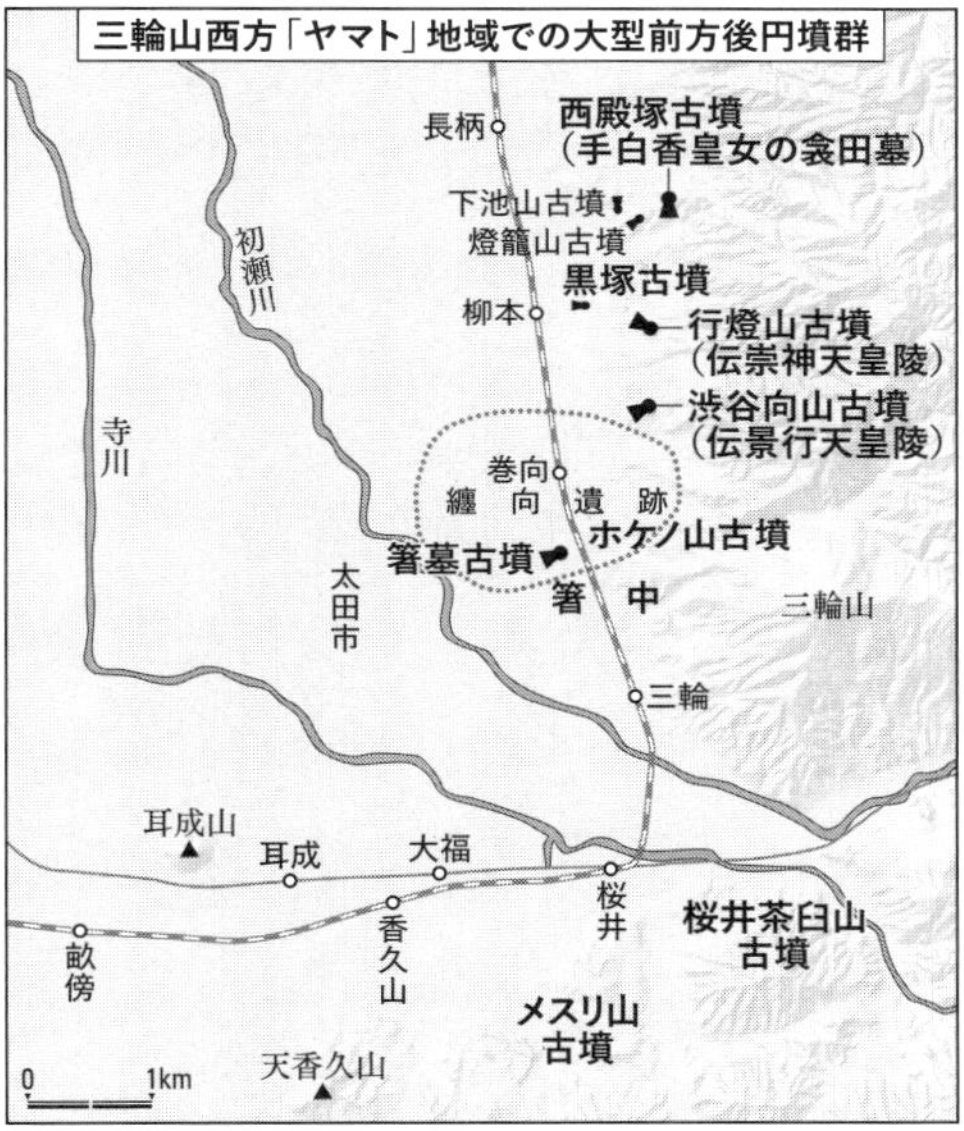

奈良盆地の東南部、柳本古墳群の南の桜井市外山の鳥見山周辺の四世紀初頭前後のころから前半のころのメスリ山古墳（全長二五〇メートル）や桜井茶臼山古墳（全長二〇〇メートル）もみのがせない。メスリ山古墳からは多くの石製品のほか槍二〇〇本以上と巨大な埴輪群が出土して注目をあ

桜井茶臼山古墳から見つかった三角縁神獣鏡の破片、「是」の字（写真提供：奈良県立橿原考古学研究所）

つめていたが、平成二十一年（二〇〇九）の史跡整備にともなう桜井茶臼山古墳の再調査は、あらたな問題を提起した。桜井茶臼山古墳では竪穴式石室の上部を密に並べて囲んだ丸太の垣がみつかり、石室の内部の石材と天井石に水銀朱が塗られていた。そして石室内部からみつかった銅鏡片は三八四点におよぶ。検討の結果、推定された鏡は八一面、そのなかで神獣鏡の一種で縁部の断面が三角形になっている三角縁神獣鏡は二六面を数える。これらは初期ヤマト王権の様相を物語る。

その破片のひとつに（一辺一四ミリ程度）、「是」の銘文の一字があり、正始元年（二四〇）の三角縁神獣鏡の破片であることが判明した。正始元年といえば、魏の使節梯儁《ていしゅん》らが魏の皇帝（少帝）の「詔書・印綬を奉じて倭国に詣り、倭王（卑弥呼）に拝仮し」、倭王が「使に因って上表」した年である。

奈良盆地での三角縁神獣鏡の出土といえば、柳本古墳群のなかの黒塚古墳に注目する必要がある。黒塚古墳は行燈山古墳から北西約五〇〇メートル、春日断層崖から西へ伸びる低台地の尾根の端部に位置する。全長一三二メートル、後円部の径七二メートル、高さ約一一メートルのこの前方後円墳は、従来古墳時代の中期の古墳とみなされていたが、平成九年（一九九七）の八月十一日からの発掘調査によって、前期前半、四世紀初頭と推定されている。同年の十一月二十六日に、その発掘調査の現場を観察したおりの感銘が改めてよみがえってくる。今は古墳公園になっているが、その発掘でまず注目されるのはその副葬品である。

一部は破壊されていたが、幸いにも主体部は未盗掘であり、割竹形木棺と想定されている棺の北小口から二・五メートルのところに、神獣鏡の一種で帯に神仙などの文様をめぐらす画文帯神獣鏡一面が鏡背を南に向けて副葬された状態で出土した。そしてその両脇に鉄製の刀剣類が二口埋納されていた。画文帯神獣鏡は被葬者の頭部のあたりに置かれていたことがわかる。

棺のまわりに三角縁の鏡が三三面も副葬されており、西側に一七面、東側に一五面、北側に一面（三角縁で竜の文様のある三角縁盤竜鏡）があって、埋葬当時はすべての鏡が、棺側に鏡面を向けた状態で立てておかれていたと推定されている。一部で布が検出されたことも注目される。鏡はもともと布に包まれていたようであり、鏡群は棺の北半分に集中していた。三角縁神獣鏡とならんで刀剣類・鉄鏃・槍が棺の両側に副葬され、南側の小口で土器・甲冑の小札や工具類が出土し、石室北壁と木棺北小口との空間にU字形鉄製品（二）ほか鉄製品が埋納されていた。

なお三角縁の鏡三三面のなかみは神獣鏡三二面・盤竜鏡一面であった。そして粘土棺床の北小口の約二・五メートルから南約二・八メートルの範囲に、水銀朱のあざやかな赤色が映え、それに沿うかのように三角縁神獣鏡が鏡面を棺側に向けてならぶありようがみごとであった。画文帯神獣鏡一面が被葬者の頭部あたりに置かれて、この鏡が重視されたことを物語り、しかもこれらの三角縁の鏡が、もともと布に包まれて立てられていたこともみのがせない。あるいは邪気をしりぞける僻邪のためであったのか。

三角縁神獣鏡については、京都府木津川市山城町の椿井《つばい》大塚山古墳に三六面以上の鏡が副葬されており、そのうちの三二面が三角縁神獣鏡であって（ほかに伝一面）、これがその後の三角縁神獣鏡による京都大学講師（後に教授）小林行雄さんの「初期ヤマト王権」論（後述参照）に多大の影響をおよぼしたことは周知のとおりである。

椿井大塚山古墳の場合は、昭和二十八年（一九五三）の旧国鉄奈良線の工事にともなう偶然の発見であって、黒塚古墳の発掘調査のように、椿井大塚山古墳の三角縁神獣鏡が姿をあらわしたわけでない。椿井大塚山古墳の場合は、いわば工事後の調査であり、その確実な埋葬状態は明確ではなかった。したがって副葬の鏡も三六面以上と推定されている。ところが黒塚古墳の場合はそうではなかった。慎重な学術調査によって、主体部の埋葬状態がはっきりと浮かびあがってきたのである。

さらに黒塚古墳の発掘成果と桜井茶臼山古墳の史跡整備にともなう再調査は、かねがね私のいだいていた疑問をかなり解決することに役立った。小林行雄説では初期ヤマト王権が各地の有力豪族に配付・賜与したと考えられている三角縁神獣鏡が、なぜ初期ヤマト王権の本拠地ともいうべき奈良盆地の東南部すなわち三輪山の周辺地域からみつからないで、京都府南部の南山城に位置する椿井大塚山古墳に大量に副葬されていたのか。その疑問が柳本古墳群の黒塚古墳の発掘調査によってかなり解決され、三角縁神獣鏡のたしかな副葬状態が明らかとなって、初期ヤマト王権と三角縁神獣鏡との関係がより理解しやすくなった。

しかも棺のまわりの鏡はすべて三角縁の鏡であった。黒塚古墳副葬の三四面の鏡のうち一九面が鏡の帯に銘文がある銘帯鏡であり、なんらかの銘文のある鏡はあわせて三三面におよぶ（三角縁盤竜鏡にはない）。こうした鏡の銘文のありようにも多くの示唆が含まれている。

黒塚古墳の築造年代については、四世紀初頭とみなす見解が多い。その古墳に画文帯神獣鏡一面と三角縁盤竜鏡一面、三角縁神獣鏡が三二面も副葬されていた。椿井大塚山古墳の大量の三角縁神獣鏡も副葬を前提としたものであり、この同じ鋳型で作った同笵の鏡を副葬する古墳の分布に注目されたのが、小林行雄さんの有名ないわゆる同笵鏡論であった。昭和三十二年（一九五七）に発表された「初期大和政権の勢力圏」（『史林』四〇巻四号）がそれである。初期ヤマト王権のもとに大量の魏の鏡が保管されて、各地の小支配者を心服させるために配付・賜与されたとみなしての「初期大和政権の勢力圏」の想定であった。

この小林行雄説は、当時の学界に大きな反響をよび、現在もなおその支持者が少なくない。私じしんも小林説に大きな示唆をうけたが、その分布が各地の小支配者を心服させるための配付関係によるものかどうか、「各地の小支配者」からの鏡の貢上の史料はかなりあるが、鏡の配付の史料がほとんどないのはなぜか。なぜ初期ヤマト王権の本拠地というべき奈良盆地の東南部の地域から三角縁神獣鏡が出土しないのか、私もまた若干の疑問を提示した。

こうした疑問にたいして、小林行雄さんは、椿井大塚山古墳の所在地が木津川と淀川を利用する通路の要地であったことを指摘し、椿井大塚山古墳の被葬者は、ヤマト王権の協力者であり、彼はその「使臣に任せられた」者であろうと解釈された。そして「大和にはいまさら鏡をあたえて手なずけねばならぬほどの有力者はなかった」と推論されたのである。この小林行雄さんみずからによる補論が発表されたのは、昭和四十年（一九六五）の十一月であった（『古鏡』学生社）。黒塚古墳の三角縁神獣鏡の多量の副葬は、ヤマト王権の本拠地でも三角縁神獣鏡が重要視されていたことを物語る。そして前に紹介したように、平成二十一年には桜井茶臼山古墳から二六面の三角縁神獣鏡が出土して、私の考えを補強した。

三輪王権の実相

奈良盆地の東南部三輪山の西側を中心とする地域を拠点とする王権を昭和四十二年（一九六七）の一月に出版した『大和朝廷』で、三輪王権と命名したが、まず注目されるのは『古事記』・『日本書紀』が、崇神天皇を「初国知らし御真木《みまき》天皇」（『記』）・「御肇国《はつくにしらす》天皇」（『紀』）とのべている点である。もちろん天皇という用語自体は早くとも七世紀の中葉から用いられているものであり、四世紀代にはない。したがってこれもやはり『古事記』・『日本書紀』編者の天皇観の投影だが、それにしても『記』・『紀』の編者らが、御真木王の時期を「ハツクニ」を築きあげ統治したはじめとして意識していることまでは否定できない。しかも『古事記』・『日本書紀』の崇神天皇の伝承は、次のような説話をもって構成されている。（イ）天皇の和風の諡号（おくり名）はミマキイリヒコイニエノミコト（御真木入日子印恵命＝『記』、御間城入彦五十瓊殖尊＝『紀』）といい、磯城《しき》の水垣（瑞籬）宮に都した。（ロ）疫病が流行したので、神託によりオオタタネコ（意富多々泥古＝『記』、大田田根子＝『紀』）をして御諸山（三輪山）の神をまつらせた。（ハ）三輪山の神とイクタマヨリヒメ（『記』）・ヤマトトトヒモモソヒメ（『紀』）との神婚譚の展開。（ニ）将軍らの三道（『記』）、四道（『紀』）への派遣説話。（ホ）タケハニヤスヒコ（建波邇安王＝『記』、武埴安彦＝『紀』）の謀反鎮圧の説話。（ヘ）男女のミツギ（貢物）を定め、この天皇をハツクニシラシシ天皇とほめたたえたとする伝えなどがそれである。

『古事記』と『日本書紀』の所伝を細部にわたってみると、かなりの点でくいちがっているところもある。たとえば崇神天皇の后について『古事記』が御真津比売《みまつひめ》と書くのを、『日本書紀』が御間城姫《みまきひめ》とし、その皇子・皇女について『古事記』が伊賀比売をあげるのに『日本書紀』にはなく、また『日本書紀』にみえる五十《い》日鶴彦命《かつるひこのみこと》などは『古事記』にみえない。いわゆる「帝紀」（大王家・天皇家の系譜や伝承など）の部分についても、このような異同がある。さらに『日本書紀』がしるすアマテラスオオカミを大和の笠縫邑《かさぬいのむら》にまつる説話や、出雲の首長の弟飯入根《いいいりね》による出雲の神宝の献上と兄の振根《ふるね》が弟を誅伐する記事あるいは朝鮮半島南部の「任那《みまな》」の朝貢記事などは、『古事記』にはのせられていない。

こうした相違は「帝紀」や「旧辞」（各氏族の系譜や伝承など）を筆録するにあたって、選択したり、潤色したりしたためにおこったものであろう。例をあげれば、出雲の振根の誅伐の説話に類似したものは、『古事記』では景行天皇の代の出来事と伝えるヤマトタケルの西征説話の中で出雲タケルの誅伐記事としてとりあげられている。ところが『日本書紀』は崇神天皇の代のところに出雲の振根による誅伐の話を挿入しているので、『古事記』のようなヤマトタケルの出雲平定説話はとりあげていない。

前掲の（イ）から（ヘ）の説話は、両書にだいたい共通しているものだが、それとてもその内容を比較すると、やはりくいちがうところがある。たとえば（ハ）の場合は、前述した三輪山神婚譚の神の嫁が、『古事記』でイクタマヨリヒメであるのに、『日本書紀』では崇神天皇の大叔母ヤマトトトヒモモソヒメとするように違っている。（ニ）の北陸・東海・西道・丹波の四道へ将軍を派遣の説話においても、『古事記』は崇神天皇よりも前の孝霊天皇の条に大吉備津日子《おおきびつひこ》の吉備への派遣を記述しているために（孝霊天皇の条）、三道への派遣しかしるさず、『日本書紀』が四道へ将軍を派遣する説話の趣とは異なるところがある。けれどもその説話のすじみちは、大要において一致している。なかでも両書が、崇神天皇の時期をハックニシラシシ王者の時代とし、王者の代の画期として意識していることに変わりはない。この両書の共通項はいったい何を物語っているのであろうか。ハックニの文献伝承の意識を明らかにすることが改めて必要となる。

騎馬民族と征服王朝

ハツクニシラシシ天皇として位置づけられる崇神天皇以後の王朝を、北方系の騎馬民族による征服王朝とする見解がある。江上波夫博士のいわゆる騎馬民族征服王朝説がそれである。この見解は昭和二十三年（一九四八）に発表されて以来、いろいろな角度から批判と反批判が行なわれてきたが（江上騎馬民族征服王朝説にたいする私見は、江上波夫編『日本民族の源流』講談社学術文庫、一九九五「解説」で詳述した）、その主張の主たる根拠は、弥生文化と古墳文化の間に断層を認めるところにある。後期古墳文化（この説をとる江上波夫氏は四世紀後半ないし五世紀前半に形成されるとみなす）にみられる騎馬の風習は、四世紀前半に大陸から朝鮮半島をへて渡来した騎馬民族が、倭人を征服した結果であるとみる。そして崇神天皇をもって「大和朝廷の創設者」とし、「騎馬民族の最初の統率者」であったと考えるのである。

したがって崇神天皇の和風の諡号がミマキと名づけられているのも、もと朝鮮半島南部（弁韓）を支配した辰王が騎馬民族であったことと関係があるという。ミマキのミマは弁韓の地「任那」の語幹であり、キは城の意味で、都のある場所をさす。つまりミマという都城に崇神天皇がいたので、その名を負うようになったと主張される。そして『日本書紀』にみえる「任那」朝貢記事も、それを傍証するものとみなされるのである。まことにセンセーショナルな注目すべき問題提起であった。

しかしこの騎馬民族による征服王朝としてハツクニを意味づけ、その創設者として崇神天皇を位置づけることがはたしてできるであろうか。この大胆な主張にたいしては、いくつかの反論がある。朝鮮史の側よりの批判としては、朝鮮半島南部の辰王をもって騎馬民族であるとすることはできないとする見解がある。また考古学の側からは、四世紀の段階に騎馬の風習を認めることはできず、四世紀の古墳には大陸の墓制の直接的影響は急激でないことなども指摘された。そして文献上からも、崇神天皇の人物像には海外からの征服者としてのおもかげはまったくない。たしかに、崇神天皇の前身を「任那」王とし、後期古墳にみられる馬具などの副葬品を古墳時代前期の段階にまでさかのぼらせる見解には、にわかに従えない。前期と後期の間における土着文化への同化の期間を設定する補足もなされているが、やはりそれは苦しい解釈であろう。それのみか崇神天皇の和風の諡号ミマキイリヒコのミマキを「任那」と関係づけることもはたして妥当であろうか。任那の名は主として日本側で使用されたものであって、「任那」の語が朝鮮側史・資料に見えるのはわずかに三例である。しかもそれらは五世紀以後のものであって、普通には加耶・加羅・金官などという国名が用いられていた。『日本書紀』には任那を「意富加羅」と記載した例があるが（垂仁天皇二年是歳の条、「一云」）、むしろこうした用例のほうが古い。任那の用例自体が新しいと考えられるのであり、四世紀のミマキを「任那」に関連づけるにはなお多くの論証を必要とする。ミマキについては、『古事記』は御真木《みまき》と書くが、真木の灰（神功皇后の条）や真木栄《さ》く檜の御門（雄略天皇の条）のように真木は檜と関係づけるほうが、あるいは適切かもしれぬ。崇神天皇の皇子・皇女名に豊木《とよき》入日子《いりひこ》・沼名木《ぬなき》之《の》入日売《いりひめ》（『紀』では渟名城入姫）などと見えるトヨキ・ヌナキも、すべて美称として用いられているからである。

それにもかかわらず、『古事記』や『日本書紀』の編者らが、ハツクニの天皇と書いたのはなぜか。そこには倭王権の成立を論ずるにあたってみのがしえない伝承上の意識が存在したとみるべきであろう。

祭祀権の掌握

崇神天皇をめぐる説話で最も重要な構成要素になっているのは、三輪山をめぐる伝承である。天皇の宮は磯城《しき》にあったというが、その宮号を水垣《みずがき》（瑞籬）とよんでいることは興味深い。それは神聖な囲みをめぐらす宮の意味である。磯城ということば自体が、聖なる石をめぐらす場所と関係がある。『日本書紀』に「磯城神籬《しきのひもろぎ》」ということばがみえるが、それは石をめぐらした所に神の降臨をあおぐ依代の神籬をあらわしている。

古代における磯城の地域は、三輪山から西方と南方のあたりであり、三輪川と穴師川がとりまく。現在の桜井市三輪の地域がその中心となる。しかも崇神天皇陵と推定されている古墳時代前期の前方後円墳は、その北に位置するのである。磯城の地域にハツクニシラシシ天皇の宮があったという伝承と、前期の前方後円墳がこの地域に多く築造されていることとは、必ずしも無関係ではない。倭王権の本拠が三輪地帯を中心に形づくられてくる。そのゆえにまた崇神天皇をめぐる説話が、三輪山とむすびつくのである。前にもあげた疫病が流行したおりの（ロ）の説話がそれだ。『古事記』によると、疫病がおこって人々が苦しんだ時に、三輪山の神が天皇の夢にあらわれて「オオタタネコをもって自分をまつらせたら、神のたたりはおこらず、平安になるであろう」との神託があった。そこでオオタタネコを捜し求めて、彼に三輪の神をまつらせたら、天下が安らいだと述べられている。オオタタネコは、みずから三輪山の神とイクタマヨリヒメとの間に生まれた子孫であると名のったと伝える。オオタタネコについては『古事記』がイクタマヨリヒメ→クシミカタ→イイガタスミ→タケミカズチ→オオタタネコとするのに、『日本書紀』はオオタタネコの父が三輪山の神（オオモノヌシ）であり、母がイクタマヨリヒメであったとする。その系譜伝承には相違があるが、話のすじみちに変わりはない。タマヨリヒメ＝神の嫁の神婚譚である。

ところが『古事記』が三輪山伝説として描く三輪山の神の妻問いのありさまは、前述した『日本書紀』と比べると、かなりの違いがある。すなわち、三輪山の神が妻問いする相手は、『古事記』ではイクタマヨリヒメであるのに、『日本書紀』では孝元天皇の妹とされ、崇神天皇の大叔母とされるヤマトトトヒモモソヒメが、三輪山の神の嫁として登場する。『日本書紀』においては王統を受けつぐ王女の中に、三輪山の神との神婚譚が描かれるのである。

このことは、三輪山をめぐる祭祀権の推移を暗示するものがある。磯城（奈良県磯城郡）の地域に有力な首長らがはびこったとする伝承は、神武天皇の東征説話にも反映されているが、三輪山の神の神主となったオオタタネコは三輪君の始祖として描かれている。もともとこの地域の豪族らによっていつきまつられていた神が、大王家の奉斎神となるにいたってその統属下に入り、もとの豪族らはのちに祭祀の分掌者になっていくのである。

三輪祭祀権の掌握は、一挙になされたのではない。そこには葛藤があったと思われる。『日本書紀』にはふしぎな記述がある。王女のヌナキイリヒメをもってヤマトの大国魂神をまつらせたが、この王女は髪が落ち、からだが衰弱して、よくまつることができなかった。また疫病が流行した時に三輪山の神がヤマトトトヒモモソヒメに神がかりして、ヤマトトトヒモモソヒメがこの神をまつることになるが、その時にも神まつりの効果がなかったとある。これに対してオオタタネコらがまつった時に、疫病がやみ、田の実りも豊かになったという。これらの伝承には、物部氏や三輪君らの家の伝えなどがのちに潤色され、その祭祀のにない手が自分らであったことを力説する主張が強く反映されている要素がある。それにしても、三輪山の祭祀が三輪君らの祖先たちによってになわれていたことを示すこれらの所伝には、三輪祭祀権が最初から大王家のものではなかったことを物語っている。三輪祭祀権の伝統の根強さを物語る説話として興味深い。

『日本書紀』が崇神天皇の時代のこととして物語るアマテラス大神を同じ宮殿のなかで「同殿共床」して祭祀するのは恐れ多いというので大和の笠縫邑へと遷すのも、そうした三輪祭祀権の掌握とまったく無縁ではあるまい。笠縫邑の所在については、田原本町説その他があるが、アマテラスを「磯城神籬」にまつったとする場所を、桜井市三輪の地域内に求める説には捨てがたいものがある。磯城神籬の位置は磯城の瑞籬の宮の近くであったと考えられ、この地域には志貴御県神社がある。アマテラスをまつった磯城神籬は、神体山である三輪山の磐境《いわさか》周辺にこそ求められると思われる。三輪山の祭祀権を掌握した大王家は、その地に大王家のいつきまつる日の神をまつると伝えるのである。

こうして三輪山は大王家の重要な聖山となった。『日本書紀』が崇神天皇の王権継承について、三輪山を媒介とする説話を記載しているのも偶然ではない。天皇は皇位をトヨキイリヒコに譲るか、イクメイリヒコに譲るかをきめるにあたって、夢占いをすることにした。ふたりの皇子は、みそぎをして床についた。翌朝、この異母兄弟はそれぞれのみた夢を天皇に報告した。トヨキイリヒコは「みずから御諸山（三輪山）の峰に登って、東に向かって八度槍と刀をふるった」と申し、イクメイリヒコは「三輪山の峰に登って縄を四方にはり、粟を食べる雀を追いはらった」とつげた。そこでトヨキイリヒコには東を治めさせ、イクメイリヒコをもって「ひつぎのみこ」にしたという。皇子を分掌させる説話はこのほかにもあるが、この場合には、軍事と農耕がモチーフになっている。それにしてもこれは、三輪山祭祀がいかに大王家にとって重要であったかを伝えている説話ではある。

このような話は、のちの伝承にもある。東方の蝦夷の首長らが捕えられて、天皇のさばきをうけた時に、首長らは初瀬川の中流におり、三輪山をあおいで、天皇に忠誠を誓ったという(『日本書紀』敏達天皇十年閏二月の条)。そのさいの誓詞には「自分らがもしその盟約を破ったならば、天皇霊および天地の諸神は自分らの子孫を滅ぼせ」とあった。三輪山を「天皇霊」の山とする伝承にも、三輪山と大王家の深いつながりが生きているといってよい。

ここで注意深い読者は、しきりに王者の名や王子・王女の名にイリヒコ・イリヒメという名辞が出てくることを不思議に思われるにちがいない。じつはこのイリヒコ・イリヒメの名辞が多く出てくるのは崇神天皇からであり、崇神・垂仁両天皇の子孫につながるものが圧倒的に多い。イリヒコの由来は婿に入る婿入り婚であったからとみなすのが通説化しているが、そのような理解ではイリヒコは説明できてもイリヒメは説明できない。むしろそのイリの原義は神代の巻に出てくるミケイリノノミコト(『日本書紀』)や神功皇后の条にみえる事代主神《ことしろぬしのかみ》の別名タマクシイリヒコのイリにあると考えたほうがよさそうである。つまり入来する穀霊の神格がミケイリノノミコトであり、入来する事代主の神霊がタマクシイリヒコであった。すなわち、三輪の地に入った崇神天皇の伝承こそが、このイリヒコ・イリヒメの名辞をささえる系譜上伝統となったのであろう。

県主の伝承

磯城の水垣宮にあったという崇神天皇をミマキノイリヒコといい、やはり磯城の玉垣宮で政治をとったという垂仁天皇をイクメイリヒコというように、イリの辞は、崇神→垂仁天皇の代を中心に、崇神天皇の王統につながるものに多い。このことは、イリの辞を名のるものが、磯城の水垣宮（崇神天皇）、同玉垣宮（垂仁天皇）というように、三輪山塊をとりまく地域に即した王朝の系譜に多いことを物語っている。三輪の王権は、三輪祭祀権を新たに掌握したイリ王権であったと考えられる。邪馬台国では台与の死後男王の時代を迎えるが、卑弥呼・台与の女王二代に継受されるような神まつりの機能が、男王のもとに包摂されていくのである。神まつりをする女王と軍政を行なう男弟という『魏志』の共治が、新たな体制のもとに整備され、みかどの内容が具体化してくる。

四世紀前半の伝承や考古学上の知見にうかがえる三輪王権は、三輪の地域を中心に、新たに王者となったイリヒコ・イリヒメの王権であった。したがってこの王権は、磯城地域を中心とするヤマトの統合を重要な政治的課題とした。そのために三輪祭祀権をにぎり、王領・王民を設定して、新たにミツギモノを収奪する体制を整える必要に迫られていた。ハツクニシラシシ天皇の業績として、記載のように男に弓端《ゆはず》（弓によって得た獣の皮など）の調《みつぎ》、女に手末《たなすえ》（織物や糸など）の調の貢進が生まれてくるゆえんである。

初期のヤマト王権は、まずいわゆる畿内ヤマトの内部に、のちに御県《みあがた》とよばれる王領を設定していく。古文献にしばしば出てくる倭《やまと》の六御県《むつのみあがた》がそれであり、磯城・十市・高市・葛城・山辺・曾布《そふ》がふつう倭の六御県とよばれている。県というのは国造の国よりも早くヤマト王権によって設けられた直轄の行政的単位であって、その密度の最も高いのは畿内ヤマトである。ヤマトの六御県からは、『延喜式』の祈年祭の祝詞《のりと》にもみえるように、甘菜・辛菜などの貢納がなされており、酒・水なども貢上されたりしている。したがってこの御県の地域内にはもとはその地域の首長らの奉斎神であったものを改めて御県神としてまつり、御県神社とあがめるようになる。磯城御県についていえば、『延喜式』神名帳などにみえる志貴（磯城）御県にいます神社のある地域がそれである。

御県は『延喜式』巻八に収める祈年祭の六御県の祝詞が明記するように、甘菜・辛菜などの貢献地であり、王領としての性格をになうようになると、その地域の首長らは県主（県の長）に任じられ、県の農民らはしだいに王民化していく。『万葉集』の冒頭にみえる雄略天皇の歌とされる有名な、

籠《こ》もよ　み籠持ち　掘串《ふぐし》もよ　み掘串もち　この岳に　菜摘ます児　家聞かな　告らさね　そらみつ　山跡の国は　おしなべて　われこそ居れ　しきなべて　われこそ座《ま》せ　われにこそは　名告らめ　家をも名をも（竹籠も良い竹籠を持ち、菜を掘り採るヘラも良いヘラを持ち、この岡で菜を摘んでいる娘さんよ。お前の家を聞きたい、名のっておくれ、この大和はことごとく私が統治している国だ。すみずみまで私が治めている国だ。私こそ家も名も告げましょう）

（巻第一、一）

の歌も、たんなる新春の春菜つみにおける妻問い歌ではなく、その菜をつむ乙女は、おそらく御県より貢上する菜を「み籠」や「み掘串」でもってつんでいる御県の娘たちであったと思われる。その歌謡の場は、御県の世界であったと考えられる。

このように検討してくると、いわゆる闕史時代（歴史が実在しない時代）とよばれる綏靖天皇―開化天皇の時期の『古事記』や『日本書紀』の王室系譜に、后妃としてヤマトの県主の祖とするものが圧倒的に多い事情もだんだんに理解されてくる。もとよりその王室系譜には、のちに造作されたところがあり、そのすべてを信頼することはできないが、なぜその系譜において、后妃の出身がヤマトの県主家の祖に求められるのか。磯城（『紀』。『記』では師木）県主の祖と明記する后妃は八代の中で、七例（『記』は三例）もあり、ついで十市県主の祖二例（『記』は一例）、春日県主の祖二例（『記』は一例）となっている（なおほかに『紀』には丹波大県主一例）。このような系譜のいわれはいったいどこにあるのか。

とくに三輪王権の本拠であった磯城県主家の祖先とする者が多いことに注目される。これは、磯城地方の首長らを服属させて、三輪祭祀権を掌握し、その地に磯城御県を設け、御県神社をまつって王領化していった事情をめぐる歴史意識がこのような系譜をささえる精神であったと思われる。磯城・十市など周辺の県主家の系譜がもりこまれているのも、王権の拡充とあながち無縁ではあるまい。

第二章　七支刀と広開土王陵碑

鎮魂の社

四世紀の倭国と朝鮮半島との関係を考えるさいに、だれもが検討しなければならない金属器や石材などに文字をしるした金石文が二つある。そのひとつが奈良県天理市布留《ふる》町に鎮座する石上《いそのかみ》神宮に伝わる七支刀《ななさやのたち》であり、いまひとつは、中国吉林省集安に立つ高句麗の広開土王（好太王）陵碑である。

　まず石上神宮とはいかなる社かをかえりみることにしよう。

　この石上神宮はあまたの神社のなかでも、もっとも注目すべき古社のなかの古社である。現在の本殿は、明治四十四年（一九一一）に起工されて大正二年に竣工したものであり、石上神宮所蔵の江戸時代の絵図にも、本殿は描かれずに「石上御本地」とある。この「御本地」がいわゆる禁足地であって、いまもその禁足地は布留社などと刻された瑞垣で囲まれている。その瑞垣は、柿本人麻呂が乙女を思慕して〝未通女《おとめ》らが　袖振山の　水垣《みずがき》の　久しき時ゆ　思ひきわれは〟（『万葉集』巻第四、五〇一）と詠んだ水垣（瑞垣）のたたずまいを偲ぶよすがでもある。『延喜式』では石上布留（布都）御魂神社として記載されているが、『日本書紀』では「石上振《ふる》

天理市布留町・石上神宮の瑞垣で囲まれた「禁足地」（写真提供：石上神宮）

神宮」（履中天皇即位前紀）とあり、また「石上振之神榲《かみすぎ》」（顕宗天皇即位前紀）などとしるされている。天平二年（七三〇）の「大倭国正税帳」にみえる石上神宮への税が社の収入となる神戸《かんべ》は「振神戸」であり、『万葉集』にしばしば登場する布留の地名も振山・振川・振神杉など、すべて「振」が用いられている。なぜ布留に「振」があてられているのか。そこには石上の布留がミタマフリの鎮魂の聖域であったことにもとづくいわれが背景となっている。

後に石上神宮は石上神社（たとえば『日本後紀』）・石上布留（都）神社（たとえば『延喜式』）などともしるされるようになったが、『古事記』が「石上神宮」、『日本書紀』が「石上神宮」・「振神宮」とのべるように、古くから「神宮」と記述するもっとも代表的な社であった。「神宮」の語は前漢の末頃に作られた禍福・吉凶などの予言をしるした緯書《いしょ》の『河図括地象《かずかっちしょう》』や五経のひとつである『詩経』の閟宮《ひきゅう》の詩の鄭玄の注などにもみえているが、朝鮮半島でもかなり早くから用いられていた。『三国史記』の新羅本紀、炤知麻立《しょうちまりつ》干《かん》九年（四八七）二月の条には「神宮を奈乙《ないつ》（慶州の蘿井）に置く」、同、智証《ちしょう》麻立干十三年（五〇二）三月の条には「親しく神宮を祀る」、また『同』祭祀志に智証王が「奈乙に神宮を創立」などとみえるのが参考になる。

『記』・『紀』に神宮と特筆された石上の聖域は、ミタマフリとしての鎮魂の伝統を長く保有してきた。したがって、現在も毎年十一月には古式ゆかしい鎮魂祭が厳粛に執り行なわれて、いまにそのいぶきを伝えるのである。

前にも指摘したように「鎮魂」の古訓（古いよみ）には、（1）オホムタマフリ・ミタマフリと、（2）オホムタマシヅメ・ミタマシヅメとのふた通りがあった。一般的に鎮魂とはタマシヅメの義に解釈されているが、物部氏系の鎮魂は、（1）のミタマフリの流れを中心とした。もっともタマシヅメとしての鎮魂も古代にははっきりと存在した。たとえば天長一〇年（八三三）に完成した「養老令」の注釈書である『令義解《りょうのぎげ》』は鎮魂を「離遊の運魂を招《お》ぎ、身体の中府に鎮む」と注釈し、貞観年間（八五九―八七七）にできた「大宝令」や「養老令」の私的解釈書である『令集解《りょうのしゅうげ》』がやはり同様の解釈をしている例などがそれである。だが他方では、鎮魂について、「是はたましひを振をこす、ゆらゆらゆらゆらとをこすなりとかたりきかせしなり」（『梁塵秘抄口伝集』）とするミタマフリとしての鎮魂の伝統もあった。

鎮魂にかんする古例として注目されるのが、『日本書紀』の天武天皇十四年（六八五）十一月丙寅（二十四日）の条の法蔵法師と金鐘が、白朮《おけら》（仙薬を煎《に》たもの）を献り「是の日、天皇の為に招魂しき」である。この「招魂」を『書紀』の古訓は、「ミタマフリ」とよんでいる。

この天武天皇のための「招魂」と関連して、法蔵と金鐘が「白朮の煎たる」を献じているのが注目される。この法蔵が百済からの渡来僧であり、持統朝の陰陽博士であったことは、天武天皇十四年十月の条に、「百済の僧法蔵・優婆塞《うばそく》（在俗の信者）益田直《ますだのあたい》金鐘を美濃に遣して白朮を煎しむ」とあり、さらに持統天皇六年（六九二）二月の条に、「陰陽博士沙門法蔵」とあるのにもたしかめられる。そして金鐘が優婆塞であったことも前述の史料で明らかである。「白朮」はキク科の多年生草本で、道教仙薬の可能性がある。宮廷における鎮魂の確実な初見例が天武朝であり、その「招魂」がミタマフリとよまれ、さらに道教的信仰ともかかわりをもったと考えられることはみのがせない。

『先代旧事本紀』に書かれた瑞宝十種

ミタマフリとしての鎮魂の秘儀と呪法を長く持ちつづけたのが石上神宮であった。『年中行事秘抄』の鎮魂歌に、〝あちめ（一度）おおお（三度呪言を唱えて）石上布留の社の太刀もがと願ふその子にその奉る〟〝あちめ（一度）おおお（三度）魂函《たまばこ》に木綿《ゆう》取りしでてたまちとらせよ御《み》魂《たま》上り魂上ましし神は今ぞ来ませる〟と石上布留（振）の社とその鎮魂がよみこまれているのも偶然ではない。

毎年おごそかに執り行なわれる石上神宮の鎮魂祭で、とりわけ重視すべきは、柳筥《やなぎばこ》および鈴のついた榊（鈴榊）を用いての秘儀である。柳筥には三つの土器が納められ、右の土器には洗米および玉緒《たまのお》、中央の土器には十代物袋《としろものぶくろ》、左の土器には切麻《きりぬさ》が入っている。鈴榊は長さ三ないし四尺（約一メートル）ぐらいであり、鈴四個が赤色絹糸で各枝にむすびつけられている。「招魂」神事の中心は、十代物袋・玉緒と呪詞（まじないの言葉）の奏上をめぐってである。

宮司はまず十代物袋を鈴榊にむすびつけ、これを右手に捧げ、玉緒の土器を左手に捧げて「神《しん》勅《ちょく》の事由《じゆ》」を黙禱する。そして鈴榊を禰宜に渡す。宮司「布留の言《こと》の本《もと》」を唱えて玉緒を結ぶこと一回、禰宜「和歌の本」を唱え、鈴榊を右より左へ振り動かす。次に「和歌の末」を唱えて左より右へ振りつつ返す。宮司・禰宜交互に繰り返すこと一〇回。その後に宮司が、十代物袋と玉緒と洗米とを奉書に包んで神殿内に奉納する。

十代物袋というのは、大きな奉書を縦二つ折にしたものを四角形に切り、さらにこれを五角形にして両面を貼り合せ、なかに十種の神宝の図形紙を納め、上方に穴をうがってこよりを通したものである。その表には「振御玉神」としるされている。十代物袋の表に「振御玉神」と書かれているのが注意される。

宮司が黙禱する「神勅の事由」とは、「瀛都鏡《おきつかがみ》・辺都《へつ》鏡・八握剣・生玉《いくたま》・足玉《たるたま》・死反玉《まかるがえしたま》・道反《みちがえし》玉《たま》・蛇比礼《へびのひれ》（比礼は呪布）・蜂比礼・品物《くさぐさのもの》比礼、天神の御祖の教え詔し曰く、若し痛む処あらば、この十種をして一二三四五六七八九十と謂ひて、布留部由良由良止乎布留部《ふるべゆらゆらとおふるへ》、かくのごとくこれをすれば死人は返りて生きむ」とするものである。宮司の唱える「布留の言の本」とは、「一二三四五六七八九十ハラヒタマヘキヨメタマヘ」の呪詞であり、禰宜の唱える「和歌の本」

とは、「フルヘユラト」、「和歌の末」とは、「ユラトヲフルヘ」と唱える呪詞である。

　この十代物袋・「神勅の事由」・「布留の言の本」・「和歌の本・末」などは、『先代旧事本紀』に記載する瑞宝十種の伝承と深いつながりをもっている。たとえば、それらが『先代旧事本紀』の巻第三天神本紀に、物部氏の始祖とする饒速日尊《にぎはやひのみこと》に、天神の御祖が天璽の瑞宝十種を授けたことをのべるくだりと対応することをみても明らかである。

『先代旧事本紀』にいうところの天璽《あまつしるし》の瑞宝十種とは、「瀛都鏡一、辺都鏡一、八握剣一、生玉一、死反玉一、足玉一、道反玉一、蛇比礼一、蜂比礼一、品物比礼一」であり、石上神宮鎮魂祭の十種の神宝と同じであった。宮司の黙禱する「神勅の事由」もまた『先代旧事本紀』に伝える「布留の言の本」とほとんどかわりはない。石上の「神勅の事由」で「令二此十種一」とするのを、『先代旧事本紀』は「令二茲十宝一」とし、「布留部由良由良止乎（お）」（「神勅の事由」）を「布瑠部由良由良止」（『先代旧事本紀』）とする違いがあるだけである。そして『先代旧事本紀』はこの呪詞を、「是則ち所謂布瑠の言の本なり」とのべるのである。石上の鎮魂祭における「布留の言の本」や「和歌の本・末」もまた『先代旧事本紀』の伝承と深いかかわりをもつ。

　ここで改めて問題になるのは、『先代旧事本紀』の伝承がいつごろまでさかのぼりうるのかという点についてである。『先代旧事本紀』は、江戸時代から偽書とみなされてきた。その序にのべるような聖徳太子と蘇我馬子らが「勅」をうけて著した書ではなかったが、しかしたんなる偽書ではない。この書の成立の上限は大同二年（八〇七）に斎部広成《いんべのひろなり》がまとめた『古語拾遺』以後であり、下限は藤原春海が『日本紀』（『日本書紀』）の講書を行なった延喜四年（九〇四）から延喜六年のころまでに成書化した貴重な古典であった。すなわち『先代旧事本紀』の本文には、『古語拾遺』の文にもとづいたところがあり、また延喜講書のおりに藤原春海が『先代旧事本紀』に言及しているからである。

『先代旧事本紀』のなりたちは、九世紀はじめから十世紀はじめの間であったが、物部氏系の人物によって編纂されたと想定される『先代旧事本紀』の瑞宝十種の伝承は、同、巻第七天皇本紀にもみえている。天璽の瑞宝十種にかんする所伝は、前掲の巻第三天神本紀の文とほぼ同様である（ただし「天神御祖教詔曰」を「天神教導」とし、足玉一、死反玉一の順序が異なって、「是則所謂」を「即是」とするなど若干の差異がある）。『先代旧事本紀』がとくに瑞宝十種を重視し、巻第七天皇本紀で、「所謂《いわゆる》御鎮魂祭是その縁なり、その（宮廷の）鎮魂祭の日は、猨女君《さるめのきみ》ら百《もも》（多く）の歌女を率ゐて、その言の本を挙げて神楽歌儛《かぶ》す、尤《もっと》もその縁……」と宮廷鎮魂祭とのつながりを強調しているのも軽視できない。

もとよりその所伝と石上神宮との脈絡も、はっきりとのべられている。『先代旧事本紀』巻第五天孫本紀に、「天祖、饒速日尊天より天璽瑞宝を受け来り、同じく共に蔵《おさ》め斎《いわい》て、号《なづ》けて石上大神と曰《い》ひ、以て国家の為亦《また》氏神となし崇め祠《まつ》りて鎮《しずめ》となす」と記述する例などがそれである。石上の祭祀と神宝の由来を特筆していることはいうまでもない。

そして加うるに瑞宝十種の伝承を、宮廷鎮魂祭の由来とも関連づけて主張するのである。宮廷で執行されるの猨女氏系の鎮魂に対する物部氏系の鎮魂の方がより優位とする伝承ともなっている。それなら実際に宮廷の鎮魂祭に瑞宝十種とその鎮魂呪法が採り入れられていたのか。そのことが改めて問題となる。そこで浮かび上がってくるのが、『令集解』の職員令・神祇官鎮魂の条にしるす細注である。そこには「古事、穴（説）云」として、「饒速日命、天より降る時、天神瑞宝十種を授く」と述べ、さらに「息津鏡一、部津鏡一、八握剣一、生玉一、足玉一、死反玉一、道反玉一、蛇比礼一、蜂比礼一、品之物比礼一」をあげて、「教え導き、もし痛む処あらば、この十宝を合せて、一二三四五六七八九十と云ひて、布瑠部由良由良止布瑠部、かくのごとくこれをすれば（そのとおりに呪言を唱えれば）死人反《かえ》り生きぬ」と記載されている。

この細注の部分は『先代旧事本紀』の巻第七天皇本紀の文と共通する（もっとも用字には差異があって、饒速日尊を饒速日命、瀛《おきつ》都鏡を息津鏡、辺《へつ》都鏡を部津鏡、「天神の教導」を「教導」のみとし、「令茲十宝」を「合茲十宝」、「回一二三四五六七八九十而」を「一二三四五六七八九十云而」、「死人返生」を「死人反生」と書く）。『令集解』のこの細注を原注とすれば、少なくとも二つのことが指摘できる。一つは、『先代旧事本紀』の文と『令集解』の細注文とがほぼ同じであるから、『先代旧事本紀』成立の下限は延喜四―六年（九〇四―九〇六）よりもさかのぼる、『令集解』が編纂された貞観年間（八五九―八七七）以前とみなしうることである。他の一つは、宮廷の鎮魂祭にも物部氏系の鎮魂呪法が貞観年間以前に採り入れられていたことを傍証する。

実際に石上神宮に伝承される物部氏系の鎮魂呪法が、宮廷の鎮魂祭に所伝されていたことは、平安時代の法制書である『政事要略』巻二六の中寅《なかのとら》鎮魂祭の条に、「集解に云はく」として前記の文を引用しているのにも明らかであろう（ただし『政事要略』では「合茲十宝」を「令茲十宝」とする。『令集解』の「合」は「令」の誤写と考えられる）。

石上神宮の鎮魂呪法が、石上だけのものではなく、宮廷の鎮魂祭にもおよんだことを詳述してきたが、その瑞宝十種の伝承もさらに検討する必要がある。

物部氏がその始祖とするニギハヤヒノミコト（『古事記』では邇芸速日命、『日本書紀』では饒速日命と書く）の「瑞宝」を『古事記』は「天津瑞」（具体的内容は欠く）、『日本書紀』は「天表」（天羽羽矢一隻・歩靫《かちゆぎ》）とする。『先代旧事本紀』などの瑞宝十種は、鏡二、剣一、玉四、比礼三であって、『記』と・『紀』とではその内容が同じではない。『先代旧事本紀』の瑞宝十種と類似するのは、『記』・『紀』に収録する新羅の王子と伝える天之日矛《あめのひぼこ》（天日槍）の「将来物（持参した物）」であり、『記』では、玉津宝（珠二貫）、浪振る比礼《ひれ》（呪布）、浪切る比礼、風振る比礼、風切る比礼、奥津鏡、辺津鏡とする。『紀』の本文では、羽太《はふと》の玉、足高《あしたか》の玉、鵜鹿鹿《うかか》の赤石玉、出石《いずし》の小刀、出石の桙《ほこ》、日鏡、熊の神籬《ひもろぎ》の七種、『紀』の別伝（「一云」）では、葉細《はぼそ》の珠、足高の珠、鵜鹿鹿の赤石珠、出石の刀子、出石の槍、日鏡、熊の神籬、胆狭浅大刀《いささのたち》の八物とする。『日本書紀』の垂仁天皇八十八年七月の条には、天日槍の曾孫とする清彦《きよひこ》が「神宝」を献じ、隠匿していた出石の小刀も「皆、神府《ほくら》に蔵む」とある。この「神府」が石上神宮の「神府」であったとみなしうるのは、『釈日本紀』に、「垂仁天皇八十八年秋七月己酉朔戊午、詔して新羅王子天日槍来り献ずる所の神宝を覧《み》、石上神宮に蔵《おさ》めせしむ」とするとおりである。天之日矛の「将来物」もまた石上の「神府」と深く関連する。

しかし天之日矛の「将来物」と『先代旧事本紀』などに伝える瑞宝十種が、まったく同じかというとそうではない（比較的に近似するのは『古事記』の伝承だが、そのなかみには差異がある）。天之日矛の「将来物」の伝承が石上の瑞宝十種に作用していることは否定できないが、そこには物部氏系鎮魂呪法の独自の発展があったことをみのがせない。

石上の神府

石上神宮には注目すべき「神府（神の庫、兵庫のこと）」が古くから存在していた。まず神府にかんする伝承を史料にそくしてみておこう。『古事記』の神武天皇の条には、神倭伊波礼毘古命（神武天皇）が「紀の国の男《お》の水門《みなと》」から熊野に到ったおり、大熊にであい、神武天皇がにわかに病み疲れ、その軍も伏したとする伝えをのせる。この時、熊野の豪族高倉下《たかくらじ》がひとふりの「横刀《たち》」を献じ、神武天皇は眠りからさめ、その「横刀」によって熊野の山の荒ぶる神を「ひとりで」に斬り倒し、神武天皇の軍勢もことごとく眠りからさめたとのべる。そしてこの神秘の「横刀」は建御雷神《たけみかずち》が葦原中国の平定に用いた「横刀」であり、熊野の首長の高倉下の夢の教にもとづいて献じられたものと物語られている。これに類する説話は、『日本書紀』の神武天皇即位前紀にもみえるが、『古事記』の文で注意されるのは、分注に、「此の刀の名は佐士布都神《さしふつのかみ》と云ひ、亦の名は甕布都神《みかふつのかみ》と云ひ、亦の名は布都御魂《ふつのみたま》と云ふ、此の刀は石上神宮に坐《ま》す」と特記することである。高倉下が献じたというその「横刀」は、神刀として石上神宮に納められていたとする伝承である。

また『日本書紀』の垂仁天皇三十九年十月の条には、垂仁天皇の子で五十瓊敷命《いにしき》が和泉の茅渟《ちぬ》の菟《う》砥川上宮《とのかわかみのみや》で剣一千を作り、石上神宮に蔵《おさ》めたとする伝承を載せる。そして五十瓊敷命が石上神宮の神宝を主管したとのべる。これには別伝（「一云」）があって、五十瓊敷命はまず一千口の大刀を大和の忍坂邑《おしさかのむら》へ蔵め、後さらに忍坂から石上神宮へ蔵むとする。この別伝で注目されるのは、和泉（もとの河内国に含まれる）から大和の忍坂、そして石上神宮へとの推移をたどることなどのほかに、「今の物部首《もののべのおびと》が始祖」とする市河《いちかわ》が、石上の神宝を管掌したとする点である（物部氏と石上神宮とのつながりについては後述参照）。

高倉下の神刀といい、五十瓊敷命の刀剣一千口といい、刀剣類が石上の神宝となっている。だが石上の神宝は刀剣類のみではなかった。『日本書紀』の垂仁天皇八十七年二月の条には、丹波の桑田の甕襲《みかそ》が狢《むじな》の腹からとりだしたという八尺瓊《やさかに》の勾玉も石上神宮に奉献されたという伝承もある。また前述した天之日矛の「将来物」も、『日本書紀』の垂仁天皇八十八年七月の条によれば、石上の「神府」に蔵められたとある。石上の神府（神庫）の神宝が刀剣類に限られなかったことがわかる。

神府のありようを推測せしめる伝えが、『日本書紀』の垂仁天皇八十七年二月の条にのっている。それはつぎのような興味深い説話である。石上の神宝の管掌をめぐって、五十瓊敷命が妹の大中姫《おおなかつひめ》に、「我は老ひたり、神宝を掌ることあたはず、今より以後は必ず汝《いまし》つかさどれ」と語ったところが、大中姫は、「吾はたをやめなり（私はかよわい女性である）、何ぞ能《よ》く天神庫《あめのほくら》に登らむ」と答えたという。そこで五十瓊敷命は、「神庫高しと雖も、我能く神庫の為に梯《はしご》を立てむ、あに庫に登るに煩《わずら》はむや」とつげるのである。石上の神域には、「天神庫」とよばれる神庫があり、それはかなりの高さの「保玖羅《ほくら》（神府）」であったことがうかがわれる。大中姫は、石上神宝の管理を物部氏の代表として物部十千根《もののべのとおちね》にゆだねたので、「故、物部連ら、今に至るまで石上神宝を治むるは、是その縁なり」という物部氏による神宝管理の由来譚ともなっている（後述参照）。

『日本書紀』の天武天皇三年（六七四）八月三日の条には、天武天皇の子である忍壁皇子を石上神宮に派遣して、「膏油」をもって神宝を瑩《みが》かしめたことをしるす。『令集解』が「膏油」を「肉脂を膏となす、自余を油となす」とするように、膏油で刀剣類やその他の神宝類をみがかしめたのであろう。そして同日に勅して、「元来、諸家の神府に貯《た》める宝物、今皆その子孫に還せ」との命令がだされた。この勅は石上の神府の歴史でみのがせない。これは諸家に石上神府の神宝を分与したのであろう。私もかつては諸家から収めさせた武器類を諸家に返還させたとよんだことがあるけれども、武器類を返還せしめた勅ではない。あくまでも「諸家の神府に貯める宝物」であって、石上の神府はむしろこの勅によって兵庫の性格を強めたとみなすべきであろう。私蔵武器の収公を命じ、「政の要は軍事なり」とした、天武天皇の治政においては、石上神府に貯める武器類を諸家に返還せしめたとみるのは政策上矛盾するばかりでなく、その後石上の神府は、いっそう兵庫のおもむきを濃厚にしているからである。

その点で参考になるのが『日本後紀』のつぎの伝えである。延暦二十四年（八〇五）二月、石上の兵仗を平安京へ運ぶのに、延べ人員「十五万七千余人」を必要としたとのべる。そのおりの勅で、「この神宮、他社と異なる所以はいかに」と問われたのにたいして、ある臣が、「兵仗多く収む故なり」と答えたと記述するのも、石上神府が兵庫化していた状況を物語る。こうして石上の兵仗は山城の葛野郡に運ばれたけれども、理由なく庫が倒れ、時の天皇であった桓武天皇は病に臥すという事態が発生した。そこで巫女の託宣によって、ふたたび兵仗は石上神宮へもどされ、石上神宮の神霊に陳謝の詔がたてまつられた。

『延喜式』（巻第三）には石上神宮（社）に伴（大伴）・佐伯の二殿があり、その鑰《かぎ》は「庫に納めてたやすく開くを得ざれ」と規定されている。伴・佐伯の両殿と称された建物の存在も、兵庫としてのありようとの関連を意味づける。

石上の聖域には古代のアジール（asylum）的性格もあった。犯罪人が逃げこんで保護をうけるアジールには、世俗的なものと宗教的なものとがあったが、鎮魂の社にふさわしく石上には宗教的アジールのたたずまいが濃厚であった。『古事記』の履中天皇の条には、伊邪本和気命（履中天皇）が難波宮にいた時、墨江（住吉）中《なかつ》（仲）王《みこ》が謀反を計ったが失敗して、難波から河内飛鳥を通って、石上神宮へと逃げのびる説話を収録する。この説話は『日本書紀』の履中天皇即位前紀にもあって、去来穂別（伊邪本和気）皇子は河内の飛鳥山から石上振神宮に到る。

『日本書紀』の雄略天皇三年四月の条には、阿《あ》閉《べの》臣《おみ》国見《くにみ》の言葉を信じて、わが子を殺した盧城《いおき》部《べの》連《むらじ》枳莒《きこ》喩《ゆ》が、それがいつわりであったことを知って、国見を殺害しようとした説話を記載する。そこで国見が「石上神宮に逃げ匿れぬ」と明記する。古代において、聖なる社のなかにみだりに立ち入ることができないアジール的性格をになったもののあることは、たとえば天平神護元年（七六五）八月、和《わ》気王《けのみこ》が率河社《いざかわのやしろ》へ逃げこんだ例（『続日本紀』）なども、その存在を物語る。石上神宮にもやはりこうした宗教的アジールのおもむきがあった。

神宝管理伝承としての物部氏

古代の日本の歴史と文化に独自の位置を保有した石上神宮の祭祀や神宝の管理に密接なかかわりをもった氏族に物部氏がある。石上の鎮魂と物部氏が不可分の関係にあったことは前にのべたが、石上神宮と物部氏との脈絡は、『日本書紀』の垂仁天皇三十九年十月の条の別伝（「一云」）に、石上へ蔵められた剣一千と関連して、神が「春日臣の族、名は市河をして治めしめよ」と託宣したとし、また同垂仁天皇八十七年二月の条に、大中姫命が石上の神宝の管理を「物部十千根大連に授けて治めしむ」とする伝承などにもみいだされる。

もとよりこれらの年次を史実とみなすことはできぬ。そこに加上と潤色のあることは否定しがたい。しかし石上神宮と物部氏との関係が深かったが故の伝承となっていることにかわりはない。市河は「是、今の物部首が始祖なり」とする人物である。また大中姫命から物部十千根大連に「授けて治めしむ」の「故」に、「物部連ら、今に至るまで、石上の神宝を治むるは、是その縁なり」と書かれた「今」を反映する縁起譚であった。この「今」は、『日本書紀』編纂段階の「今」であろう。

前者の「今の物部首が始祖」とする物部首と、後者の「物部連ら、今に至るまで」の物部連とは別個の氏族とする考えもありうるが、いずれにしても両者が同族であったことは、つぎの姓《かばね》の首を連《むらじ》にした賜姓の状況からもたしかめることができよう。天武天皇十二年（六八三）の九月十三日、物部首は改姓されて物部連となる。そして本宗家の物部連は翌天武天皇十三年十一月一日に物部朝臣となっているからである。「今の物部首」、「物部連ら、今に至るまで」の「今」を考えるのに参照すべき改姓であり、こうした石上の神宝管理伝承の『日本書紀』筆録化の時期がみきわめられる。

物部朝臣は石上朝臣ともよばれた。物部氏がいかに天武朝以後も石上神宮と深いえにしをもっていたかは、こうした物部氏族のありようからも察知されよう。七世紀末から八世紀のはじめの政界において、藤原不比等《ふひと》（右大臣）とならんで政界の実力者となった石上朝臣麻呂《いそのかみあそんまろ》（左大臣）も、実は物部朝臣麻呂であった。『万葉集』には和銅元年（七〇八）の九月のころ、平城の地を視察した元明天皇「御製歌」とする左記の歌が所収されている。

ますらをの　鞆《とも》の音すなり　もののふの　大まへつ君　楯立つらしも（巻第一、七六）

（兵士たちの鞆〈弓を射る時の皮製の防具〉の音がする。もののふの臣たちが楯を立てているらしい）

この歌の〝もののふの大まへつ君〟の原文は「物部乃大臣」である。すなわち左大臣であった物部（石上）麻呂を指す。和銅三年（七一〇）の三月十日に実現した平城遷都を積極的に推進したのは当時大納言の藤原不比等であったが（『藤原不比等』）、左大臣物部麻呂は遷都の反対派で、藤原京の留守司とされた。平城遷都に積極的ではなかった麻呂は、物部の兵士を率いて示威行動にでたのではないか。

元明女帝の同母の姉である御名部皇女《みなべのひめみこ》が、

わが大王《おおきみ》　物な思ほし　皇神《すめがみ》の　つぎて賜へる　吾《われ》無けなくに（巻第一、七七）

御名部皇女は「わが大王物な思ほし（心配なさいますな）」と女帝を慰め、かつ「皇神《すめがみ》のつぎて賜へる吾無けなくに（先祖の神から後つぎのひとりである私がおりますから）」とはげますのである。「物思う」女帝の心のかげりが歌われている。このようなありようにも、物部氏が朝廷の軍事とりわけ兵庫とも深いかかわりをもっていたことは、たとえば和銅四年（七一一）の九月、兵庫を禁守した将軍のなかに石上（物部）朝臣豊庭がいるのをみてもわかる（『続日本紀』）。

物部の〝もの〟には〝もののふ〟の〝もの〟、つまり武器・兵器の義もあるが、あわせて〝もののけ〟〝ものぬし〟の〝もの〟、つまり精霊や鬼神の義もある。物部氏が軍事のみならず刑罰にも関与した史料もかなりあって、軍事・警察をつかさどることを本来の任務としたとみなす説も有力である。しかし祭祀や神宝の管理などにかんする物部氏関係の伝承も少なくない。『日本書紀』の崇神天皇七年八月の条には、物部連の先祖とする伊香色雄《いかがしこお》が「神班物者《かみのものあかつひと》（神に幣帛《みてぐら》を奉る人）」と占いで定められたとし、また同年十一月の条には、伊香色雄に命じて「物部の八十《やそ》平瓮《ひらか》（たくさんの土器の入れもの）を以て、祭神の物をなさしむ」と記述したり、あるいは垂仁天皇二十六年八月の条に、物部十千根を出雲へ派遣して出雲の神宝を検校させたとする伝承をのせるたぐいなどがそれである。石上神宮の祭祀や神宝と物部氏が密接なかかわりをもち、あわせて石上の聖域に刀剣をはじめとする神府、そして兵庫が設けられたのも、それなりのいわれがあってのことであった。
『新撰姓氏録』（大和国皇別）には、布留宿禰《ふるのすくね》の系譜があって、市川臣が仁徳天皇の代に倭（大和）に至り、布都努斯《ふつぬし》神社を石上御布瑠村の高庭の地にまつり、神主になったと記述する。この「市川臣」は、『日本書紀』垂仁天皇三十九年十月の条の「一云」にみえる「市河」と同一人物とみなすのが妥当であろう。『日本書紀』垂仁天皇三十九年十月の条にみえる「市河」をこの別伝（「一云」）は垂仁朝の人物として描いているのではなく、「然後」剣一千を忍坂から石上神宮に蔵めたおりの垂仁朝以後の人物としているからである。

七支刀の謎

石上神宮には貴重な神宝が数多く伝世されてきた。伝世品ばかりではない。石上神宮禁足地の発掘品・発見品なども数多くあって、その神宝の光華は、石上の神社史のみならず、古代史においても多彩であった。

　禁足地の調査は明治七年（一八七四）八月の場合が有名だが、その時の発掘遺物のみならず、禁足地の出土遺物は、明治十一年五月の正殿・幣殿の新築のさい、大正二年（一九一三）九月の本殿造営のおりのものも大切に保管されている。

　現伝の社宝は、（1）伝世品、（2）禁足地発見品、（3）奉納品、（4）境内発見品、（5）その他の宝物に、大別されているが、伝世品のなかには国宝の七支刀、重要文化財の鉄楯、色々威《いろいろおどし》腹巻などがあり、禁足地出土品には重要文化財の硬玉勾玉、碧玉勾玉、弧状管玉《くだたま》、金銅鐶などがある。色々威腹巻は室町時代のものであるが、他はいずれも古墳時代に属する。後に詳述する七支刀は、古代の日朝関係史を考察するうえでの不可欠の伝世品である。禁足地出土品の内容は、前記以外にも角形管玉、硬玉棗玉《なつめだま》、琴柱《ことじ》形石製品、金銅珠形、環頭大刀柄頭、銅鏃、銅鏡、鏡形銅製品、鉄剣、臼玉、平玉、管玉、丸玉など、多数の祭祀遺物を含む。

社宝については、石上神宮編の『石上神宮宝物誌』や『石上神宮宝物目録』のなかで具体的に

石上神宮の鉄楯「日ノ御楯」（写真提供：石上神宮）

紹介されているので、ここでは伝世品のなかでも特筆すべき七支刀をめぐって、あらたな検討をこころみておこう。七支刀を禁足地からの出土品と誤解しているむきもあるが、そうではない。鉄盾と同じく伝世品である。

七支刀があまりにも有名なので、『石上大明神縁起』に「日ノ御楯」と伝える鉄楯は、ともすれば軽視されがちだが、この鉄楯もすぐれた伝世品である。全長一四六センチメートル、幅七三センチメートルのこの鉄楯は逸品である(二つあって大きさは若干異なる)。特殊な鉄板の鋲留技法でつくられており、五世紀後半ごろの製作と推定されている。その文様は奈良県不退寺裏山古墳出土の楯の形の埴輪などとも共通する要素をもつことが指摘されている。

さて、問題は七支刀である。この呪刀は全長七四・八センチ、刀身およそ六五センチの鍛鉄両刃の刀であり、刀身の左右に三つずつの枝が互い違いに出ている。銘文にいう「七支刀」にふさわしい。七支刀は、社伝では「六叉刀」あるいは「六支鉾」・「六叉鉾《ろくしゃぼこ》」とも称されてきたが、下から約三分の一のところで折損しているのが惜しまれる。石上神宮の神庫はたびたび盗難にあい、たとえば永禄十一年(一五六八)、慶長十八年(一六一三)、嘉永三年(一八五〇)にも盗賊の侵入をうけている。

七支刀の折損部分について、明治七年に禁足地の発掘調査を行なった幕末・明治の歴史学者菅《かん》政友《まさとも》は、つぎのように書きとどめている。「この宮の日記に、永禄戊辰(一五六八年)十月十四日、尾張衆社内に乱れ入りて、宝庫のものをとりてその国に帰りしが、明年になりて残りなくかへしたる事見ゆ、この刀もその内の一なり、さればその時などにかかるわざなししにやあらん」

と。しかしこの推測よりも以前に、すでに腐蝕して折損していたという伝えもある。

七支刀が神事に奉持されたことは、大和国の寺社の記録である『和州寺社記』に、「四月卯日、十一月卯日の日御供を備へ祈禱あり、六月晦日八握《やつか》の御剣と（し）て袋に入たる御剣明神（を）御身躰（御神体）なるとて鳥居の外まで出し奉る」としるし、菅政友が「元禄七年に水戸の西山贈大納言、大串善（大串元《おおぐしもと》善《よし》）に仰せて（命じて）、この宮の事どもを尋ねし時の記に、御剣と云ひしは鉾《ほこ》なり、長さ壱間余にも見ゆ、その身は袋包て、祠官も当職の忌火ならでは見ることあたはず」などとのべる点について少しばかり言及しておきたい。

石上神宮の社宝「七支刀」（写真提供：石上神宮）

菅政友は「御剣と云ひしは鉾なり」とし、御剣すなわち七支刀とみなしたが、この呪刀は実際に石上神宮の祭儀にも用いられていた。六月晦日の神剣の渡御《とぎょ》に、六叉鉾（つまり七支刀）が柄の上につけられたことは、現存する七支刀と、七支刀を納めてさした六叉鉾のワク板によってもたしかめうる。「長さ壱間余にも見ゆ」とあるのも不思議ではない。銘文に「七支刀」とあり、また「此刀」とあって、この呪刀が刀とよばれていたことはまちがいないけれども、祭儀では鉾として用いられていた。「七支刀」といえばすぐに佩刀を連想しがちだが、この刀には目釘孔もなく、刀身に比して茎が短い。七支刀は僻邪《へきじゃ》の呪刀であり、僻邪の鉾でもあった。

七支刀の表と裏には、表三四字、裏二七字（計六一字）の金象嵌の銘文がある。削落の部分もあり、判読困難の箇所もあって、なお検討を要するが、そのおよそはつぎのようになろう。

（表）　泰和四年五月十六日丙午正陽造百練鉄七支刀出辟百兵宜供供侯王□□□□作

（裏）　先世以来未有此刀百慈王世子奇生聖音故為倭王旨造伝示後世

この銘文の釈読をめぐって、古代の日朝関係史を中心に、多年の論争がなされてきた。ここでは、近時の調査成果にそくしての私見を申し添えよう。

七支刀銘文の釈文・解釈については、種々の見解がある。そして（1）百済王の倭王への献上説、（2）百済王が倭王へ下賜したとする説、（3）百済王と倭王とは対等とみなす説、（4）七支刀偽造説などが提出されている。（1）のなかの『日本書紀』の神功皇后五十二年九月の条の百済の「久氐《くてい》らが千熊長彦《ちくまながひこ》に従ひて詣《もうけ》る、則ち七枝刀一口・七子鏡《ななつこ》一面及び種々の重宝を献《たてまつ》る」

の記事にもとづいて主張される献上説はまったくなりたたない。養老四年（七二〇）の五月に最終的完成をみた『日本書紀』によって、この七支刀銘文を解釈することじたいが、方法論としても誤りである。のみならず、『日本書紀』の朝鮮を「蕃国」視している史観にもとづく記載、さらに神功皇后五十二年九月の条が史料として信頼できるかが疑問である。銘文はまず銘文そのものにそくして解読しなければならない。

銘文には判読しがたい部分があって、さまざまに論議されているが、まず銘文冒頭の「泰和四年五月十六日」の年次について諸説がある。泰和の和は初ではないか、始ではないかとする説があり、十六日の六は一ではないかとする見方がある。かねがねその精密な科学的調査を要望してきたが、昭和五十六年（一九八一）の一月、NHKと奈良国立文化財研究所によって、拡大顕微鏡・X線を使っての写真撮影が実施された。その結果、泰のつぎの文字には禾篇があって泰和でよく、十のつぎの文字は六であることが判明した。裏の銘文中の聖音については、聖晋とする説もだされており、これを重視しての意見も発表されてきたが、やはり聖のつぎの字は音が正しいことも明らかとなった。

泰和四年とすれば、その泰和という年号は東晋の太（泰）和四年（三六九）か、北魏の太（泰）和四年（四八〇）か、あるいは百済の年号かが問題となるが、X線で判明したとおり東晋の泰和四年とみなす説が正当であろう。献上か、下賜か、はたまた対等か、この点についても諸説のわかれるところである。そこで改めて問題となるのが、裏の銘文中の「百慈王世子」のくだりである。百慈の慈については済とする説が有力であり、この部分はやはり済の異体字とみてあやまりはない。世子の子については、なお吟味すべきだが、X線写真および拡大顕微鏡写真では、子と読みうる字画らしきものがある。いまもしこれを「百済王世子」とするのが正しいとすれば、従来の諸説は改めて検討すべき余地を残す。というのも、(1)世子には言及せずただ百済王とする説、(2)「百済王と世子」と解釈する説が多いからである。しかしその両説はともに成立しがたい。なぜなら(1)の説では故意か偶然か、世子にはふれず、(2)の説の「百済王と世子」の読みは明白に誤りと考えられるからである。百済では太子を「世子」と表現した例はないとされる見解もあるが、そうではない。たとえば『晋書』の太元十一年(三八六)の条に、「百済王世子(代つぎの子)余暉《よき》使持節都督鎮東将軍」とある例などは、百済の「世子」の例である。また「世子」は中国の冊封国における表現とする考えもあるが、高句麗好太王(広開土王)陵碑の碑文、その第一段(第一面四行目)の「世子儒留王」の世子は、冊封国における世子の用例ではない。

倭国についても世子が使われた例がある。『宋書』夷蛮伝倭国の条の大明六年(四六二)にみえる「倭国王世子興」の場合がそれである。そして「百済王世子」を「百済王と世子」と解釈するのが不当であることは、前掲の『晋書』の書法からも判明する。「百済王世子余暉」は百済王の世子である余暉のことであって、百済王と世子の余暉ではありえない。「百済王の世子である」余暉についての「使持節都督鎮東将軍」を意味する。

七支刀が百済での作刀である以上、この銘文の解読は、倭国の側からではなく、まず百済の側から進めなければならない。泰和四年(三六九)のころの百済王は近肖古王であり、その世子(太子)は後の近仇首王である。一一四五年に高麗の金富軾《きんふしょく》がまとめた『三国史記』や十三世紀後半に高麗の一然《いちねん》が編集した『三国遺事』によってもわかるように、当時の百済は隆盛期にあり、百済王が倭王に服属するあかしとして七支刀を献上する情勢ではなかった。三六九年には百済の太子は兵を率いて礼成江右岸地域（黄海北道東部のあたり）を占領し、三七一年には百済王と太子は兵三万を率いて平壌城を攻め、ついに高句麗の故国原王は戦死する。当時の百済の支配者層が、倭王に朝貢したり、服属を誓約したりする状況はみあたらない。そしてこの七支刀を倭王へ贈与する主体は、百済王でもなければ、百済王と世子でもなかった。贈与する主体が、百済王の世子であったことを、四世紀後半の日朝関係史

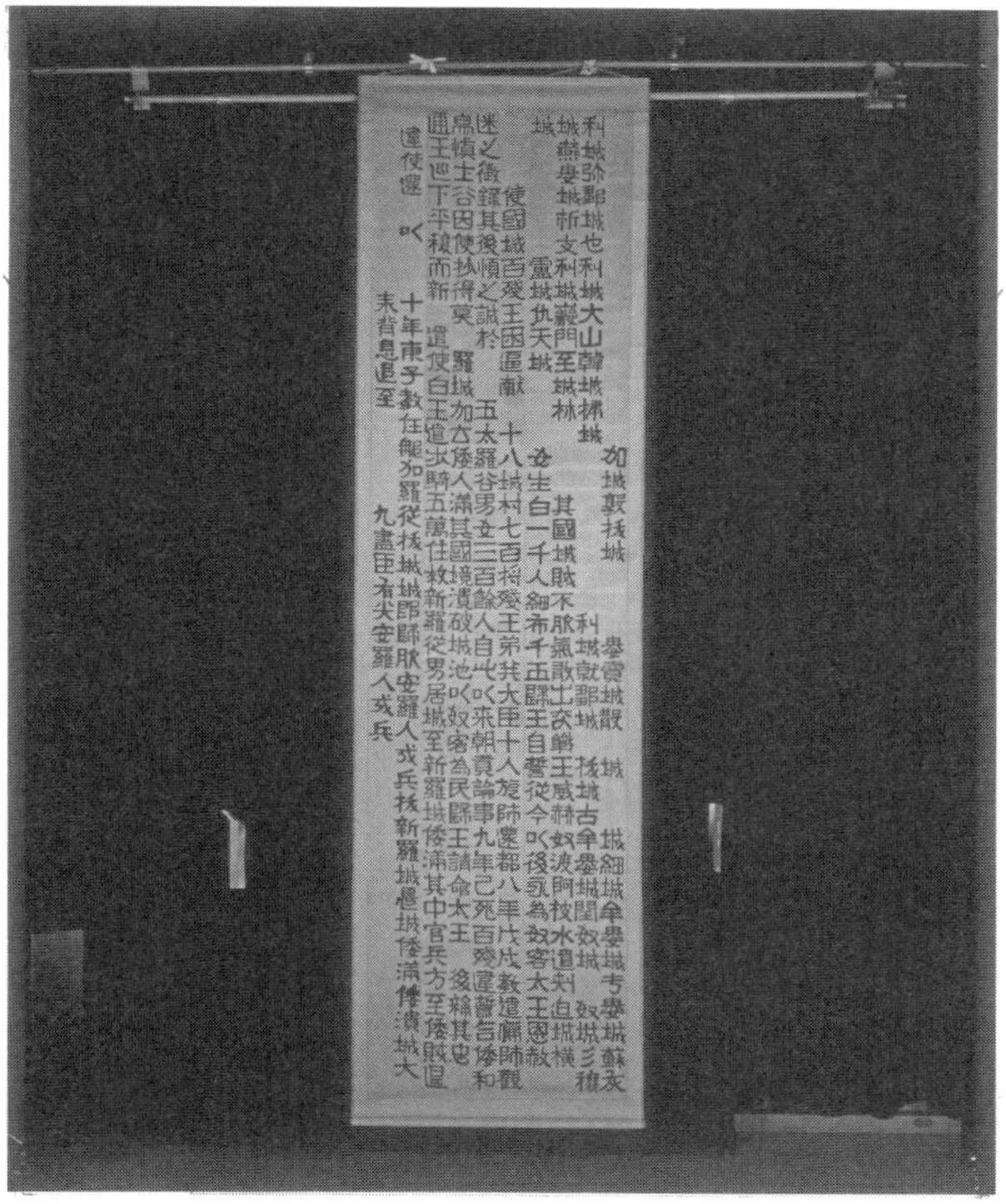
高句麗広開土王（好太王）陵碑の拓本（東京国立博物館所蔵　Image: TNM Image Archives）

のなかに位置づけて考えなければなるまい。石上神宮に長く伝世されてきたこの七支刀は、倭国における謎の四世紀の実像に迫るきわめて貴重な神宝である。

禁足地に代表される山の辺の道の重要な祭祀遺跡。鎮魂の神宮であり古代の有力氏族物部の軍事と祭祀の役割を端的に象徴する石上の聖域。それらには古社のなかの古社、石上神宮の歴史と文化が内実化している。たびたびの盗難などに見舞われながらも、あまたの神宝が保持されてきた神秘の石上の杜と天高くそそり立つ神杉、そしておごそかでさわやかな神域にたたずむたびに、古代のいぶきがわが胸にこだまする。

広開土王陵碑の解釈

四世紀末から五世紀のはじめにかけての日朝関係を考察するうえで、不可欠の資料とされてきたものに、高句麗広開土王（好太王）陵碑がある。碑は鴨緑江中流北岸に位置する吉林省集安（輯安）に立つ。角礫凝灰岩の梯形四角柱で、高さは六・三四メートル、各面の幅は基底の部分で、第一面が一・五三メートル、第二面が一・五メートル、第三面が一・九メートル、第四面が一・四三メートルという。

総計一八〇〇字あまりで、三段の文の構成をしめす。第一段は、序の部分で、始祖の出自と建国の由来をのべ、広開土王の勲功をたたえて、山陵をつくり碑を立てた事情を物語る。第二段は広開土王の業績を編年的にしるした部分であり、第三段は守墓人の烟戸および広開土王が守墓人の制を定めた事情をしるしている。

従来の日朝関係論で、もっとも重視されてきたのは、第二段の「百残新羅は旧是属民、由来朝貢す。而るに倭辛卯の年を以つて来り海を渡り、百残□□□羅を破りて、以つて臣民と為す」にはじまる箇所である。辛卯の年（三九一）に「大和朝廷」による「朝鮮出兵」が行なわれた例証とされ、「大和朝廷」の勢力の伸張を示すものとして利用されてきた。

ところが、この碑文のよみかたをめぐって、一九五五年以来、大韓民国や朝鮮民主主義人民共和国の研究者によって、これまでの日本の研究者の解釈が、はたして妥当なものであるかどうかが論議されてきた。

たとえば、この碑文をもととして「任那日本府」の存在を主張することはできないとする金錫亭《しゃっきょう》氏は、一九六三年（「三韓三国の日本列島内分国について」、『歴史科学』第一号）に「この文章によって、一時的にもせよ、新羅と百済の王が倭王の『臣民』となったことが論証されるとしても、それが任那に『日本府』をおいて二世紀以上も南朝鮮を『経営』したことにならないのである」と指摘し、一九六六年には朴時亨氏が『広開土王陵碑』をあらわして、百残以下の□□□の欠字は「招倭侵」か「聯侵新」かを補うべきであり、「渡海」の主語は、高句麗であり、「破」の目的語は倭とみなして、つぎのような解釈をこころみた（井上秀雄・永島暉臣慎抄訳による）。

百済と新羅はわが高句麗の久しい属民として、以前より朝貢をささげてきたものである。倭が辛卯年に侵入してきたために、わが高句麗は海をこえて彼らを撃破した。ところで百済は

（倭をひきいれ）新羅を侵略し、それを属民とした

高句麗が海を渡って倭を破るとする解釈は、一九五五年の鄭寅普《ていいんふ》氏の「広開土境平安好太王陵碑文釈略」（『白楽濬博士還甲記念国学論叢』）にもみられるが、金錫亨氏は一九六六年の『初期朝日関係研究』において（朝鮮史研究会訳による）、碑文の倭は「北九州の百済系の倭で、故国のために動員されたものであろう」とし、「高句麗は水軍で海を越えて渡り、その倭軍の故国であり、自らを脅かす主たる対象の百済を撃破した」とみなした。それらは『三国史記』の所伝などを傍証とし、また碑文が「広開土王の『聖徳』をほこる目的で書かれた」ことなどを重視した解釈であって、碑文や『三国史記』列伝にみえる朴提上《ぼくていじょう》の条のよみかたについても、朴説と金説では差異がある。しかし問題はよみかただけではない、日本側研究者の利用してきたいわゆる「拓本」自体に大きな疑問があるとしたのが、在日朝鮮人史家李進熙氏による『広開土王陵碑の研究』（吉川弘文館、一九七二）であった。

中塚明奈良女子大学教授の「近代日本史学史における朝鮮問題――とくに『広開土王陵碑をめぐって』」（『思想』五六一、一九七一）、佐伯有清北海道大学教授の「高句麗広開土王陵碑文再検討のための序章――参謀本部と朝鮮研究」（『日本歴史』二八七、一九七二）をうけて、より詳細に問題の本質にせまろうとした李説の提起が、学界にあたえた反響は大きかった。

それは、参謀本部員であった酒匂景信《さこうかげのぶ》中尉（一八八四年当時）のもち帰った「双鉤《そうこう》加墨本」（書き写し墨で手を加えた拓本）が酒匂中尉のすりかえたものであったか、広開土王碑に塗布さ

れた石灰が参謀本部による「石灰塗布作戦」にもとづくものかどうか、それらについては当然論議されるべきであるが、李氏による問題提起は、これまでの日本側研究者の朝鮮史にたいする、ゆがんだ認識にたいする切実な批判であったと思う。

それはその著の結章に「先学によって『できあがった四・五世紀の朝日関係史像』をもとにして自説を『合理的』に展開する一方、朝鮮の研究者の問いかけには、容易に耳をかそうとしないのである。このような姿勢のなかに、かつての侵略的皇国史観の残滓が根強くのこっているといっても、けっして過言ではないであろう」とする文にもみいだすことができる。

朝鮮の研究者に阿諛したり迎合したりすることは、もちろん学問的な姿勢とはいえない。だからといって、日本人研究者の「民族主義の見地」にたつ反批判にもしたがうことはできない。明治以後の近代史学の発展のなかで、意識するといなとにかかわらず、日本人による多くの朝鮮研究がゆがみをはらんできたことは、遺憾ながら否定できないところである。

日本の研究者としては、朝鮮の研究者からの批判にこたえるというにとどまらず、われら自身の〝内なる課題〟を明らかにして、みずからの手で「史眼」のくもりを正すべきではないか。

陵碑の由来

広開土王陵碑を考えるさいに当然のことながら指摘しておかねばならぬことがある。それはこの碑が、広開土王の功業を顕彰するために、王の死去の二年後すなわち甲寅年（四一四）に建てられたものであって、高句麗の立場でしるされた碑文であることだ。その碑文に則していうなら、高句麗に主体をおいて解釈すべき性質のものとなっている。

　広開土王は、吉林省の集安に都した王で、その都城は国内城（丸都城）とよばれていた。広開土王のつぎの王である長寿王は、四二七年に平壌へ遷都するから、広開土王は、国内城にあった高句麗王朝の実質上、最後の王ということになる。

　広開土王とは『三国史記』にみえる王名で、諱《いみな》（実名）は談徳であった。碑文によれば永楽太王と号し、「国岡上広開土境平安好太王」と諡《おくりな》され、また一九四六年に慶州で発掘された壺杅《こう》塚出土の青銅鋺の底には「乙卯年国岡上広開土地好太王壺杅十」とある。さらに集安の牟頭婁《むとうる》塚で出土した墨書墓誌には「国岡上大聖地好太聖王」としるされている。

　その「広開土境平安」・「広開土地」・「大聖地」・「広開土」という称がしめすように、広開土王のおりに、高句麗の領土は拡大した。『三国史記』には、広開土王即位の翌年にあたる三九二年より百済を攻撃して、百済の領域に侵入し、他方、新羅と親交をむすんだ事情がのべられている。乙卯年（四一五）の年次をしめす慶州壺杅塚出土の青銅鋺や延寿元年（四五一）の銘のある瑞鳳塚出土の銀合杅（銀製の容器）に広開土王の諡がみえるのも、新羅と高句麗の当時の状況を物語っている。

　他方、広開土王は西方の燕の侵略とも戦火をまじえ、たとえば四〇四年に燕攻撃の軍をおこした。その広開土王の勲功をたたえて、王の「遺訓」と「教令」を後世にしめし、「旧民」（五族制度にもとづく高句麗の民）一一〇戸の烟戸《えんこ》ばかりでなく、韓および濊《かい》の被征服民二二〇戸の烟戸を守墓人の戸にと遺言するところにも、広開土王の時期における王権の強大化が物語られている。

王族の民を核とする首長連合の枠をのりこえて、被征服地の首長や民衆をも政治勢力の内部に結集しようとする王の「遺訓」にも、高句麗王制の成長がうかがわれるのである。

ところで碑文をめぐる問題の一つはこの碑の発見状況にある。碑は一八八〇年頃に伐採・開墾中の農民がまずみつけ、一八八一年に吉林省懐仁県の知県であった章樾《しょうえつ》が部下に碑をしらべさせたのにはじまる。そうしてこの碑文のことが中国東北地域の知識人に知られるようになって、双鉤加墨本が一八八二年のころには作成されるにいたったと考えられている。

参謀本部員であった酒匂景信中尉が、双鉤加墨本を日本へもち帰ったのは、明治十七年(一八八四)であったが、その碑文の解読作業は、参謀本部の編纂課においてなされることになった。中塚・佐伯・李各氏の研究によって明らかにされたように、酒匂景信中尉は対清(当時は清国)作戦準備のために清国の兵制や地誌などの調査に派遣された参謀本部員の一人で、明治十七年には参謀本部議定官となった人物であった。

酒匂景信中尉のもち帰った双鉤加墨本が李説のように、はたして酒匂中尉による「すりかえ」であるかどうかはなお疑問だが、それが参謀本部の編纂課を中心に解読されたことはたしかであった。

陸軍参謀本部の解読

なぜ参謀本部の編纂課でその解読作業が行なわれることになったか。佐伯氏は酒匂の経歴をみきわめて、明治十三年(一八八〇)五月には参謀本部に出仕し、明治十五年には中尉に昇進し、明治十七年二月には参謀本部議定官であったことを明らかにした。

酒匂中尉がスパイのような使命をおびていたのではないかとする前掲論文による中塚・佐伯両氏の推定は、明治十六年九月三日付の管西局長歩兵大佐桂太郎の「酒匂景信旅行願ニ付意見」をみても正しいことがわかる（防衛省防衛研究所図書館蔵）。その文面は、酒匂の軍における役割をはっきりと物語っているので、その前半を参考のためにしるしておこう。

> 別紙酒匂景信願出之義愚考仕候処、朝鮮内地旅行ハ条約上公使館客員ニ無レ之而ハ難レ被レ行、他ヨリ旅行中出護照相頼ミ候得バ朝鮮公使館ニ於テ難相運一存候、若シ名義ヲ仮称致シ其手順相立候モ酒匂景信ハ是迄隠密探偵方ニ致被レ置候処、突然相顕官員ト称シ旅行致候テハ嫌疑上尤モ不都合ニ可レ有レ之或ハ実益不レ得レ止レバ是非ニ不レ係此手順ニ相運可レ申候ヨリモ頗ル手間取リ可レ申。

この文面にも明らかなように、酒匂景信中尉は「是まで隠密探偵方」とされてきた人物であった。したがって桂太郎大佐は、その旅行願について公使館客員として旅行するのは慎重を期し訓令に従うべしと指示したのである。

酒匂景信中尉がもち帰った双鉤加墨本が、「平時に在りては地理政誌を明らかにし」、「地図政誌を審らかにし戦略を区画する」ことを任務とした参謀本部にもちこまれたのはけっして偶然ではない。

参謀本部における検討の状況は、いちはやく明治二十四年（一八九一）「高麗好太王碑銘考」（『史学会雑誌』二二―二五所収）を発表した菅政友のつぎの言葉にも明らかである。「此は明治十七年、某氏清国に赴ける途の序に、其地に到り、搨本《とうほん》（拓本）を得て携へ帰りしなりとぞ、此等の事どもは、一二の新聞紙又は或人の談話によりて記したれば聞きもらせる事も、ききひがめし説もありしならん、なほ確証によりて改むべし」と、論の冒頭にことわり、論の最後に「本会会員横井忠直君は陸軍参謀本部に奉仕し、夙《つと》に此古碑を獲て考証し、稿を易《かえ》ること凡そ三四なりと云ふ、本考頗る之を採れり、篇中或人とあるは即君の説なり」とのべる。

文中の「或人」とは菅政友のいうとおり横井忠直であった。横井は「陸軍参謀本部に奉仕」していた。佐伯氏が指摘したように、明治十六年六月には参謀本部課僚七等出仕になっており、翌年には陸軍大学校教授を兼任、明治二十二年（一八八九）『会余録』（第五集）に「高句麗古碑釈文」がまとめられるところまで、中心的役割をはたした。

横井がその解読の稿を書きかえたことは、菅政友の「稿を易ること凡そ三四なり」という聞書きにもうかがわれるが、『会余録』（第五集）のでる前年すなわち明治二十一年十一月においてもなお「碑文」の「錯乱」が問題になっていたことは、幕末・明治の国学者井上頼圀《よりくに》の文に、「比碑青江秀横井忠直二氏ノ注及図書寮幷博物館等ニ写《うつし》アリトモ錯乱アリ」とし、「明治廿一年十月十一日宮内省ニ於テ参謀本部ノ原本及読書ヲ洞溝《どうこう》ヨリ得タル酒匂大佐ニ就テ番号ヲ訂正」とされていることにもはっきりする。「洞溝」とは、『会余録』の「高句麗碑出土記」のもとになった「碑文之由来記」にみえる「碑文ノアル所ヲ洞溝ト云」と同じで、碑の存在地、通溝（現在の集安）をさす。この参謀本部編纂課備付第二二七号の井上頼圀の文にいう「酒匂大佐」は、いうまでもなく当時大尉であった「酒匂大尉」のあやまりである。

　そしてこの文には割注にて「原碑字ノ深サ石面ヨリ三寸余ニテ欠損甚シキニヨリ大ナル紙ニテ拓ル事不レ能、一枚十六字ニテ番号ヲ記シタリ」という注目すべき指摘がなされていた。

　高句麗広開土王の「碑文」（双鉤加墨本）がこのように参謀本部を中心に解読され検討されたことは事実である。双鉤加墨本をもち帰った酒匂景信の名が、菅政友も書いているように「某氏」とされ、また『会余録』でも「日本人某」とされ、その後の論文でも「陸軍参謀本部の吏員」とか、あるいは「陸軍参謀本部の武官某」とかとしるすにとどまったのは、桂大佐の意見書にいう「隠密探偵方」であることと無関係ではないだろう。「酒匂」の名がみえるようになるのは、明治三十一年（一八九八）の明治から昭和前期の歴史学者三宅米吉の「高麗古碑考」においてであった。

碑文の問題点

　酒匂中尉がもち帰った双鉤加墨本が、酒匂中尉のすりかえと断言しうるかどうか。私見では中国人の拓工の手になるものとする見解のほうに説得力があると考えられる。しかし李氏の提起した問題をだからというので軽視することはできない。碑文の研究史の大勢は、精拓本（精密な拓本）ではなくて、双鉤加墨本によって広開土王碑の研究がはじまるという「無理」がなされてきたからである。

碑が発見された当時、碑が苔や蔓草におおわれており、判読困難な事情にあって、長花（苔）を焼去したさい碑の一部が毀損したこともたしかと考えざるをえない。酒匂中尉の見聞にもとづく横井忠直の「碑文之由来記」にも、「其ノ石面凸凹甚シク為ニ広紙ニ搨写《とうしゃ》スルコト能ハス」というそのありさまが書かれている。

したがって、大正二年（一九一三）に、朝鮮史の専門家であった京都帝国大学教授今西龍による調査がなされたさいにも「此碑欠落せし部分少からず、碑面風雨に浸蝕せられ小凸凹を生じ且つ刻字浅露となれり、第一面、第二面最も甚しく、第三面は欠落せし部分少からざれども残余の碑面は第二面のそれに比して稍々平なり、第四面は比較的良好に遺存せり」という状態であった（「広開土境好太王碑に就て」、『朝鮮古史の研究』所収、近沢書店、一九三七）。

今西の調査のころにも拓工が拓本の作成に従事し、それを売っていたことがのべられているが、そのような状況にあったので、「碑面の深く欠落せる第一面の一部の如きは泥土を以て之を塡充し、尚四面ともに全面に石灰を塗り、字形のみを現はし、字外の面の小凸凹を塡めて之を平にし、唯拓本を鮮明にすることをのみ務められ」たのである。

原碑の状況がそのようであったればこそ「此碑文を史料として史を考証せんとするものは深き警戒を要す」とのいましめも付言されていた。問題は原碑文にもっとも忠実な精拓本によって研究することであり、なによりも確実な手だては原碑そのものをより多面的に再調査することである。

疑う余地がないとされてきた広開土王陵碑文そのものについて、従来通説となってきた「倭以辛卯年来渡海破百残□□□羅」（倭辛卯の年を以って来り海を渡り、百残□□□羅を破り）のよみかただけではなく、その部分の原碑文がはたして「来渡海」であったかどうか、その部分だけにかんしても、たしかに存在すると主張する見解と、疑わしいとする李説との対立がある。拓出者の技術や紙墨の種類によって「拓本」に精粗の差が生じることは考慮すべきことであるが、あらためて疑問が投じられたほどに、その研究史において利用されてきた「拓本」には問題が内包されていたのである。

これまでの日本人研究者による碑文の解釈において倭を論証なしに大和朝廷とし、この碑文をよりどころに「任那日本府」の存在したことの確証としてきたような解釈もまた拡張解釈のそしりをまぬがれない。本巻第Ⅱ部第三章のなかで「倭」について言及したように、「倭」の意味は、時期と史料・資料の性質によって、かならずしも一定してはいないし、碑文にいう「倭」の主体についても改めて吟味しなければならない。

広開土王陵碑は、くりかえしいうように広開土王の勲功と遺教を顕彰するために建てられたものである。その記述の立場が高句麗の側にあったことはいうまでもない。碑文自体にそうした性格のまつわっていることもみのがしてはなるまい。碑文の厳密な検討と同時に、考古学上の遺物・遺跡、あるいは『三国史記』などの伝えにみえる記載との対比もまた必要なのである。

広開土王陵碑文の辛卯年部分についてだけでもいくつかの問題がある、なぜなら従来の日本側研究者のように、辛卯年を三九一年とし、倭が海を渡って百残＝百済、□羅＝新羅を破って以って臣民としたというように簡単にかたづけるわけにはいかないからだ。「碑文」の□羅をただちに「新羅」とよみかえるかどうかも疑問であるし、また三九一年に「倭」が百済を「臣民」としたことを立証する確実な証拠もない。

『三国史記』についても、文献批判が必要であろう。けれども『三国史記』には、三九一年前後に、「倭」が百済に侵入したというような状況の物語られていないことも軽視できない。三九七年から対倭関係の記事がみえるが、それは「王、倭国と好みを結ぶ」とするような友好的な外交関係をしるす。新羅と倭の関係については、三九三年・四〇二年・四〇五年・四〇七年・四〇八年に「倭兵」・「倭人」との交戦のさまがしるされており、その襲来はみえているが、しかし「倭」の「臣民」になったとする伝えはない。

百済の地域から日本系の遺物などが出土していることによって、「臣民」の証とする説もあるが、文化の伝播をもってすぐに征服・被征服の関係におきかえることはできないし、それをもって「臣民」の内容とすることもできない。

さらに辛卯年（三九一）に高句麗が海を渡って百済を撃破したとする解釈や、高句麗が百済や新羅を破って臣民としたとみなす見解にも問題は残る。それは文の構成と表現よりみて無理と思われるからである。辛卯年部分の前の段には「百残、新羅、旧是属民、由来朝貢」と「碑文」にある。つまりこの「碑文」では辛卯年以前に「百残や新羅は属民であって、由来朝貢してきた」として、「而倭以辛卯年」とつづく。もともと属民であったのに、それが倭の「臣民」になったので「以六年丙申王躬率水軍」（六年丙申〈三九六〉に広開土王みずからが水軍をひきいて）討つということになる。

いまもし、三九一年に高句麗が海を渡って百済を破って臣民にしたとか、あるいは高句麗が百済や新羅を破って臣民にしたかというようによめば、広開土王は、もともと「属民」であって「由来朝貢」していた「百残、新羅」を破って、ふたたび「臣民」にしたとする文になる。

碑文自体の信憑性が改めて問題になろう。というのは、辛卯年を三九一年とし、その前の段にある「百残新羅旧是属民由来朝貢」をそれ以前のありさまとすると、百済が三九一年以前に高句麗の「属民」であった確証が必要になってくる。ところが『三国史記』にはその明証がない。むしろ高句麗の故国原王の代には百済に攻撃されて王は戦死し（三七一年）、つぎの小獣林王の代にも百済は平壌城に侵入し（三七七年）、広開土王の先王である故国壌王の代にも、百済は高句麗の都坤城を破るというありさまであった（三九〇年）。

碑文において「辛卯年」のみに、「六年丙申」、「八年戊戌」、「十年庚子」、「十四年甲辰」、「十七年丁未」というような、年次がついていないのも注目すべき点であろう。広開土王の顕彰碑であるという陵碑の性格からして、この辛卯年部分の前の段には「百残、新羅」が高句麗の「旧属民」であり、「由来朝貢」してきたことが強調されているといえよう。

神話研究の定点

広開土王陵碑文についての研究で注目すべきは碑文の第一面の冒頭に高句麗神話が記載されていることである。そこにはつぎのようにのべられている。

惟れ昔、始祖鄒牟《すうむ》王の創基なり、北夫余より出づ、天帝の子にして、母は河伯の女郎なり、卵剖けて隆生す、生まれながらにして聖徳有り、□□□□□駕を命じ巡幸し、南へ路を下りて夫余の奄利大水に由る、王、津に臨みて言ひて曰く、我は是れ皇天の子にして、母は河伯の女郎、鄒牟王なり、我が為に、葭連なり、亀浮びて声に応へよと、即葭連なり、亀浮かぶ、然ば後にはじめて渡る、沸流谷の忽本の西に於て山上にきづきて、都を建つ、世位を楽しまず、因り黄龍を来下せしめて王を迎ふ、王、忽本の東の岡に於て、龍首を履みて天に昇り、顧命す、世子儒留王、道を以て治を興し、大朱留王、基業を紹承せよと、伝へて十七世孫国岡上広開土境平安好太王に至る。

そのおよそは、始祖鄒牟王が北夫余の出自であり、父は天帝の子、母は河伯の女郎であって、鄒牟王は夫余の奄利大水に到って、「我が為に、葭連なり、亀浮びて声に応へよ」と叫び、葭が連なり亀が浮んで大水を渡るという興味深い神話が含まれている。そして「世位を楽しまず」、龍の迎えによって昇天したという伝承がしるされているのである。しかもそこに始祖鄒牟王からの王統譜がのべられていて、「十七世孫」として好太王が位置づけられているのもみのがせない。少なくとも五世紀のはじめまでにこうした神話伝承が高句麗王朝に存在したことはたしかであった。

碑文にいう鄒牟王とは高句麗の建国の始祖とされる人物で、鴨緑江をへだてた満浦鎮の対岸にある下魚羊頭の北方山麓に存在する牟頭婁《むとうる》という人物の塚の墓誌には「鄒牟聖王は元北夫余より出づ」としるす。広開土王陵は長寿王二年（四一四）の建碑だが、牟頭婁塚の築造年代はそれよりはやや遅れるとみなされており、広開土王と同時代の高句麗人牟頭婁の塚には主室と前室の横長の石室がある。石室の壁面には漆喰が塗られており、主室には二個棺台があり、前室正面の上壁に墓誌がしるされていた。

鄒牟王が高句麗そして百済の始祖としてあおがれていたことは、『三国史記』の「高句麗本紀」に、「始祖東明聖王、姓は高氏、諱は朱蒙《しゅもう》一云鄒牟 一云衆解」としるされており、また『三国史記』の「百済本紀」に「百済の始祖温祚王、其の父は鄒牟、或は朱蒙と云ふ」とあるのをみてもわかる。そして鄒牟＝朱蒙＝東明王とうけとめられた。

それならわが国ではどうであったか。『日本書紀』の天智天皇七年（六六八）十月の条には、高句麗の滅亡と関連して、

高麗の仲牟王、初て国を建つる時に、千歳治めむことを欲しき。母夫人の云ひしく、「若し善く国を治むとも得べからじ。但し当に七百年の治有らむ」といひき。今此の国の亡びむことは、当に七百年の末に在り。

とするように、『日本書紀』の編者たちは、高句麗の始祖神話を知っていた。ここに「高麗の仲牟王」というのが、高句麗の鄒牟王であったことは、『三国史記』の「新羅本紀」文武王十年の条に、鄒牟王を「仲牟王」と書いているのをみてもわかる。

鄒牟王が「皇天（天帝）の子」であり、母が「河伯（河の神）の女郎（娘）」であったことを前提に「母夫人（柳花）」の言葉を引用するのである。したがって『日本書紀』は大化元年（六四五）七月の詔において高句麗使をとくに「高麗神子奉遣之使」と書くのである。高句麗を「神子」とみなしたのは、この高句麗の始祖神話を知っていたからである。

桓武天皇の生母である高野新笠《たかののにいがさ》は、延暦八年（七八九）の十二月二十八日に崩じたが『続日本紀』は翌年の正月十四日に中納言藤原小黒麻呂が誄人《しのびごとひと》を率いて誄を奉ったことをしるし、翌日大枝山《おおえ》（京都市西京区大枝沓掛の陵）に葬ったことをしるす。そしてそこに、平成十四年（二〇〇二）の日韓共催のサッカーワールドカップを迎えるにさいしての、平成十三年十二月二十三日の誕生日前の「私自身としては、桓武天皇の生母が百済の武寧王の子孫であると続日本紀にしるされていることに、韓国とのゆかりを感じています」との天皇陛下「ゆかり発言」の出典がある。

后（新笠皇太后）の先（祖）は百済の武寧王の子純陀《じゅんだ》太子なり。

の記事がそれである。

武寧王は倭国へ仏教を公に伝えた百済王として有名な聖明王の父であり、生前の実名が斯麻《しま》王であった。そして癸卯年（五二三）の五月七日、年六二歳でなくなったことは、忠清南道公州の宋山里での武寧王陵の発掘調査による墓誌石（買地券石）によって明らかになった。

武寧王の崩年については、『三国史記』の「百済本紀」に武寧王二三年（五二三）「夏五月王薨」

としるされているが、学界ではこれを疑問視するむきもあった。しかし何人も疑うことのできないこの墓誌石によって、『三国史記』の伝承の正しいことが実証された。さらにこれまで聖明王の即位年については三つの説があったが、その即位年が五二三年であったこともたしかとなった。

卵から生まれた鄒牟王の神話

問題はそればかりにはとどまらない。『日本書紀』の雄略天皇五年六月の条には、斯麻王（武寧王は『三国史記』も明記するように崩後の諡《おくりな》）が「筑紫の各羅嶋《かからのしま》（佐賀県唐津市鎮西町加唐島）」で生まれたので「嶋君《しまのきみ》」と名づけられたとのべる記載があるが、その信憑性もたかまった。この伝承は『日本書紀』の武烈天皇四年是歳の条に引用する『百済新撰』にもみえており、そこには「諱（実名）は斯麻王であり、琨支王子《こんき》の子」としるしてやはり「各羅」の嶋で生まれたと伝えている。もっとも『日本書紀』では斯麻王は琨支（伎）の兄の蓋鹵王《かぶろ》の子と註記し、『日本書紀』の雄略天皇五年四月の条では、加須利君《かすり》を蓋鹵王とし、同年六月の条では蓋鹵王の児が「各羅嶋」で誕生したと記載する。

武寧王の実名＝「斯麻」が佐賀県唐津市鎮西町の加唐島での生誕に由来することは、これらの史料によってたしかめることができる。そして純陀太子については、『日本書紀』の継体天皇七年八月二十六日の条にも「百済の太子淳《じゅん》（純）陀薨《だみうせ》ぬ」とのべる。

しかも『続日本紀』には重要な記載がある。新笠皇太后の先祖武寧王に関連して「百済の遠祖都慕《つぼ》王は、河伯（河の神）の女日精（太陽の光）に感じて生める所なり」と明記し、「皇太后は、即ちその後なり、因りて以て諡となし奉る」と書く。新笠皇太后の諡は「天高知日《あめたかしるひ》之《の》子《こ》姫尊」であったが、その諡は都慕王すなわち鄒牟《すうむ》王の建国神話にもとづいて献呈されたのである。

鄒牟王を「都慕王」と書く例は、『続日本紀』延暦九年七月十七日の条の津（菅野）真道らの上表文に「百済の遠祖《とおつおや》都慕大王」と記載するほか、弘仁六年（八一五）に万多親王らがまとめた五畿内（山城・大和・摂津・河内・和泉）の一一八二氏の祖先の系譜を収録した『新撰姓氏録』左京諸蕃の百済の和朝臣の条・同百済朝臣の条・同百済公の条、右京諸蕃の菅野朝臣の条・同百済伎楽・不破連の条、河内国諸蕃の河内連の条などにみえる。

さらに『新撰姓氏録』の山城国諸蕃高麗の高井造の条、鄒牟については右京諸蕃の高麗の長皆連の条（「鄒牟　一名は朱蒙」）、また須牟祁《すむや》王と書く例が未定雑姓・河内国狛染部《こまそめべ》の条、同狛人の条にみえる。

広開土王陵碑文では鄒牟王は卵から生まれる卵生型の降臨伝承である。このような卵生型の始祖神話は『三国史記』の「新羅本紀」に記す新羅の始祖赫居世《かくきょせい》や脱解《だっかい》、『三国遺事』が引用する『駕洛国記』の加耶の始祖首露《しゅろ》などにもあって、『古事記』・『日本書紀』をはじめとする日本の古典神話には卵生型はない。天孫ニニギノミコトは「真床追衾」に入って天降る（『日本書紀』本文・同第六の一書）。

マトコオフスマのマは美称であり、トコオフスマとは床を覆うフスマ（伏す衾）である。『紀』には、それがいかなるものであったか、具体的には描かれていないが、それがもともと海神ゆかりの乗りものであったらしいことは、ニニギノミコトの子であるヒコホホデミ（山幸彦）が、海の宮におもむいたさいに坐したのがマトコオフスマであり、また山幸彦が海の神の娘トヨタマヒメをめとって生んだウガヤフキアエズが、海辺におかれた入れもの＝マトコオフスマに入れられていたことなどが参考になる。

前項にのべた、ニニギノミコトが海辺を遊幸して、美しい女をめとる神話なども、山上ばかりでなく海辺とのつながりも『記』・『紀』神話に内包されていたことを示す。海上から来訪する水平型と、天から山上に来臨する垂直型と、天孫降臨の詞章には、南方的要素と北方的要素とが、縦となり横となる。天皇即位儀礼である大嘗祭の、悠紀《ゆき》殿・主基《すき》殿にしつらえられた蓐《しとね》・衾《ふすま》は、マトコオフスマとよばれており、ニニギノミコトの場合などには、王権継承の祭式の投影とみなされる要素があるけれども、そこに南方海洋民的伝統が形をかえて息づいていたことも軽視できない。

朝鮮半島の神話と日本列島の神話との間にはいくつかの差異がある。前述のように卵生型の神話は日本では皆無で、東北の鳥海山へ鳥が卵を運んで神が生まれるとか、沖縄先島《さきしま》の英雄伝説などに、その片鱗を物語る例があるにすぎない。

なによりも天降る始祖のありようが決定的に異なっている。新羅の始祖神話のひとつである、赫居世の降臨伝承についてみよう。その伝承は『三国史記』や『三国遺事』にみえているが、『三国遺事』の伝えは、およそつぎのようになる。

新羅の六村の始祖は聖地や聖山に降臨した。前漢の地節元年（前六九）に、六村の村長の始祖たちは子弟らを率いて、閼川《あつせん》のほとりに集まり、君主を迎え、国を建てることを相談した。そのおり、南山のふもとの蘿井《らせい》のあたりに、異様な気配がして、雷の光のようなものが天から地にたれた。そこに一匹の白馬がひざまずいて拝んでいるので、しらべてみると、そこに紫の卵があった。その卵をさくと嬰児（童男）があらわれた。その姿は端正で、東泉で水洗すると、その体が光り輝いた。人々はこれを祝って、赫居世王とあおいだ。

ついで、有徳の女君を探さなければならないと相談していると、閼英井《あつえいせい》のほとりに、鶏竜が出現して、その左の脇から童女（女児）が生まれた。その姿はまことにうるわしく、唇は鶏のくちばしのようであった。月城の北の川で水浴すると、そのくちばしがはじけておちた。この二人を養育して王と王妃にした。

この神話には、『記』・『紀』神話と類似する要素がないではない。始祖の王が天上から降臨して、水神の女と婚姻するあたりは、高天原から降ったニニギノミコトが、海辺で美しい女をみそめて婚姻する詞章に共通するところがある。そしてまた天降る始祖が神聖なつつみものにはいっているさまも、『日本書紀』の本文がニニギノミコトが真床追衾につつまれて天降ったとするのにつながるところがある。

しかし決定的にちがうのは、新羅の始祖は村々の始祖たちの合議の要請にこたえて天降るのであり、「時人争って賀す」と『三国遺事』がしるすように、その降臨はけっして『記』・『紀』神話が描くような、まつろわぬ葦原の中つ国を平定するための神話としては位置づけられてはいない。

六村の村長の始祖たちも天降った神であり、その童男（王）と童女（王妃）は、新羅の国土で養育されて王となり王妃となる。その「建国」神話の主体は、天降る神の側にあるというよりも、天降る神を迎える側にある。

『三国遺事』にのっている「駕洛国記」の神話もそうである。後漢の建武十八年（四二）に、加羅諸村の長たちが「衆庶」の人たちと亀旨峰《くしむる》に「集会」して、新しく国をつくり、君后を迎える祭儀を行なっていると、神子が降臨した。神子を迎えた村の長たちや民衆は「歓喜踊躍」する。

いまだいくばくもなく、あおぎみると、紫縄が天からたれている。縄の下をさぐってゆくと、紅幡につつまれた金の合子があった。開いてみると、黄金の卵が六つみつかった。「衆庶」たちはみな驚いて「百拝し」、それをかかえて我刀干（長）の家のしとねの上におさめた。そして翌日ふたたび「衆庶」があつまって、合子を開くと、六つの卵から童子が生まれた。その姿かたちはまことにりっぱであった。そこで床にすわらせて、みんなは拝賀した。日に日に成長し即位して王となる。

この六つの卵からはじめて生まれたのが首露王で大駕洛の王となり、他の五人はそれぞれ五伽耶の主となった。そして首露王は海上から来た神女と婚をむすぶ。

「駕洛国記」に伝える首露王らの降臨もまた『記』・『紀』神話に類似するところがある。しかしこのばあいでも天降る神の側に主体があるのではない。迎神する九干（村の長たち）や民衆たちのほうに神話の主体がある。始祖を迎える祭儀にこたえて神が天降り、村々の長や民衆が、その降臨を「歓喜踊躍」して神を迎えるのである。

そこには天武天皇の「勅語」によって、「帝紀」・「旧辞」が「邦家の経緯・王化の鴻基」を明らかにするために、稗田阿礼《ひえだのあれ》の誦習と太安万侶の「撰録」によって完成した『古事記』、あるいは天武天皇十年（六八一）三月の「帝紀及び上古の諸事の記定」などをはじめとする日本国の『紀』編纂のプロセスをへて成書化した『日本紀』（『日本書紀』）のなりたちと、朝鮮神話のできあがってゆく政治のありかたとのちがいがある（後述参照）。

そしてなによりもたいせつな点は、神話伝承の記録化の大きな条件のひとつとしての政治体制のありようが、大きく異なっていたことである。新羅においては六世紀のはじめに中央行政の上位に上大等《じょうたいとう》とよぶ貴族がおり、そのもとに大等という貴族がいたが、これらの中央貴族は国政を合議して決定した。そしてその基盤には、村落ごとの自治組織があった。それは加羅諸国のばあいにあっても例外ではない。加羅諸国においても、外交や軍事などにかんする共通利害は、加羅諸国の王と上級貴族が合議して基本方針を決定した。

それは部族の代表者たちによって全体意志を決定する部族同盟と同じではないが、「民会」的伝統はなお根強く保持されていたのである。新羅においては六世紀初頭になると、麻立干という王号から新羅国王としての王名へと変化し、王権はより強まってくる。だが、国政を決定する上級貴族の合議制は生きつづけた。『新唐書』にみえる新羅の和白《わはく》という制度もこうした合議のしきたりにもとづくものであった。

いわゆる中央の行政においてばかりではない。新羅では各地の行政にあっても、村落を代表した郡上村主・次村主・第三村主などがいて、それらが合議してことにあたった。

こうした差異があるにもかかわらず、鄒牟王の神話には、イワレヒコノミコト（神武天皇）とニギハヤヒノミコトをめぐる神話と類似するところがある。遅くとも五世紀のはじめまでには、前述したように高句麗の始祖鄒牟王の建国神話は存在していた。一一四五年に高麗の金富軾がまとめた『三国史記』や『三国遺事』の神話などとは、四一四年建立の広開土王陵碑文に明記する神話は、その資料的価値に大きなへだたりがある。

そこで広開土王陵碑文よりも成書化の早い西晋の陳寿が太康年間(二八〇—二八九)に編纂した『三国志』の『魏書』(『魏志』)東夷伝夫余の条に引用する『魏略』の伝えをかえりみることにしよう。

旧志言ふ、昔北方に橐離国といふ者あり、その王者の侍婢はらめることあり、王之を殺さむと欲す、婢言はく、「気、鶏子の如きものあり来り下る、故にはらめることあり、後に子を生む」(とみえて王が天の子ならんと疑い、子すなわち東明が善く射る人であり〔著者意訳〕)、王、その国を奪われむことを恐れ、之を殺さむと欲す、東明、南に走り、施掩水に至る、弓を以て水を撃つ、亀鼈《きべつ》(亀と大きなすっぽん)浮きて橋をなす、東明渡ることを得て、亀鼈すなはち解散す、追兵渡ることを得ず、東明因りて都して夫余の地に王たり。

とする東明王(鄒牟)の神話がそれである。

鄒牟、別名朱蒙あるいは東明王の所伝の内容にはそれぞれの発展内容があって別の吟味を要するが、こうした朱蒙の神話をめぐる伝承のなかで注目すべきひとつに、朱蒙と松譲《しょうじょう》王をめぐる葛藤と国譲りの伝えがある。『旧三国史』逸文には高句麗の始祖朱蒙がその生国夫余から南へおもむき、沸流水のほとりにおいて都を建てようとした時、すでに松譲王が先住の王者として都を造営していたという所伝をめぐって、およそつぎのようにしるされている。朱蒙は松譲王と弓矢のわざをきそって勝利し、従臣が「天の与ふる」鼓角（いくさに用いる鼓と笛）を盗む。そして朱蒙は、

西狩して白鹿を獲り、蟹原《かいげん》に倒懸《とうけん》（手足をしばってさかさに吊ること）して、呪ひて曰く、天若し雨降りて、沸流の王都を漂没せざらんか、我、固より汝を放たざらむ、この難を免れむと欲すれば、汝、能く天に訴ふべし、その鹿哀鳴して、声天に徹す、霖雨《ながあめ》七日にして、松譲、都を漂流す、王、葦索（葦の縄）を以て横に流し、鴨馬に乗り、百姓皆その索（縄）を執る、朱蒙鞭を以て水を画すれば、水即ち減ず、六月松譲、国を挙げて来投す。

とのべるのである。

この松譲王と朱蒙との葛藤・国譲り伝承は、『三国史記』の「高句麗本紀」ではより歴史化されているが、天帝の子とする沸流国の松譲王と天帝の子で河伯（河の神）の娘を母とする朱蒙との争いの伝承のおよそは書きとどめられている。弁論で闘い弓を射る芸で争って、松譲王は能く対抗するがついに帰順する。そしてこれを『三国史記』では編年化して「二年夏六月、松譲、国を以て来降す、その地を以て多勿《たこつ》都となし、松譲を封じて主となす、麗語（高句麗の言葉）に謂ふ旧土を復するを多勿となすと、故に以て名づく」とするのである。

こうした朱蒙と松譲王の葛藤と国譲りについては、「この松譲王の国ゆずり伝説中、朱蒙が雨

を降らせて相手を屈伏させるあたりはわが日向神話のホホデミの物語に似ている」とする見解や、『記』・『紀』神話における出雲の「国ゆずりと天孫降臨の物語自体が、高句麗の降臨と国ゆずりの話をもとにして構想された」とみなす説などがある。これらの対比には傾聴すべき点があるけれども、その神話の枠組みによって吟味すると、イワレヒコ（神武天皇）と物部氏の祖先とするニギハヤヒ（あるいはウマシマヂ）との葛藤に類似する要素をも考慮する必要があろう。

①朱蒙が天帝の子で河伯の娘を母として出生したのと、イワレヒコが天神の子であるウガヤフキアエズと海神の娘のタマヨリヒメとの間に出生したこと、②イワレヒコの九州から大和への東征と対応するかのように、朱蒙が生国夫余より沸流水のほとりにおもむくこと、③別名鄒牟あるいは東明が、亀などの助けで河水を渡るのと、イワレヒコがその東征で、『古事記』では、亀の甲に乗ったサオネツヒコが「海道」の案内者になること、④そして沸流に先住の王者として天帝の子である神器（鼓角）をもった松譲王があり、ニギハヤヒが先住の王者として天降って、「天《あま》津瑞《つしるし》（神器）」（『日本書紀』では「天表」、『先代旧事本紀』では「天璽瑞宝十種」の神器）を保持していたこと、⑤さらに朱蒙は松譲王の鼓角を奪い、ニギハヤヒ（『先代旧事本紀』では子のウマシマヂ）が神器を奉献して帰順し、帰順した松譲王もニギハヤヒもその地になお勢力を保持したことなど、ニギハヤヒと松譲王の神話には、対応する点が少なくないからである。

沸流・温祚の二兄弟の来住による百済の建国説話と『古事記』のイワレヒコノミコトとイツセノミコトの兄弟による東征との間にもすでに指摘されているように、類似の要素を内包する。しかし大和平定の伝承では朱蒙と松譲王の争いとその国譲りの方がはるかに似つかわしい要素をもつ。

第三章　倭の五王とその時代

百舌鳥・古市古墳群

日本の巨大古墳の中でもっとも注目されるのは、巨大な前方後円墳である。その巨大な前方後円墳中、全長が二八〇メートルを超える前方後円墳は一一基ある。その分布は河内国三基・和泉国三基・大和国三基・備中国二基となる。ここで和泉国というのは、天平勝宝九年（天平宝字元年＝七五七）の五月に、河内国南部の大鳥郡・和泉郡・日根郡をあらたに和泉国として分立した地域であり、和泉国の地域はもともとは河内国に属していた。したがって、河内国（和泉国を含む）の中の分布は六基となり、他の地域よりはるかに多い。この一一基の中には、六世紀後半のころと推定されている河内の大塚山古墳や大和の見瀬丸山古墳が含まれているが、その他はいずれも五世紀代の古墳と考えられている。

なぜ五世紀代の巨大な前方後円墳が河内に集中しているのか。その点についての私見は後述するが、その巨大古墳の第一位に位置するのが大山《だいせん》古墳（伝仁徳天皇陵）である。大山古墳に代表される百舌鳥《もず》古墳群は、北は堺市堺区北三国ヶ丘町、南は中区土師町、東は北区中百舌鳥町、西は堺区石津町まで、東西・南北とも約四キロばかりの間に分布する。もと一〇〇基をこえる古墳

巨大な前方後円墳の第一位、大山古墳（伝仁徳天皇陵）（新潮社写真部）

が存在したが、戦後の開発などもあって現在墳丘のある古墳は四七基である。

この大山古墳の東方約一〇・五キロに誉田《こんだ》山《やま》古墳（伝応神天皇陵）が位置し、その誉田山古墳に象徴されるのが、古市《ふるいち》古墳群である。その範囲は北に津堂城山古墳、東に市ノ山古墳、南に白髪山古墳、西に高鷲丸山古墳の東西約二キロ、南北約四キロの地域に分布する。もと一五〇基ばかりあったが、現在は八七基という。そして、東西に並ぶこの二つの古墳群の北辺を長尾街道、南辺を竹内街道が通り、古道が両古墳群をつなぐ形になっている。

この両古墳群は東西一四キロ、南北三〇キロ（津堂城山古墳は除く）の長方形の区画内にあって、「本来一つの古墳群を形成する予定の地域であった」とみなす注目すべき見解もある。

古代日本の前方後円墳といえば、多くの人々がまず大山古墳をあげるにちがいない。全長約四八六メートル、平面積四七万平方メートルで、もと三重の壕をめぐらしていた大山古墳は、たしかに最大級の前方後円墳である。ただし大山古墳を世界最大の墳墓といい得るかどうかについては、すでに疑問が提起されている（中井正弘『仁徳陵』創元社、一九九二）。たしかに墳丘の長さは秦の始皇帝陵の三五〇メートル、クフ王のピラミッドの二三〇メートルよりは長いが、クフ王のピラミッドの高さは一四六メートル、始皇帝陵の高さは七六メートルあって、その容積や高さは世界最大とはいいがたい。また、大山古墳の全長は誉田山古墳の約四三〇メートルより長いが、表面積や総容量では大山古墳よりも誉田山古墳の方が上回るとみなす説もある。

だが、甲子園球場が一二も入る面積を有し、その築造には古代の工法で、ピーク時一日二〇〇〇人の作業者で延べ六八〇万七〇〇〇人、工期一五年を要すると推計されている大山古墳（大林組「現代技術と古代技術の比較による『仁徳天皇陵の建設』」『季刊大林』二〇号、一九八五）が、日本の前方後円墳を代表する最大級の墳墓であったことはたしかである。

こうした百舌鳥古墳群や古市古墳群の中の五世紀代の巨大古墳の存在は、五世紀における倭王権のありようを反映する文化遺産として改めて注目する必要がある。

「ローマは一日にしてならず」といわれるように、ヤマト朝廷も一挙に確立したわけではない。その前提には三、四世紀の段階があり、そして五、六世紀の展開がある。そのコースも奈良盆地を拠点とする王権が、放射状に王権を拡大した単系の発展とみなすわけにはいかない。昭和四十二年（一九六七）一月の『大和朝廷』で、大和の三輪王権から河内に拠点をおく王朝へと展開する仮説を提起したのも単系王朝論に疑問をいだいていたからである。

神武天皇をはじめとする天皇名は、八世紀後半に称された漢風の諡《おくりな》であって、『古事記』や

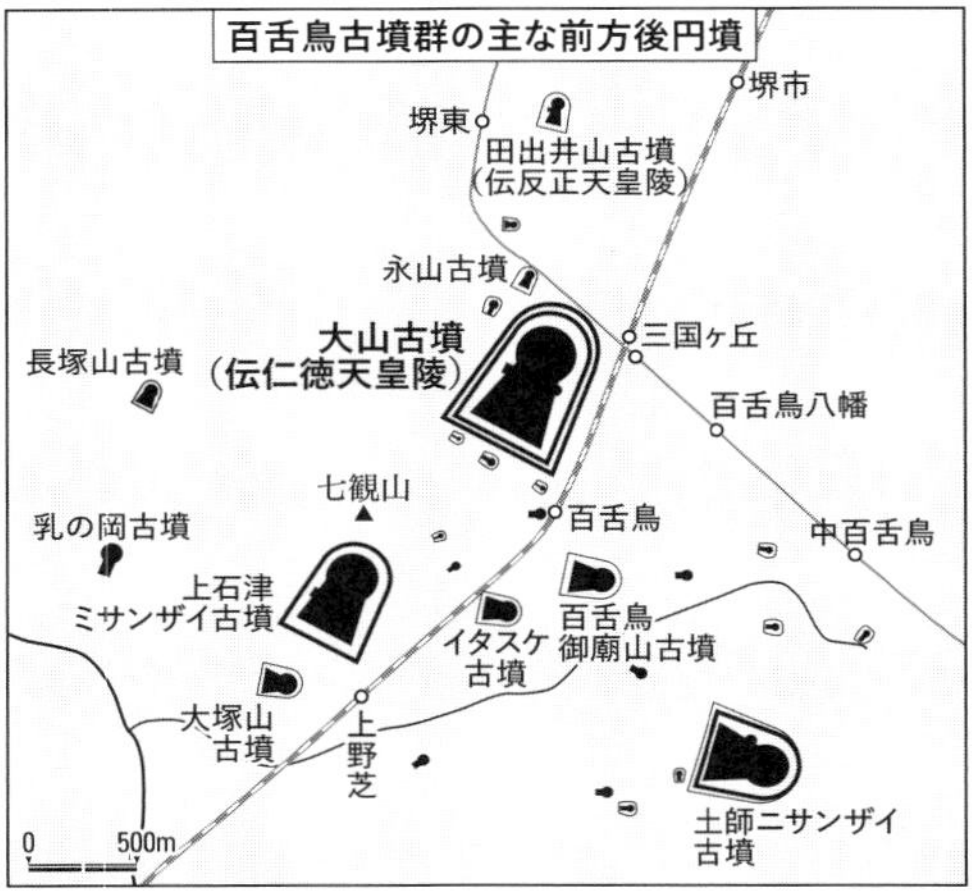

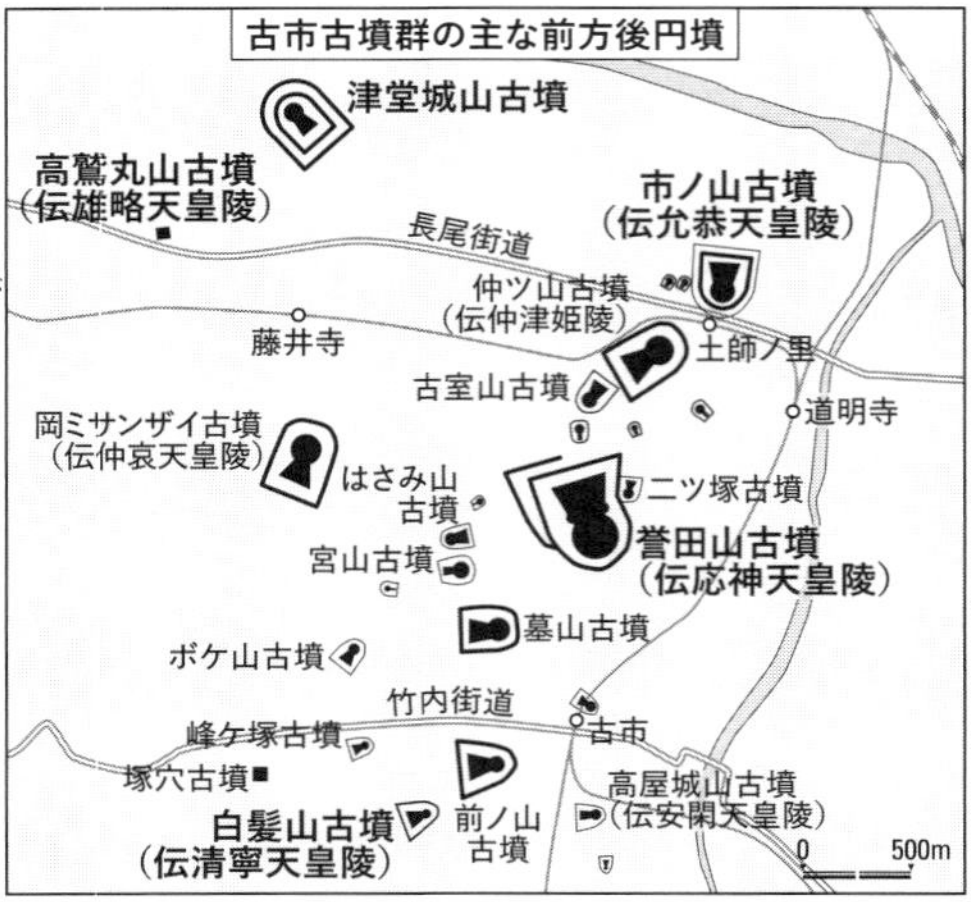

『日本書紀』では、たとえば神武天皇はカムヤマトイワレヒコ、崇神天皇はミマキイリヒコイニエノミコト、応神天皇はホムタワケと和風の諡でしるされている。そしてその和風の諡が殯《もがり》に献呈されるそのはじめは、安閑天皇の代からであることも指摘されている。

諡のならわしは中国や朝鮮にもある。たとえば『後漢書』には興平元年（一九四）の二月、皇妣王氏に「霊懐皇后と諡した」とのべ、『三国史記』の「高句麗本紀」には、美川王三十二年（三三二）二月に高句麗王の乙弗を美川の原に葬ったので「美川王と諡した」としるす。わが国の諡のしきたりも、中国や朝鮮の先例にならったと考えられる。

ところで、和風の諡は、すべて王者の崩後に献じられたものであろうか。その内容を吟味すると、応神天皇から継体天皇までの和風の諡のなかには、諱《いみな》（実名）または諱を語幹にしたと考えられるものがある。この点については別に検討したが（『大王の世紀』小学館、一九七三）、応神《ホムタワケ》、仁徳《オホサザキ》、履中《イザホワケ》、反正《タヂヒノミヅハワケ》、安康《アナホ》、雄略《ワカタケル》、顕宗《ヲケ》、仁賢《オケ》、武烈《ワカサザキ》、継体《オホド》などには諱あるいは諱に類すると考えられるものが多い。

このように応神天皇以前と安閑天皇以降とでは、その和風の諡の名辞が異なっている。たとえば安閑天皇の和風の諡はヒロクニオシタケカナヒであり、宣化天皇はタケヲヒロクニオシタテ、欽明天皇はアメクニオシハラキヒロニハである。それ以前では清寧天皇のシラカノタケヒロクニオシワカヤマトネコのみがクニオシをおびている。このクニオシの諡は、安閑朝以後の殯のおりの諡号献呈にもとづくものであろう。清寧天皇の諡にワカヤマトネコが付いているのは、神武天皇のカムヤマトイワレヒコ、懿徳天皇のオホヤマトヒコスキトモ、孝霊天皇のオホヤマトネコヒコフトニ、孝元天皇のオホヤマトネコヒコクニクル、開化天皇のワカヤマトネコヒコオホヒヒと類似する。こうしたヤマトネコの類は、持統天皇の諡であるオホヤマトネコアメノヒロノヒメ、文武天皇のヤマトネコトヨオホヂと対応する。

ここで注目されるのが、崇神天皇と垂仁天皇の諡である。この場合のみが、ミマキイリヒコイニエ、イクメイリヒコイサチと称されている。崇神・垂仁ばかりではない。その王子・王女の多くがイリヒコ・イリヒメを名乗る（一九例）。それに対して、応神《ホムタワケ》・履中《イザホワケ》・反正《タヂヒノミヅハワケ》の各天皇のようにワケをおびる王統がある。このことに注目して三輪王権をイリ王権、河内王朝をワケ王朝

代数	漢風諡号	和風諡号(『日本書紀』)	訓　み
1	神　武	神日本磐余彦	カムヤマトイワレヒコ
2	綏　靖	神渟名川耳	カムヌナカワミミ
3	安　寧	磯城津彦玉手看	シキツヒコタマテミ
4	懿　徳	大日本彦耜友	オホヤマトヒコスキトモ
5	孝　昭	観松彦香殖稲	ミマツヒコカエシネ
6	孝　安	日本足彦国押人	ヤマトタラシヒコクニオシヒト
7	孝　霊	大日本根子彦太瓊	オホヤマトネコヒコフトニ
8	孝　元	大日本根子彦国牽	オホヤマトネコヒコクニクル
9	開　化	稚日本根子彦大日日	ワカヤマトネコヒコオホヒヒ
10	崇　神	御間城入彦五十瓊殖	ミマキイリヒコイニエ
11	垂　仁	活目入彦五十狭茅	イクメイリヒコイサチ
12	景　行	大足彦忍代別	オホタラシヒコオシロワケ
13	成　務	稚足彦	ワカタラシヒコ
14	仲　哀	足仲彦	タラシナカツヒコ
15	応　神	誉田別	ホムタワケ
16	仁　徳	大鷦鷯	オホサザキ
17	履　中	大兄去来穂別	オホエノイザホワケ
18	反　正	多遅比瑞歯別	タヂヒノミヅハワケ

神武天皇から18代の天皇諡号と訓み

ともよんだのである。三輪王権と河内王朝の間にはこうした和風の諡における違いもあった。

ここで想起されるのが、河内に集中する五世紀代の大きな前方後円墳の分布である。五世紀の巨大古墳が河内に圧倒的に構築されているのを、単純に大和盆地の勢力が河内に進出したという解釈のみで説明することはできない。巨大古墳は政治勢力を誇示するモニュメントであって、大山古墳などは大阪湾上を航行する海外使節などの船上からもみえたにちがいない。このような巨大古墳の築造の場所に、当時の王権の有力な基盤が存在したと考える方が自然であろう。

日本神話の代表的なひとつに国生み神話がある。伊邪那岐神《イザナギ》（伊弉諾尊）・伊邪那美神《イザナミ》（伊弉冉尊）による「淤能碁呂嶋《おのころじま》（磤馭慮嶋）」をはじめとする島生み・国生みの神話がそれである。なぜ日本の島生み・国生み神話が大阪湾上を舞台として具体化をみたのか。この神話の原像は淡路島とその周辺の海人集団の島生み神話に由来すると考えられるが、それが国生み神話に昇華した時期は、河内王朝の段階がふさわしい。『古事記』と『日本書紀』では、国生み神話の内容も異なっているが、大阪湾上を基点に展開していることは、すでに指摘したとおりである（『日本神話』）。

さらに補うべき状況がある。大王の宮居伝承は大和に多いが、河内や難波に存在しないわけではない。応神天皇の大隈宮、仁徳天皇の高津宮、反正天皇の丹比柴籬宮《たじひのしばかきのみや》、そして顕宗天皇の近飛鳥宮《ちかつあすかのみや》などがある。宮居が大和のみにとどまらず河内や難波へと展開していることもみのがせない。加うるに五世紀後半ころからヤマト王権をになう有力氏族の本拠も河内の地域にあった（227頁参照）。

こうした状況を前提として河内王朝説の問題を学界に提起した（『大和朝廷』）。そしてその背景には五世紀の倭の五王と当時の東アジアとの動向があった。

倭の五王

私見とは別に提起されている河内王朝説がある。なかでも大阪市立大学教授直木孝次郎氏の「応神王朝論序説」(『難波宮址の研究』第五所収、難波宮址顕彰会)、三重大学教授岡田精司氏の「河内大王家の成立」(『日本書紀研究』第三冊所収、塙書房)が注目にあたいする。これらの河内王朝説にたいしては次のような批判がある。

直木氏の新説である応神天皇と仁徳天皇は同一人物であって(「応神天皇の実在性をめぐって」、『人文研究』一二五―一〇所収)、もともと応神天皇と仁徳天皇とは一体であったのが、のちに分化したとみなす考えや、天皇即位の祭儀の一環として行われた難波津を背景とする平安時代の大嘗祭の翌年に勅使が難波津におもむいて、天皇の御衣に八十島《やそじま》の神霊を付着する八十島祭を重視する岡田説への疑問などには、再検討するべきところがあるけれども、河内王朝論への批判の前提には、四世紀後半から五世紀代には大和と河内の諸勢力は一体化しており、いわゆる「連合政権」ともいうべき政治連合を形成していたとする通説がある。私もまた大和と河内の諸勢力が明確に対峙したとは考えていない。たとえば王室の系譜によればホムタワケ(応神天皇)は、オホタラシヒコオシロワケ(景行天皇)の孫にあたるホムタマワカの娘ナカツヒメを娶《めと》って、オホサザキ(仁徳天皇)を産むと伝える。王統譜の伝えにおいては母方ではつながり三輪王権とは断絶してはいない(ホムタワケすなわち応神天皇は三輪王権につながるナカツヒメを娶る)。

にもかかわらずあえて河内王朝論を提起したのは、王権の展開をすんなりと単系的に発展したとみる見方や考え方には同調できない要素がかなりあって、五世紀の王権の政治的基盤は河内の地域に構築されていると考えたからである。大和（奈良盆地）に政治的基盤があったのであれば、その権威のモニュメントである巨大古墳をなぜ河内に築造したのか。なぜ国生み神話が大阪湾を舞台にしたのかが、改めて問われねばならない。私説への直接の批判ではないが、河内に五世紀の大王陵が多いのは、大王の喪葬に関与した土師《はじ》氏の本拠が河内の古市にあったことと関係があるとの推論は、改めて吟味するにあたいする。なぜならもしこの説が正しいとすると、五世紀代の巨大古墳の濃厚な分布は、王権の政治的基盤を反映するものではなく、喪葬関係にたずさわった土師氏の本拠が河内にあったのにもとづくことになるからである。

だがはたしてそうであろうか。土師氏が喪葬と深いかかわりをもったことはたしかだが、喪葬ばかりでなく、土器の製作や軍事・外交にもたずさわっている。そして土師氏は「四腹（四つの血統）」といわれたように、百舌鳥・古市の地域のみではなく、大和の菅原・秋篠などにもその本拠地をもっていた。河内における巨大古墳の築造を土師氏の本拠が古市にあったからと断定するわけにはいかないだろう。

物部氏や大伴氏の本拠は大和にあって、河内や摂津にはないとする見解にもただちに従えない。たとえば奈良県天理市布留町に鎮座する石上神宮の祭祀や神宝の管理に、物部氏・大伴氏らが密接なつながりをもっていたことは、すでに論述したところだが、物部氏が河内の渋川郡（大阪府布施市・八尾市西部・大阪市東住吉区）のあたり、大伴氏が摂津の住吉から河内の南部に勢力を保有していたことは、史料にたしかめられる。ついでながらにいえば宮廷の祭官として登場し、やがて政治においても重要な役割をになう中臣氏も北河内から摂津にかけての地域に有力な本拠地があったことは『藤原不比等』で指摘した。

私が河内王朝論を唱えた理由は、前述の状況だけにはもとづいていない。五世紀の王権には、四世紀とはかなりおもむきを異にする次のような要素を見出しうるからである。

中国南朝宋の歴史を、斉の永明年間（四八三―四九三）に沈約がまとめた『宋書』（夷蛮伝倭国の条）には、永初二年（四二一）から昇明二年（四七八）までの間の一〇回におよぶ倭の五王（讃・珍・済・興・武）の遣使朝貢の記事がのっている。この五王の王名は武がワカタケル（雄略天皇）の音訳表記、珍はミヅハワケのミヅ（瑞）の音訳表記と思われるが、五王をどの王者に比定するかについては、諸説に分かれている。

たとえば讃を応神天皇とし、珍を仁徳天皇とみなす説があるが、『宋書』『梁書』『古事記』『日本書紀』の伝えによると、倭の五王の系譜は表のようになる。

宋書

讃・珍（兄弟）
済 ― 興・武

梁書

賛・彌 ― 済 ― 興・武

記・紀

応神 ― 仁徳 ― 履中・反正・允恭
允恭 ― 安康・雄略

この三つの伝えで、共通するのは、済（允恭天皇）・興（安康天皇）・武（雄略天皇）であって、私もまたその比定は支持することができると考えている。ところが、問題はそれ以前にある。

讃を応神天皇とし、珍を仁徳天皇とすれば、応神天皇と仁徳天皇を『宋書』が兄弟とするのと、『記』・『紀』が父子とするのとでは矛盾してくる。『宋書』の兄弟が正しいとすれば、『記』・『紀』における応神天皇と仁徳天皇との父子関係の系譜は、『記』・『紀』の「改作」とみなければならないし、かつ、そのことを立証する必要が生じてくる。

つぎに讃を履中天皇とし、珍を反正天皇とすれば、その限りでは『記』・『紀』が履中天皇と反正天皇を兄弟とするのに合致するが、倭王武の上表文にいう「祖禰《そでい》」の「禰」の系譜上の位置についても改めて考えてみなければならない。『宋書』の倭王武の上表文にいう「祖なる禰」は、「亡考済」の子である倭王武の祖先であることはたしかであり、文脈よりすれば祖父にあたる。

とすると、『宋書』における系譜は、

（賛）讃＝珍

（珍）＝禰―済―興・武

というふたとおりの系譜表現をしていることになる。この禰と讃・珍との関係が問題だが、讃・珍の王統と済・興・武の王統とは全く別であったと解釈すれば、それなりの説明はつく。だがそれで問題がかたづいたわけではない。なぜなら『梁書』(「諸夷伝」)では「賛死し、弟彌立つ、彌死し子済立つ」とのべて、讃王と済王の系譜関係を「彌」を媒体としてつないでいるからである。

この『梁書』の記述は無視することはできない。『梁書』の賛は、『宋書』の讃と別であるとするような考えもできるかもしれないが、『梁書』の表現は、『宋書』の讃の記事と矛盾しない。『梁書』の賛と『宋書』の讃(賛)は同一人物であろう。

『梁書』に示す倭王の系譜認識では、讃王と済王以下とを同系の王統と認識しているのである。これを『梁書』の勝手な「改変」とするには、その確証が必要であろう。『梁書』は珍を「彌」とみなしていると考えられる。

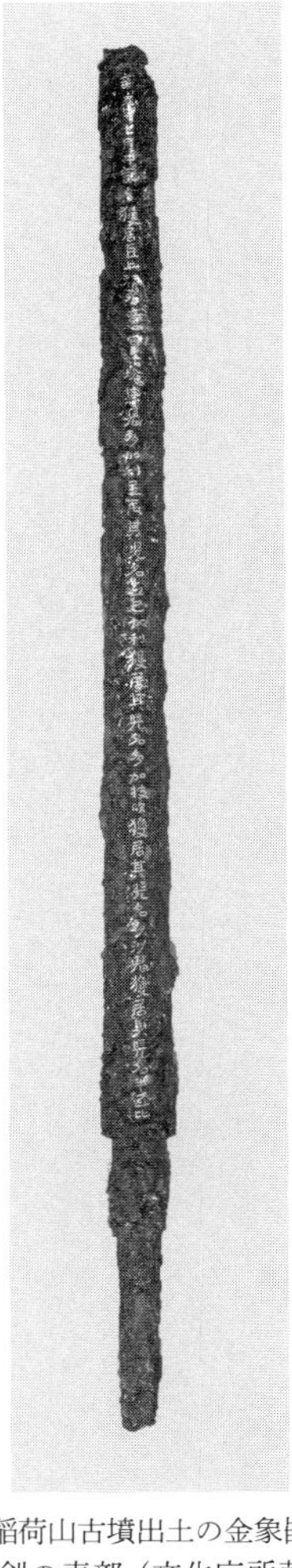
行田市・稲荷山古墳出土の金象嵌銘文が描かれた鉄剣の表部(文化庁所蔵、写真提供:埼玉県立さきたま史跡の博物館)

埼玉県行田市の稲荷山古墳出土の鉄剣の一つに一一五字の金象嵌銘文のあることが、X線調査で明らかになったのは、昭和五十三年（一九七八）の九月であった。その銘文冒頭の「辛亥年」が四七一年であり、「獲加多支鹵《わかたける》大王」が倭王武すなわち雄略天皇であることは間違いない。倭王武を「治天下」の大王と明記するこの銘文には「上祖」の意富比垝《おほひこ》→多加利足尼《たかりすくね》→弖已加利獲居《てよかりわけ》→多加披次獲居《たかはしわけ》→多沙鬼獲居《たさきわけ》→半弖比《はてひ》→加差披余《かさはよ》→乎獲居臣《おわけのおみ》のタテ系譜が記載されている。

辛亥銘鉄剣の銘文は「七月中（七月に）記」とのべる時格の「中」の書法（235頁参照）から朝鮮半島からの渡来系の人物がしるしたのではないかとする見解を、昭和六十三年（一九八八）の考古学協会の大会の記念講演で公にしたが（『論究・古代史と東アジア』岩波書店、一九九八）、昭和四十八年（一九七三）に出版した『大王の世紀』（前掲）で、五世紀末葉のころには大王系の系譜を中心とする原『帝紀』や有力氏族の系譜伝承を核とする『旧辞』はまとめられていたとした推定は、この鉄剣銘文のタテ系譜の記録によって、ますますたしかなものとなった。

したがって、『記』・『紀』の大王系譜および『宋書』・『梁書』の五王の系譜を総合して検討すれば、讃は履中、珍は反正、済は允恭、興は安康、武は雄略の各大王に比定することが可能となる。

稲荷山古墳鉄剣銘文の意義

第二次世界大戦後の古代日本の歴史と文化の研究に、画期的な影響をおよぼしたのは、昭和五十三年（一九七八）九月の、埼玉県行田市の稲荷山古墳出土鉄剣銘文のX線調査の結果明らかとなった一一五字の金象嵌銘文であった。辛亥年（四七一）の「七月中記」の銘文にみえる「獲加多支鹵大王」は倭王武（雄略天皇）であり、大王が「斯鬼宮に在りし時、吾（乎獲居臣）左治天下、此の百練の利刀を作らしめ、吾奉事根原（私が奉仕してきた根源）を記す也」とのべる、その内容は、「上祖名意富比垝」以下八代におよぶ父系のタテ系譜をのべて、「世々杖刀人首と為り、奉事し来り今に至る」ことを強調する。

この銘文の「乎獲居臣」については「乎獲居直《あたい》」と訓む説もあったが、この字はやはり「臣」と訓むのが正しい。ワカタケルが大王を称し、「治天下」を標榜していたことも軽視できないが、辛亥銘鉄剣の銘文がその大半を「上祖名意富比垝」以下、「乎獲居臣」までの八代が、「世々杖刀人首と為り、奉事し来り今に至る」ことにあてていることを、改めて注目する必要がある。そし

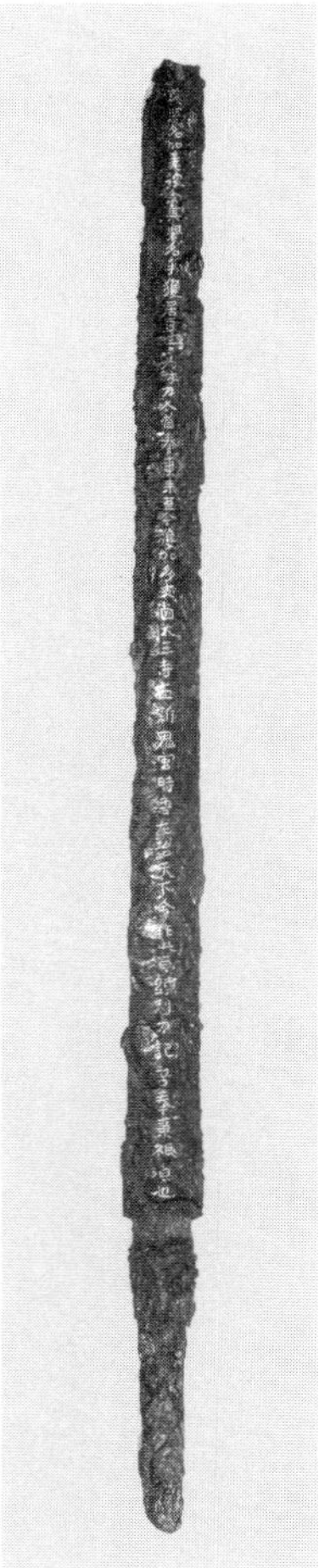

稲荷山古墳出土の鉄剣の裏部、「治天下」の字が読める（文化庁所蔵、写真提供：埼玉県立さきたま史跡の博物館）

てさらに銘文の最後にも繰り返し、「記吾奉事根原也」とのべている。

昭和四十八年（一九七三）に公にした『大王の世紀』で「倭王武の段階にいたって『大王』としての名実はそなわった」とし、古代国家の成立史において「雄略朝が画期的な時期」であったことを指摘していた私もまた辛亥銘鉄剣の銘文をめぐる見解のいくつかを発表した。とりわけ銘文検出一〇周年にあたる昭和六十三年（一九八八）、日本考古学協会の大会が埼玉県大宮市（当時）で開催されたおりに、その記念講演を依頼されて「辛亥銘鉄剣の意義」について報告したことを改めて想起する（『上田正昭著作集』第二巻、角川書店、一九九八）。

　この銘文で軽視できないのは、「治天下」という表記とその意識である。「治天下」の表記は、江田船山古墳出土の大刀銘文冒頭にもみえるところであって、決して稲荷山鉄剣銘のみにしるすところではない。むしろ五世紀の後半に、「治天下」の思想が成立していたことを示す物証として貴重である。

「治天下」の表記は、『孟子』や『漢書』をはじめ『三国志』の『魏書』、北魏の『魏書』などにもあるが、「治天下」の字句が「御宇《あめのしたしろしめす》」に変わるのは、大宝元年（七〇一）完成の「大宝令」以後であって、金石文では慶雲四年（七〇七）の威奈真人《いなのまひと》大村墓誌に「檜前《ひのくま》五百《いお（いり）》野宮《ののみや》御宇天皇（宣化天皇）」とあるのが「御宇」の用例としては古い。ただし薬師寺東塔擦銘には「馭宇」とみえる。

　中国王朝にあっては、中国王朝が「天下」の中心であり、皇帝の徳は「天下」のすべてに行きわたるべきものとする世界観が存在した。それなのに、中国南朝（宋）に遣使朝貢し、中国王朝から「安東大将軍」の軍号を賜与された倭王武の時期に、倭王が「大王」として「治天下」を表明するのはある種の矛盾である。中国王朝を中心とする「天下」に参加し、その冊封のもとにあって、倭王が「大王」として「治天下」を称したのを、いったいどのように理解すればよいのか。

その点については、倭国が中国思想の「天下」を借用して、倭国の大王の領域内に適用したとみなす説が妥当である。中国王朝が「天下」（世界）の中心であるとする思想を、倭国の「大王」中心の限定された「天下」に、矮小化しながらも、「大王」の「天下」を自己主張したありようをそこに見出すことができる。それは主観的には、中国王朝の「天下」からの「離脱」「自立」を目指す意識の兆しでもあった。

事実、倭王武の遣使朝貢以後、倭国の朝廷は、中国王朝の冊封関係から離れて、六世紀には、中国王朝との公的な遣使朝貢の関係をもたなかった。開皇二十年（六〇〇）から始まる隋王朝への遣使朝貢においても、冊封体制に入ることなく、倭国の王者の国書に「日出づる処の天子」を自称したほどであった（『隋書』東夷伝倭国の条）。

この「治天下」の表記は、その後も継承されて、「伊波礼宮治天下乎富等大王」「斯帰斯麻宮治天下天皇」（『上宮記』逸文）、「乎娑陁《おさだ》宮治天下天皇」「等由羅宮治天下天皇」「阿須迦宮治天下」（船王後墓誌）、「池辺大宮治天下天皇」「小治田大宮治天下大王天皇」（法隆寺薬師如来像光背銘）、「飛鳥浄御原宮治天下天皇」（小野毛人墓誌）、「清御原大宮治天下天皇」（長谷寺法華説相図銘）、「坐岡本宮治天下天皇」（『古事記』）など、「治天下大王」→「治天下天皇」へと展開する。そして『日本書紀』の三貴子（天照《アマテラス》・素戔嗚《スサノオ》・月読《ツクヨミ》の三神）分掌の神話の「治天下」や『古事記』の応神天皇の条の「治天下之心」などという表記に反映されるようになる。

天平五年（七三三）成立の『出雲国風土記』には、「所造天下大神大穴持命」（七例）、「所造天下大神命」（八例）、「所造天下大神」（一一例、ほかに註一例）、「所造天下大穴特命」（一例）としるす。この「大穴持命」の「天下」、あるいはまた『日本書紀』（巻第一）が三貴子分治の神話にかんして、素戔嗚尊の「可以治天下」（第六の「一書」）とする「治天下」などは、出雲神話や出雲系神話における「天下」であり、これもまた中国的「天下」の変形用字というべきものであろう。

なお五世紀中頃の高句麗の「牟頭婁墓誌」に、「天下」としるす。この用例は高句麗の「天下」を意味するもので、「治天下」と表記していない点に留意する必要がある。

「大王」の称号は広開土王陵碑文の「平安好太王」・「永楽太王」とみえるほか、慶州壺杅塚出土の青銅鋺に「乙卯年（四一五）国岡上広開土地好太王」とあり、また慶州瑞鳳塚出土の銀合杅に「延喜元年（四五一）太歳在卯三月中太王」・「延喜元年太歳在辛三月中太王」としるす。さらに韓国の忠南大学校博物館蔵の大加耶式長頸壺の「大王」銘もあって、「大王」の称号は朝鮮半島でも使われていたことを示す。

稲荷山古墳出土の鉄剣銘文の冒頭にある「辛亥年七月中記」の「中」は「七月ちゅう」や中旬とか中気の「中」ではない。具体的に論証されているように（藤本幸夫「古代朝鮮の言語と文字文化」、『日本の古代』14所収、中央公論社、一九八八）、「中」字の用法は中国漢代の居延県城から出土した木簡（居延漢簡）に二四例があり、秦代の竹簡にも用例のあることを指摘して、「七月ちゅう」ではなく、「七月に」という「時格を表す用法」であるとされたとおりである。蒙古語起源説や暦法起源説などは不適当である。

私は高句麗の長安城城壁石刻、中原高句麗碑の「中」字のほか新羅の蔚州川前里書石、丹陽赤城碑などの例をあげて、鉄剣銘をはじめとするわが国の「中」字の用例は、朝鮮三国から渡来した人々が、その才をもって文筆の業に起用され、自国の文字遣いを反映させつつしるしたものと推考した。

「朝鮮半島から渡来した人々」の役割を重視して銘文の「書者」を考えるべきとした一九八八年四月段階の私見は（一九八八年度日本考古学協会研究大会の記念講演）、より具体的になったといってよい。前述の慶州瑞鳳塚出土の銀合杅に「三月中」とみえるほか、「書者」が「張安」であることを明記する江田船山古墳大刀銘文に「八月中」とあり、また兵庫県八鹿町の箕谷2号墳出土の鉄刀銘に「五月中」、渡来系の「鞍首止利仏師造」の法隆寺釈迦如来像光背銘文に「三月中」、『日本書紀』のなかの百済史料関係を利用したと思われる文に「甲子年七月中」（巻第九）、「秋九月中」（巻第一〇）とあるのも参考になろう。

東京国立博物館蔵の朝鮮半島出土の有銘環頭大刀の、X線によって判明した一二字の銘文の字音仮名の用法および書風、韓国慶尚南道昌寧郡校洞11号墳出土の円頭大刀銘文の書風と象嵌技法が、稲荷山鉄剣銘文に類似していることもみのがせない。

ワケからオミへ

この銘文には「上祖《かみつおや》（最初の祖先）」の意富比垝→多加利足尼→弖已加利獲居→多加披次獲居→多沙鬼獲居→半弖比→加差披余→乎獲居臣のタテ系譜が記載されている。「上祖」の用例は、たとえば『日本書紀』の巻第二の「中臣上祖」（第一の「一書」）などにもたしかめられるが、この父系のタテ系譜には、注目すべき内容が含まれている。

まず第一に乎獲居臣の八代におよぶ系譜には、口頭伝承としての祖先系譜が、少なくとも五世紀の後半には、筆録化をみていたことが明確になったからである。『古事記』や『日本書紀』などがまとめられる以前に、『原帝紀』『原旧辞』が存在したことは否定できない。そしてこの『原帝紀』『原旧辞』が成立した時期については、津田左右吉説の「帝紀と旧辞との最初の編纂が六世紀の中ごろであった」とする見解が、学界では支配的であった。

こうした見解にたいして昭和四十八年（一九七三）に出版した『大王の世紀』（前掲）では、五世紀末葉のころには大王系の系譜を中心とする『帝紀』や有力氏族の系譜伝承を核とする『旧辞』はまとめられていたと推定したが、その推定は、この鉄剣銘文のタテ系譜の記録によって、ますますたしかなものとなった。

第二には、八代の系譜の冒頭に、意富比垝（大彦）をかかげることである。神名ではなく、実在の「上祖」の人名として、「意富比垝」をしるす。「カミ」ではないことは、この系譜が「神統譜」としては未完成であり、それだけにかえって系譜伝承としてのたしかさを物語るが、この「意富比垝」は、「孝元天皇の皇子」で、「崇神天皇の代」に北陸の平定に派遣されたと伝えられる大彦（日子）命をさすと考えられる。この大彦命は『新撰姓氏録』の系譜では、阿倍氏をはじめとする三八氏の始祖とされているが、辛亥鉄剣銘文にみえる八代系譜の始祖に、崇神朝のいわゆる四道（西道・丹波・北陸・東海）将軍のひとりとして北陸へ派遣されたとする大彦命を位置づけているのは、乎獲居臣の段階における始祖伝承として興味深い。

第三に、この銘文の系譜で注目されるのは、「上祖」の意富比垝（ヒコ）→多加利足尼（スクネ）→弖已加利獲居（ワケ）→多加披次獲居（ワケ）→多沙鬼獲居（ワケ）→半弖比→加差披余→乎獲居臣（オミ）とその称号の推移を物語っていることである。この点については、佐伯有清氏が指摘されているように（「稲荷山古墳鉄剣銘文にみえる称号」『古代東アジア金石文論考』所収、吉川弘文館、一九九五）、第三代目の弖已加利ワケ・第四代目の多加披次ワケ、第五代目の多沙鬼ワケは、四世紀頃の各地有力豪族が称した首長の称号としてのワケであったことがわかる。このワケの義は「分」または「別」で分封に由来すると考えられる。そしてそれら各地の有力豪族の称号ワケが五世紀代になるとカバネのオミ（臣）へと変化した推移を物語る。

このことは『上宮記』所引の「一云」のつぎの系譜すなわち伊久牟尼利比古大王→伊波都久和希（ワケ）→伊波智波希（ワケ）→伊波己里和気（ワケ）→麻加和介（ワケ）→阿波波智君（キミ）→都加牟斯君（キミ）というようにワケからカバネのキミ（君）への変化するありよう、あるいは『和気系図』の水別（ワケ）命の系譜が第七代目の黒彦別（ワケ）命までがすべて「ワケ」の称号をおびているのに、第八代目の爾閑古にはなくて、第九代目の加禰古乃別君（キミ）からは別のカバネのキミ（君）へと移りかわってゆくのと対応する。

これはいったい何を意味するのであろうか。五世紀の河内の地域を有力な拠点とする王朝を私が河内王朝とよび、その王朝を別にワケ王朝とよんだのは(『大和朝廷』)、ホムタワケ(応神天皇)からヲケノイハスワケ(顕宗天皇)までの大王およびその兄弟がワケを称していたことにもとづく。

もともと「ワケ」の称は大王家あるいは各地の有力豪族の首長の称号であったが、大王家の称号としてワケが独占・定着するようになると、五世紀の後半の段階では各地の有力首長は、大王家を頂点とするウジ・カバネ制にくみいれられて、ワケノオミ(臣)・ワケノキミ(君)などとカバネのオミやキミを称するようになるプロセスを反映している。

このように考えてくると、辛亥鉄剣の銘文にみえる系譜の称号は、治天下大王の地位がより明確となり、その実力が名実ともにととのった段階を迎えていたことを反映する。

五世紀の倭国の外交が文書による交渉であったことは、元嘉二年(四二五)の場合には「表(上表文)を奉り方物を献ず」、ついで元嘉七年のおりには「表して除正(任命)せられむことを求め」、昇明二年(四七八)のさいには「表を上《たてまつ》る」の例をみてもわかる。

倭王武のみが上表文による外交を行ったのではない。珍が珍王に仕える「倭隋《わずい》ら十三人を平西・征虜・冠軍・輔国将軍の号に除正せむことを求」めたように、倭王のもとの有力者も上表していた。それは元嘉二十八年の条に「幷びに上る所の二十三人を軍郡に除す」と記述しているのにも明らかである。

とりわけ重要なのは、五世紀の東アジアの国際関係における倭王の地位である。永初元年(四二〇)に高句麗王は征東大将軍、百済王は鎮東大将軍にそれぞれ任じられていたのに(新羅は五六五年に北斉に朝貢する)、倭国の王は一ランク下の安東将軍であった。
安東大将軍に叙せられたのは昇明二年の倭王武が朝貢した時である。しかも高句麗王は大明七年(四六三)に、すでに第一品の開府儀同三司となっていた。したがって倭王武は開府儀同三司を自称し、「その余も咸《み》な仮授」した旨を明記するのである。「その余も咸な仮授」とは、倭王武のもとにいる有力者に軍号を宋王朝の承認なしに与えたことを意味している。

このことは、稲荷山古墳の鉄剣銘文や江田船山古墳の大刀銘文にはっきりとみえるように、「治天下」の大王を名乗る王者として君臨したのと対応する。そして稲荷山古墳の鉄剣銘文に「杖刀人」、江田船山古墳の大刀銘文に「典曹人」とある。

辛亥鉄剣の銘文には「杖刀人首」としるされているが、この首は、『日本書紀』の「縮見屯倉首」(清寧天皇二年十一月の条)や「屯倉首」(顕宗天皇即位前紀)あるいは『新撰姓氏録』にみえる「大戸首」(河内皇別)などと同じ首長の「首」である。そして「杖刀」とは、天平勝宝八年(七五六)の『東大寺献物帳』に「杖刀　一口」として、「刃長二尺九寸、鋒者偏刃、鮫皮把、金銀銭押縫、以牙作頭」、また「杖刀　一口」として「刃長二尺一寸六分、鋒者偏刃、金鏤星雲形、紫檀樺纏、眼及把並用銀」と記載するとおり、儀杖用の刀であった。したがって「杖刀人首」とは杖刀をおびて大王の側近に仕える武人の官人であったといえよう。

ここで注意すべきは、五世紀後半の熊本県和水《なごみ》町の江田船山古墳出土大刀銘文のやはり「獲加多支鹵大王」の「治天下」の世の「奉事」の「典曹人名无利弖《むりて》」の存在である。この「典曹」は『三国志』の『蜀書』(『蜀志』)呂乂《りょがい》伝にみえる「典曹都尉」などと同じ用語であり、「典曹人」

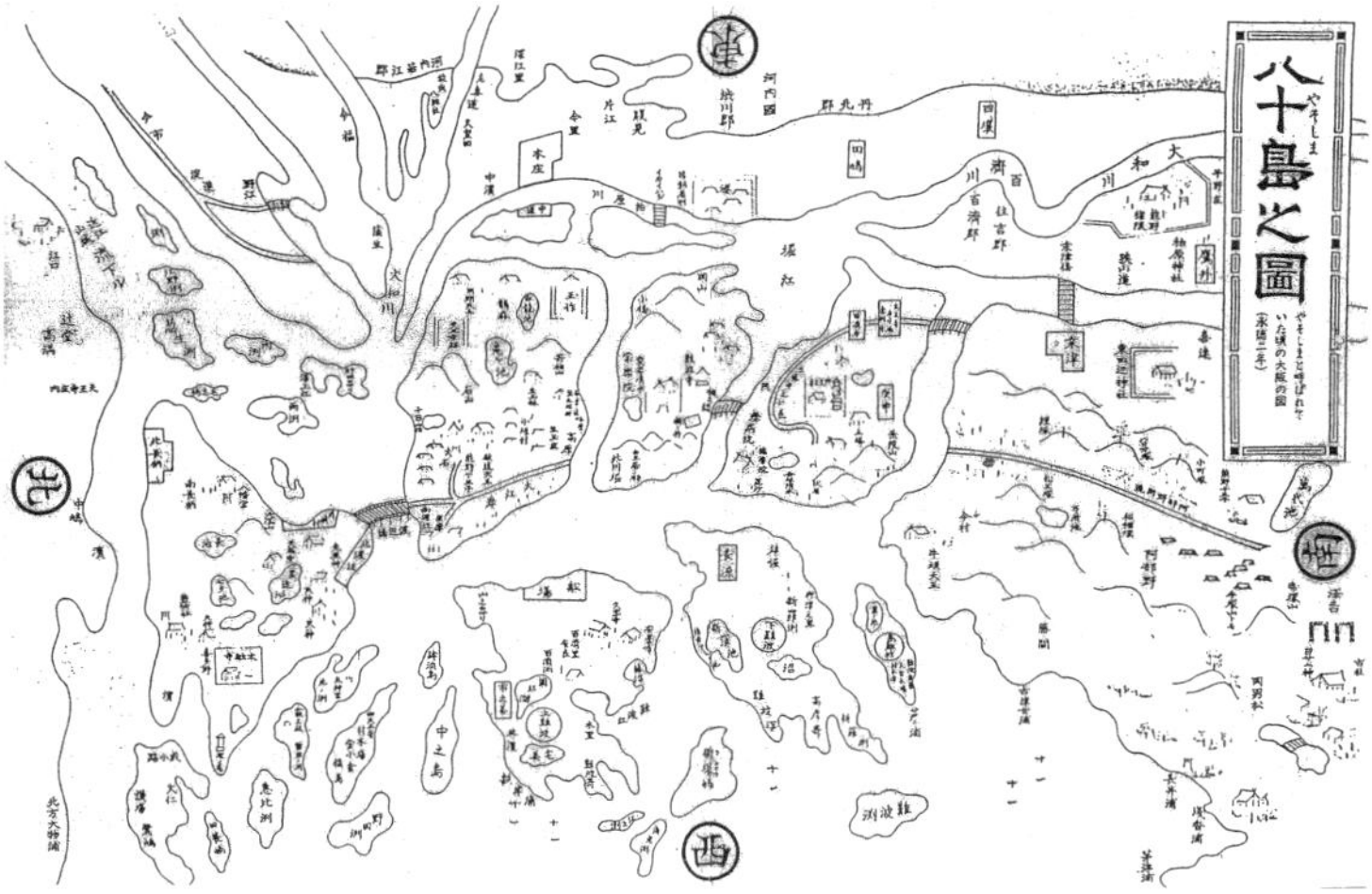

承徳二年頃の大阪の地図、「八十島之図」

とは文書関係（外交文書を含む）の仕事に携わった官人を意味する。「杖刀人」「典曹人」の「人」とは、大化期前代までの倉の出納事務をつかさどった「倉人」あるいは服飾の仕事にかかわりをもった「服人」のような官人をさす。

「朝廷」の用語は「外朝」「内廷」の略語だが、安東大将軍倭王武の段階には、宮中のみならず、官人組織を含む府中が整備されていたことを示唆する。倭国あるいは日本国の内廷・外朝の区別は、中国ほど明確に分けられてはおらず、あいまいな用法が多いけれども、銘文の「杖刀人」は内廷の官人であり、「典曹人」は外朝関係の官人ではないかと考えられる。そしてこの辛亥鉄剣銘文の書者は、すでに論証したように、朝鮮半島からの渡来系の人であった可能性がきわめて高い。

最近の発掘調査によって奈良県桜井市脇本遺跡でワカタケル大王（雄略天皇）の宮殿（泊瀬朝倉宮）の大型建物跡がみつかり、宮殿のまわりに幅の広い濠がめぐらされていたことが判明した。ワカタケル大王の権威を象徴するといってよい。

なおヤマト王権の基盤が奈良盆地にあったとすれば、その国生み神話はなんらかの形で奈良盆地とかかわりをもつ必要がある。それなのに『記』・『紀』の国生み神話は大阪湾を舞台としている。私見では海民の島生み神話をルーツとしながら大阪湾にのぞむ河内王朝の段階に具体化したと考えている（「古代河内の再発見」、『日本文化の基層研究』所収、学生社、二〇〇三）。八十島祭については、その初見記事が『文徳実録』の嘉祥三年（八五〇）九月の条であるから、それ以前にはさかのぼれないとする批判がある。しかし大嘗祭がはじめて具体化したのは持統天皇五年（六九一）であり、すでに指摘されているようにつぎの文武天皇から元明・元正・聖武・孝謙（称徳）・淳仁・光仁の各天皇が、大嘗祭の翌年には難波へ行幸しており、八十島祭とのかかわりを示唆する。貴重な承徳二年（一〇九八）頃の「八十島之図」を入手したが、それによっても、現在とはまったく異なっていかに多くの島々が大阪湾の前面にあったかがわかる。その地図には「近江山城流下ル」とあって、淀川とは書かれていない。それもそのはずである。淀川という川の名は江戸時代に入ってからつけられており、古くは大川とよんでいた。

なぜ藤原京・平城京・平安京に都が遷ってからでも難波津で八十島祭が執行されたのか、大阪湾が国生み神話の舞台であり、河内王朝とのつながりがあったからに違いない。

第四章　宗像神と沖ノ島

沖ノ島の遺跡

四世紀、五世紀の日朝関係を考えるうえで忘れてはならぬものに、宗像《むなかた》の神の祭祀にゆかりのある沖ノ島遺跡がある。それは広開土王陵碑の問題を考えるさいにも、一つの示唆をあたえるのではないか。あえてこの章を設けて、以下沖ノ島祭祀遺跡と宗像の神について気づくところをのべることにしたい。それは、当時の信仰のみならず、対外関係伝承の一つの側面を反映している。

沖ノ島は玄界灘にうかぶ孤島で、福岡県宗像市の沖あい、およそ六〇キロの地点にある。東西約一キロ、南北約〇・五キロ、周囲約四キロばかりの島だが、対馬《つしま》・壱岐《いき》・山口県にのぞむ海上の要地で、神の鎮《しず》まる聖域としてもあがめられてきた。宗像大社の沖津宮のあるところで、宗像三女神の一神であるタコリヒメノミコトをまつる。〝不言嶋《おいわずのしま》〟ともよばれるこの島には、この島独特の忌詞《いみことば》があり、今でも女人禁制の島とされ、上陸にさいしては、かならず海水で〝みそぎ〟をする定めになっている。

沖ノ島に神宝の存在することは、江戸時代に知られていて、貝原益軒の『続諸社縁起』にもみえており、江戸時代後期の国学者である青柳種信は現地にわたって調査したことがあり、また明

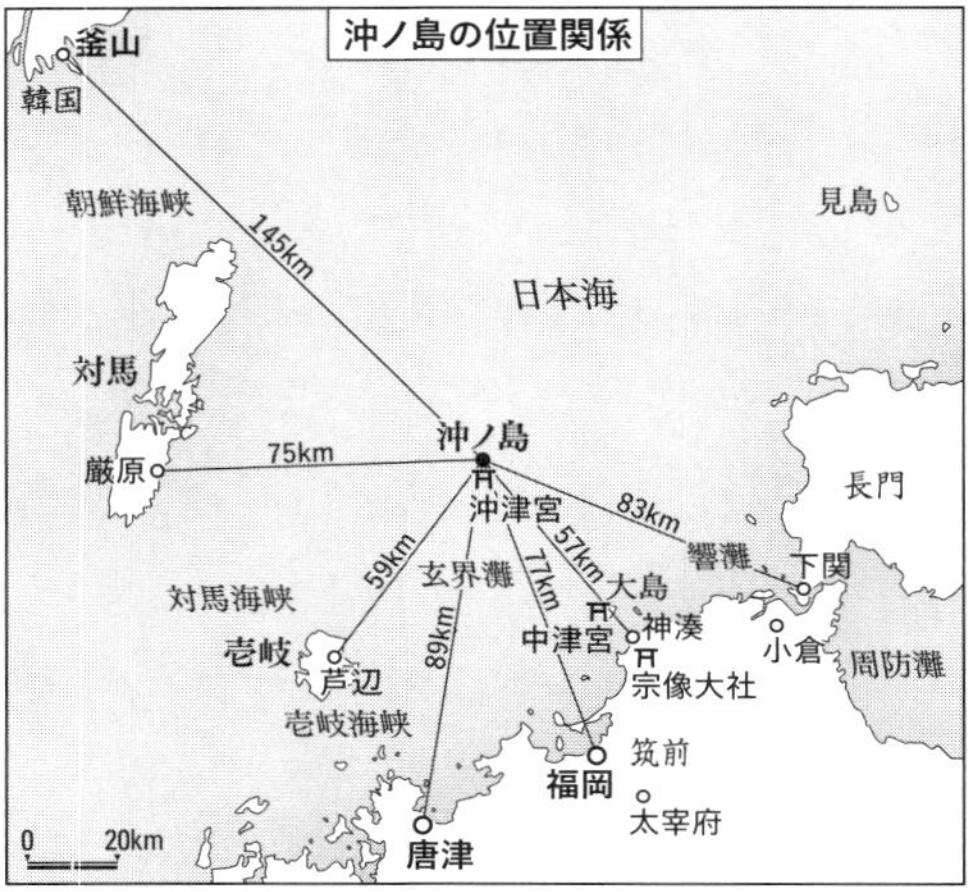

治二十一年（一八八八）には、太宰府天満宮の神官であった江藤正澄が島をたずねて、〝御宝蔵回り〟を行なったことなどもあった。

沖ノ島の発掘調査が本格的になされるようになったのは、宗像大社復興期成会がその事業の一環として社史の編纂《へんさん》を行ない、昭和二十九年（一九五四）から沖ノ島の調査を実施するにいたってからである。昭和二十九年・昭和三十年の調査結果と、昭和三十三年の第二次調査のまとめは『続沖ノ島』に集約されて刊行をみた。

その後も沖ノ島の調査が継続され、昭和四十四年の第三次第一回調査にかんしては、『沖ノ島』（Ｉ）（宗像大社沖津宮祭祀遺跡昭和四十四年度調査概報）、昭和四十五年の第三次第二回・第三回・第四回調査については『沖ノ島』（Ⅱ）（同昭和四十五年度調査概報）によって、そのあらましを知ることができる。

その調査の成果によれば、沖ノ島には縄文時代前期に人々の居住していたことが確認されており、洞穴のなかの4号遺跡においては、さらにその下に層があって、沖津宮周辺の遺跡は、縄文時代前期にさかのぼるのではないかという。弥生時代にも人々の住んだことがわかるが、沖ノ島遺跡でもっとも注目されるのは、沖津宮を中心とする二四ヵ所の祭祀遺跡である。

その遺跡は（1）岩上遺跡、（2）岩陰《いわかげ》遺跡、（3）半岩陰遺跡・半露天遺跡、（4）露天遺跡に大別され、別に沖ノ島船着場から約二〇メートル登った平坦地の南端、正三位社前の特殊埋蔵遺跡も発見されている。

沖ノ島の発掘調査の結果、縄文時代（前期・晩期）、弥生時代の生活遺跡につづいて、四世紀から五世紀にかけてのころの祭祀遺跡が登場し、その伝統は九世紀にまでおよぶことが明らかとなった。そして「沖ノ島の祭祀遺跡は遣唐使の廃止とともに、大規模な祭祀が姿を消したもの」と考えられている（『沖ノ島』（Ⅱ））。

（1）岩上遺跡は、巨岩を神の依代《よりしろ》として、巨岩の上や周囲に奉献の品々をおいたものだが、この形式が古く、四世紀後半にはじまるという。ついで五世紀後半のころから（2）岩陰遺跡へうけつがれ、巨岩の直下に奉献の品々が存在する祭祀へと変化する。

そして（3）半岩陰・半露天遺跡をへて、（4）露天遺跡とよばれる沖ノ島祭祀遺跡の最終段階へと向かう。

岩陰に石ぐみの祭壇遺構がある6号遺跡からは中国製の金銅製竜頭一対（東魏時代のもので六世紀前半から中葉）、また5号遺跡（岩陰遺跡）からも唐三彩四片（八世紀初頭を中心とする）が出土して大いに話題となった。

沖ノ島は対中国との関係においても重要視されるのである。朝鮮や中国におもむいた使節が、その帰途沖ノ島に立ち寄って奉献したものか、大和の政府より奉献したものか、その間の事情は明らかではないが、六—八世紀における沖ノ島の意味をあらためて問う遺物である。

岩上遺跡からは鏡・玉・武器・土師器《はじき》のほか鉄製雛型《ひながた》祭祀品・滑石製祭祀品などが出土し、前期古墳の副葬品と類似する要素があって、神へのささげもの（ミテグラ）と前期古墳被葬者に対する副葬品との共通的側面は、神へのささげものが、古墳被葬者へのささげものと、明確に分離していないことを示すものとして興味深い。

神への奉献物が御贄《みにえ》の原初である。御贄の名は藤原宮跡から出土した木簡において明らかとなった。そして中央にたいする民衆の貢物として、七・八世紀にまでうけつがれたことがはっきりしている。

政治的な支配者であり、かつ宗教的な権威者としての側面をもになった、前期古墳の被葬者たちへの副葬品と、沖ノ島祭祀遺跡にみられるような奉献物との類似性は、古墳における葬祭と神祭との癒着ないしは神祭から葬祭への展開を暗示するようにも思われる。鎮魂によって死者が人神へと昇華してゆくプロセスに、こうした副葬品と祭祀品との類似性が位置づけられるかもしれない。

後述のように、宗像の神は対朝鮮関係の伝承においてもみのがすことのできない役割をはたす。朝鮮関係の遺物は、宗像大社の沖津宮の鎮座する沖ノ島ではどうであったか。

沖ノ島遺跡で興味深いのは、新羅製の金銅装身具や金銅馬具などのほかに、岩上遺跡である16号遺跡から鉄挺二、正三位社前遺跡から鉄挺九が出土したことである。朝鮮半島南部からは多数の鉄挺が出土するが、このことは沖ノ島が四世紀後半から五世紀代において、朝鮮ともつながりをもっていたことを物語るものであろう。沖ノ島を朝鮮半島出兵の拠点であり、軍事基地であったとするような見方にはしたがえない。その遺跡や遺物の意味するところは、祭祀関係のものが主体であって、それをもって軍事的性格を強調するのはゆきすぎになるからである。

しかしそれにしても、四世紀後半より五世紀にかけての沖ノ島遺跡は、朝鮮半島南部の首長とのあいだに交渉があったことを示すものではないか。沖ノ島遺跡はそのかかわりを傍証する一つとなろう。

宗像の三女神

宗像の神は古来三女神と仰がれてきた。沖ノ島の沖津宮にまつるタコリヒメ、宗像市大島に鎮座する中津宮《なかつみや》のタキツヒメ、宗像市田島にまつる辺津宮《へつみや》のイチキシマヒメが、それである。

『記』・『紀』の神話は、これら三女神の誕生をつぎのようにしるす。『古事記』には、アマテラスオホミカミがスサノヲノミコトにたいして「あなたのこころが清く明るいことはどのようにして知ろう」と問うところがある。スサノヲノミコトの清明なる心を証明するために宇気比《うけひ》（誓約）をする詞章のくだりがそれである。

アマテラスオホミカミがスサノヲの剣を三段にうちおって、天の真名井《まない》（天淳名井）にふりそそぎ、かみにかんで吹きだした息吹《いぶき》の霧によって生まれた神がタキリヒメ（またの名はオキツシマヒメ）であり、つぎに生まれた神がイチキシマヒメ（またの名はサヨリヒメ）であり、つぎに生まれたのがタキツヒメであったという。こうして三女神が生まれたので、スサノヲはおのがこころの「清明」であることが証明されたと勝ちほこるのである。

そして『古事記』は、タキリヒメが「胸形《むなかた》の奥津《おきつ》宮《みや》に坐し」、イチキシマヒメが「胸形の中津宮に坐し」タキツヒメが「胸形の辺《へ》津《つ》宮《みや》に坐す」とのべて、「此の三柱の神は、胸形君らのもちいつく三《み》前《まえ》の大神なり」と記述する。

『日本書紀』ではどうか。タコリヒメ、タキツヒメ、イチキシマヒメが、誓約によって誕生したとする点や「筑紫の胸肩君らが祭る神是なり」とする本文の伝えは、『古事記』とほぼ同じである。

『古事記』にタキリヒメとなるのを、タコリヒメとするのは、類音による転訛である。しかし、『日本書紀』では『古事記』と違って、女神が生まれたなら、スサノヲに「濁心《きたなきこころ》あり」、男神が生まれたなら、スサノヲは「清心なり」としるす。『古事記』とは誓約の条件がまったく異なっている。『古事記』では、女神が生まれたのでスサノヲのこころを「清明」とするのとはまったく反対である。

『日本書紀』の別伝（一書）においてはどうか。第一の一書では、スサノヲの剣にかんして、「十握剣《とつかのつるぎ》」からはオキツシマヒメ、「九握剣《ここのつかのつるぎ》」からはタキツヒメ、「八握剣《やつかのつるぎ》」からはタコリヒメが誕生したとし、剣の種類を三つあげる。また『古事記』がオキツシマヒメとタコリヒメとを同一神としたのに対して別神とし、その神名にも相違がある。そして五男神が生まれたので、スサノヲが誓約に勝ったとする第一の一書のおもむきもまたやはり『古事記』と違う。

第二の一書では、イチキシマヒメは「遠瀛《おきつみや》にまし」、タコリヒメが「中瀛《なかつみや》にまし」、タキツヒメが「海浜《へつみや》にます」というように、三女神の鎮座する場所も、『古事記』と所伝を異にしている。第三の一書はどうか。男神が生まれれば、スサノヲに邪心なしとするのは、本文・第一の一書と同様だし、スサノヲの剣によって、「十握剣」よりはオキツシマヒメ（またの名はイチキシマヒメ）、「九握剣」よりはタキツヒメ、「八握剣」よりはタコリヒメが生まれたとするのや、オキツシマヒメとタコリヒメを、『古事記』のように同一の神にはしないで、別神としているところも第一の一書と同じである。

このように、『古事記』と『日本書紀』とでは、誓約の条件つまり女神であれば「清明」（『記』）、男神であれば「清明」（『紀』本文、第一・第三の一書）という点が根本的に対立しているばかりでなく、『日本書紀』の別伝においては、その鎮座地や神名についても違った伝えを書きとどめていることがわかる。

男神の誕生をもってスサノヲノミコトに邪心なしとする『日本書紀』の伝えには、儒教風の男尊女卑の思想にもとづくとするみかたがある。しかし、それだけではない。その誓約で生まれる五男神のなかには、天孫降臨神話の主人公ともいうべきニニギノミコトの父神、アメノオシホミミノミコトがいることに注意したい。『日本書紀』は男神が生まれれば「清明」としたのは、天孫降臨詞章の前提としてこの誓約の所伝をより強く意識して叙述していることに関連があろう。されればこそ、第一の一書では、アマテラスオオカミが「三の女神を以て、筑紫洲《つくしのしま》に降りまさしむ、因《よ》りて教へて曰《のたま》はく『汝《いまし》三の神、道中に降りまして、天孫を助け奉りて、天孫の為に祭られよ』とのたまふ」というような書きぶりにもなるのである。

鎮座地や神名の異同は、三女神の伝承に新旧があり、多様であって、『記』・『紀』の素材が固定したものでなかったことを示す。

そのことは、第三の一書にのべる、つぎの伝えにも明らかである。「三女神を以ては、葦原中国の宇佐嶋に降りまさしむ、今海北道中にます。なづけて道主貴《みちぬしのむち》と曰《もう》す、此筑紫の水沼君《みぬまのきみ》らが祭る神是なり」とするのがそれである。

第一の一書とは相違して、三女神は宇佐嶋に降臨したといい、そしてその祭祀者も、胸形君《むなかた》（宗像君）らではなく、水沼君らとする。これは、第一の一書が三女神を「道中」にます神とするのを、さらに具体的に「海北道中」にます神としるすのとあわせて無視するわけにはいかない。

島神の二つの顔

宗像の三女神をまつる氏族の代表として『古事記』や『日本書紀』本文は宗像地域の氏族胸形君（宗像君）をあげる。それにたいして『日本書紀』の第三の一書は、筑後水沼地域の豪族水沼君をあげる。水沼君と関係のある氏族に、水沼県主（『日本書紀』景行天皇十八年七月の条）やあるいは水沼別《みぬまわけ》（同四年二月の条）がある。水沼県は筑後三潴《みずま》郡（『和名類聚抄』は美無万《みむま》とよむ）と考えられ、現在の福岡県三潴郡、大川市あたりとされている。

『日本書紀』によると水沼県主猿大海《みぬまのあがたぬしさるのおおみ》は、女神の祭祀に関係があったようにしるす。水沼君を宗像の神の祭祀氏族の代表とするような伝承は、宗像の女神を海神として仰いだ信仰のひろがりを示すものであろう。しかし、島神のまつりの本来の主体はやはり宗像君のほうにあったとすべきである。

かつて国文学者の益田勝実氏は「沖の島は、瀬戸内からきて沖を通過する者と、宗像の地にあってまつりに出かけてくる者と、二種類の人間に敬われて、神の島でありつづけたのではないか」と推定した（「秘儀の島」上、『文学』三九の四）。この〝二つの顔〟についての指摘はあたっていよう。

四世紀の後半頃から登場する沖ノ島祭祀遺跡の伝統をみると、宗像の地から沖ノ島へまつりにでかける者と、瀬戸内海↔沖ノ島↔朝鮮をむすぶルートにおいて、この島神をまつる者との二とおりがあったように思われる。

たとえば岩上遺跡についてみると、量的にも質的にも遺物が豊富な17号遺跡と、もっとも遺物が少ない19号遺跡というようなちがいがある。その点について考古学者の原田大六氏は、「その差は祭祀自体の軽重の差ではなかろうか」といわれている（『続沖ノ島』）。するどい観察である。

私はそうした示唆にとむ指摘にみちびかれて、宗像地域の氏族の祭祀と、中央の権力によって行なわれた祭祀、その二つのありようを想像する。というのも、宗像の氏族によって本来になわれてきた沖ノ島の祭祀には、瀬戸内海↔沖ノ島↔朝鮮・中国をむすぶ神の祭祀というよりも、もともとは在地の氏族の奉斎神としての性格が強かったからである。そして他方、朝鮮や中国への往還においてこの島を神島と仰いだ祭祀によって、より対外的な要素の濃厚な航海の神としての性格が加上されていったと思われる。

内なる島神と外なる島神、氏族的と国家的な島神との二つの側面が、宗像神の信仰にまつわりつく。

江戸時代前期から中期の国学者今井似閑《いまいじかん》が採択した『西海道風土記』の逸文には、宗像の大神が、天より降って、崎門山《さきとやま》に居まししときに、青玉を奥津宮のしるしにおき、紫玉を中津宮のしるしにおき、鏡を辺津宮のしるしにおいたとのべて、この三つのしるしを〝神体の形〟にして三つの宮におさめ、神は姿をかくした。そこで見形郡《みかた》というのだと伝える。

この説話が古代の伝承であったかどうかは疑わしい。しかし、宗像のおこりを〝神体の形〟にあるとするこの話は、神宝の島を祭祀した宗像氏にゆかりのある伝えとして興味がある。

『記』・『紀』においても、三女神を宗像君の奉斎神とする神代巻のような伝えのほかに、中央の権力による奉斎神として描く伝えがある。

『日本書紀』の履中《りちゅう》天皇五年三月の条には、三女神が宮中にあらわれて託宣し、神の領民をうばうことをつげたとしるす。これは宗像の氏族の奉斎神が中央神化してゆく動向を反映した説話として注意すべきものであろう。そして同年十月には、三女神のたたりをしずめるべく、筑紫におもむいた車持君《くるまもちのきみ》(大王の輿をつくったり管理したりする職務にたずさわる)が、神の領民をうばっていたのを収公して、三女神に寄進した記事へとつづく。

『日本書紀』の雄略天皇九年二月の条には、凡河内直香賜《おおしかわちのあたいかたぶ》と采女《うねめ》を派遣して、胸形神をまつらせたという記載がある。この伝承は、中央権力による宗像祭祀権の掌握を物語っている。そして同年三月の条には、雄略天皇が新羅《しらぎ》を親征しようとしたときに、神がその征伐をいましめて停止させたことをもしるす。対朝鮮関係において宗像神が登場する説話になっている。

前にのべた『記』・『紀』の神功皇后伝承では、宗像三女神は登場しない。にもかかわらず、対朝鮮関係においてこの神がクローズアップされてくるようになると、『三代実録』の貞観《じょうがん》十二年二月の条の記載のように、神功皇后の征新羅の役に宗像神が神助を加えたとするごとき加上すらがなされてくる。

宗像郡の郡司は、文武天皇二年（六九八）にとくに子孫が郡司につづいて任命されることを許可され、その神の祭祀がおもんじられて、宗像郡は神郡として重視されるようになるのだが、その祭祀の原初においては、朝鮮出兵を神助する神としての信仰は希薄であった。

もともとは宗像の氏族の海上の島神であったものが、しだいに外なる神として中央の権力において重視され、その奉斎神もまた中央の宮廷神統譜に位置づけられてゆく。天武天皇が宗像君徳善の娘尼子娘《あまこのいらつめ》とのあいだに高市皇子《たけち》を生むというような状況が、そうした傾向をいっそう助長したであろう。

海北道中

大阪湾↔瀬戸内海↔朝鮮半島という海上の道が発達するにしたがって、沖ノ島は朝鮮半島からのコース、河内《かわち》（大阪府）からのコースにおける神島として仰がれるようになる。そして神の島として礼拝の対象とされただけでなく、朝鮮あるいは中国渡来の品々が島神にたいする奉献物としてささげられる。

『日本書紀』が応神天皇四十一年二月の条に、百済・加耶系の東漢氏《やまとのあや》の祖とする阿知使主《あちのおみ》らが筑紫にきたおり、宗像の大神が、工女らをもとめたので、兄媛《えひめ》を奉献したとのべているのなども、そのままに史実としがたいけれど、朝鮮渡来の人々による島神への奉献のあったことを暗示する説話になっている。

沖ノ島の祭祀遺跡の出土遺物をすべていわゆる日本人の奉献物とみなすことには問題がある。そのなかには、渡来人による奉献物のふくまれている可能性もある。新羅系の金銀装身具や金銅馬具などのほかに、金銅機織具が神への奉献物として存在するのはみのがせない。

対外交渉が活発化するなかで、宗像の神は海北道中の神となり、〝道主貴《みちぬしのむち》〟すなわち航海の安全をつかさどる貴い神としてあがめられるようになる。

『日本書紀』の第一の一書が、「道中に降りましし」神として、第三の一書が「海北道中にます」神と書いているのも、そうした観念が高まってきたことに対応するものであろう。

この〝道中〟は『日本書紀』自体が〝海北道中〟と明記しているように、朝鮮に向かう〝海北道〟の中にます神であった。下関・対馬北端・釜山をむすぶ一直線上に沖ノ島は位置している。のちに言及する四七八年の倭王武の上表文にみえる「海北」は(『宋書』夷蛮伝)、『日本書紀』にいう「海北」とも関連があろう。

『万葉集』巻七、一二三〇には、

ちはやぶる　金の岬を　過ぎぬとも　吾は忘れじ　牡鹿《おか》のすめ神

という歌がおさめられている。この歌にみえる〝金の岬〟は前に引用した『西海道風土記』の逸文に、天より降った宗像大神が「崎門《さきと》山《やま》に居ましし」とする、「崎門山」のところで、福岡県宗像市鐘崎の北端の鐘ノ岬である。

此の歌は直接に宗像の神を歌ったものではない。けれどそこには沖ノ島を望んで航海する人々のありし日をしのばせるものがひそむ。というのも、この〝金の岬〟は宗像郡の首長に深いゆかりの地であったからだ。郡大領《ぐんたいりょう》（郡司の長官）であった宗形朝臣深津とその妻は、金崎の船瀬をつくった功で位を昇進され（『続日本紀』神護景雲元年八月の条）、また宗像神社の正丁《せいてい》（良民の成年男子）が、筑前国宗像金崎にいたことをしるした文書もある（『類聚三代格』寛平五年十月二十九日太政官符）。

『西海道風土記』の逸文が、現地の伝承として宗像の大神が〝崎門山〟に天降ったとするのは、宗像と金崎とのつながりから考えると、単なるこじつけではないだろう。

ついでながらにいえば、この歌にみえる〝牡鹿のすめ神〟は、紀州本によって、〝壮鹿〟とされ、ふつう志賀《しか》の神とされているが、遠賀《おんが》川の河口、遠賀郡崗《おか》の水門の地、崗の神とする説のほうがよいのではないかと思う。その地は崗県主の存在した芦屋町のあたりであった。宗像神の信仰は、崗県の地域にもひろがっていたと考えられるのである。

宗像神、宗像の三女神、そして宗像の大神、海北道中の道主貴の神というように、宗像の信仰は時代とともに変転する。

『記』・『紀』神話をよむとたとえば『古事記』にオホクニヌシの神と宗像三女神のタキリヒメと

のあいだに生まれたのが、出雲《いずも》にゆかりの深いアジスキタカヒコネの神であるとする神統譜をのせる。宗像と出雲との信仰のつながりも軽視できない。黒潮の分流である対馬海流によって沖ノ島と出雲をつなぐ海上の道もあった。

出雲大社は西向きで、瑞垣《みずがき》内に筑紫社をまつっているし、『日本書紀』の崇神天皇六十年の七月の条にみえる出雲神宝貢上をめぐる説話において、出雲臣の遠祖とする出雲振根《いずもふるね》が筑紫におもむいたとしるしていることなども想起されてくる。

沖ノ島を媒体とする海上のコースは、沖ノ島と宗像とをむすび、さらに出雲、そして朝鮮・中国へとつらなる。そればかりか黒潮によってそのルートは南方にもつながるのだ。

だが、沖ノ島の祭祀遺跡とその信仰をめぐる問題は、それが〝海北道中〟の神と認識されるようになった段階では、対朝鮮関係を考えるうえでの不可欠なテーマとなる。

沖ノ島の祭祀遺跡には、四世紀後半から五世紀代の朝鮮関係の遺物があり、朝鮮南部とのかかわりもまた密接であったことを傍証する。そして、同時にその遺跡は日本より朝鮮へというコースだけでなく、朝鮮から日本へというコースの存在していたことをも物語るのである。

沖ノ島祭祀遺跡には、在地の氏族の祭祀ということのみでは解決しえない、中央権力の祭祀という側面がある。だがしかし、その祭祀遺跡によって、沖ノ島を朝鮮出兵の軍事基地とみなすことはできない。

第Ⅳ部

第一章　王族将軍の派遣

四道将軍の実像

五世紀の倭国の五王のことを記載している『宋書』（「夷蛮伝」倭国の条）には、中国南朝宋の順帝昇明二年（四七八）に倭王武（雄略天皇）が中国王朝へ献呈したという上表文がのっている。この上表文はおよそ三つの構成よりなる。まず第一段には、倭王武以前の状況がのべられている。「封国は偏遠にして、藩を外になす。昔より祖禰《そでい》躬《みずか》ら甲冑を擐《つらぬ》き、山川を跋渉し、寧処に遑《いとま》あらず」から「累葉朝宗して歳にあやまらず」までの部分がそれである。その内容は、祖禰（祖先の禰）の時代にふれたもので、わが国は中国の遠方にあるが、王族将軍みずからが山川を踏み渡って国内統一につとめ、代々中国へ朝貢してきたことを強調している。第二段は、倭王武の父である済（允恭天皇）の時代を中心としてのべられる。すなわち「臣下愚なりと雖も」というところからはじまり、倭王武が王位につく以前＝父の時代に高句麗の勢力が強くなって朝貢するのを妨害することを「無道」と誹謗し、父は高句麗を討伐しようとしたけれども、にわかに亡くなったことを記述する。第三段は、「今に至りて、甲を練り兵を治めて、父兄の志を述べんと欲す」から始まり「以って忠節をはげむ」という結びのことばまでの部分である。ここでは「今」＝倭王武（雄略天皇）の時代がのべられ、高句麗を討たんとする決意と中国への忠節のほどが強調されている。

この上表文の筆録者は、おそらくヤマト王権の外交にもたずさわった渡来系の人であったろうが、そこに『宋書』の編者による潤色があり、また上表文の文言に中国古典の用語の借用があったと考えられることは、たとえば「躬ら甲冑を擐きて山川を跋渉」の文が『春秋』左氏伝にもとづき、「寧処に遑《いとま》あらず」の文が『毛詩』に出典を有することが指摘されているのをみてもわかる。だがその第一段にみえる祖禰時代の国内統一にかんする記述には、軽視しがたいものが含まれている。「昔より祖禰」とある「祖禰」を祖父一般の普通名詞とみるか、あるいは祖なる禰ということで、禰は前にのべた『梁書』の彌（＝弥）の誤写で、じつは倭王珍（仁徳天皇説、反正天皇説などがある）であるとみなすかによって、その時期が若干異なってくる。しかし、そのいずれを取るにしても、五世紀前後の王朝にかかわる叙述であることに変わりはない。ところがその国内統一戦の内容を、「東は毛人（蝦夷など）を征すること五十五国、西は衆夷（熊襲など）を服すること六十六国」とのべ、「渡りて海北を平ぐること九十五国」と記載する。その国数は、五世紀後半の倭王権の時期の勢力圏を誇張したものと考えられ、それをそのままの実数とはみなしがたい。

しかし「東は毛人を征」し、「西は衆夷を服」することとのべているのは、『古事記』や『日本書紀』に物語るいわゆる四道将軍の派遣伝承やヤマトタケルノミコトの蝦夷や熊襲の征討伝承（後述参照）と対応するところがあって、そのすべてが虚構であると断定するわけにいかない。

ヤマト王権はいわゆる三輪王権の段階から大和の六御県《むつのみあがた》を中心に県制を施行、拡大していったが、その後いかなるプロセスでその政治圏を拡大していったか。文献伝承のうえでは、いわゆる四道将軍派遣説話やヤマトタケルの征討説話が参考となる。四道将軍の話は、『古事記』は「三道つまり大毘古《おおひこ》命を高志（北陸）道に、建沼河別《たけぬなかわわけ》命を東方十二道へ、日子坐《ひこいます》王を旦波（丹波）の国へ遣わした」とのべる。それにたいして『日本書紀』は「大彦命を北陸に、武渟川別を東海に、吉備津彦を西道に、丹波道主《たんばのみちぬし》命を丹波にそれぞれ四道へ派遣した」とするす。

この両者の説話には、『記』の三道と『紀』の四道というくい違いがあるばかりではなく、派遣将軍の名にも相違がある。このような両書の所伝上の違いは、もともと別個に形づくられた派遣説話が崇神天皇の代に仮託されたものであることを物語っている。『古事記』にみえる東方十二道という表現は東方十二国を意味しているが、それは国制が整備されてからのちの認識を反映したものであるし、北陸（高志道）へ大彦命を、東海（東方十二道）へ武渟川別を派遣する両書共通の説話などは、六世紀後半の崇峻天皇の時に阿倍臣を北陸道へ、宍人臣《ししひとのおみ》を東海道へ派遣したとする説話（『日本書紀』崇峻天皇の条）との関連をもつものであろう。なぜかというと、阿倍臣や宍人臣は、大彦命の後裔と意識されており、武渟川別は大彦の子として描かれる人物でもあるからである。

それなら、この四道将軍派遣説話の原型はどのようなものであったろうか。その点で注意をひくのは、『古事記』が三道派遣を崇神朝にかけて記載し、崇神朝よりも二代前に大吉備津日子命と若建吉備津日子命を吉備へ派遣したとのべていることである。つまり崇神天皇の祖父の時代にあたる孝霊天皇の時期にかけてこの物語を記述する。『古事記』の編者はまずこの吉備津日子の派遣を先行させるのである。その説話では、兵庫県加古川のあたりに、忌瓮《いわいべ》（神を祭る甕）をすえてまつり、針間（播磨）を道の入り口として吉備の国を平定したという。加古川の西、印南郡の地域には、古くから吉備の勢力がのびており、考古学上からも加古川以西には吉備文化圏との関連の濃厚であることが指摘されている。

とすれば、畿内ヤマトの王権がかなり早く播磨の地域にのびていった説話として、この『古事記』の伝承は注目されよう。また南山城から丹波の地域への勢力の広がりもみのがせない。丹波へ派遣したという日子坐命（『記』）、丹波道主命（『紀』）は、『古事記』や『日本書紀』の系譜にあっては父子の関係にある。この派遣説話は、武渟川別や大彦命の場合のように、簡単に後世の投影とはみなしえない側面をもっている。もちろん、両書の丹波派遣説話の内容にやはり若干の相違があって、『古事記』にみえる「玖賀耳之御笠《くがみみのみかさ》」という人物を討伐した話は『日本書紀』にはない。しかし、丹波の地域がヤマト王権とかなり早く接触したと思われることは、後漢鏡を副葬する南丹市園部町の黒田古墳や仏獣鏡を埋納した同町垣内古墳、また亀岡市篠町三ツ塚2号墳から神獣鏡が出土していることや、この地域にも「三一（御）県神社」があり（『延喜式』）、さらに県主家出身の后妃伝承の中でヤマト以外ではひとり丹波大県主の娘がみえることなどによっても類推される（『日本書紀』開化天皇の条）。垂仁朝や仁徳朝の后妃伝承の中にも、丹波出身の者が出てくる。それらは丹波の後宮の女官である采女《うねめ》貢進の史実を反映したものであろうが、ヤマト王権と丹波がかなり早くから接触をもったことを物語るものであることに変わりはない。丹波の桑田からの勾玉貢献の記事（『日本書紀』垂仁天皇の条）や出雲の神宝の貢上をめぐる説話の中に、丹波の氷上《ひかみ》の人が登場してくるのも軽視できない伝承である。

『日本書紀』にみえる丹波の氷上の人の説話とは次のようなものである。崇神天皇が出雲の神宝をみたいと望んで使者を遣わした。ところが神宝の管理者であった出雲の振根《ふるね》は不在であった。そこで弟の飯入根《いいいりね》が兄の許可をえないで神宝を献上した。帰国した兄の振根は怒り、計略して弟を殺した。天皇は将軍を派遣して振根を誅伐したという。そして出雲の人々は、天皇を恐れて出雲の大神をまつることを中止した。その時に丹波の氷上の氷香戸辺《ひかとべ》が、ひつぎのみこ（イクメイリヒコ）に自分の子が「出雲人よ。鏡と玉をもって、神をまつらねばならぬ」と口走ったことをつげた。そのことをイクメイリヒコより聞いた天皇は、出雲人の神まつりを許したと伝えるのである。

　このエピソードは、祭祀権がヤマトの王家に集中していく過程を物語っており、在地首長の神まつりすらが、新たな支配者によって支配されていく状況がみごとに描かれている。このような説話の完成は、弥生時代以来大きな勢力を保有していた出雲の地域がヤマト王権の統合下にはいったあとのことであることはいうまでもない。それならなぜ出雲人のマツリ中止の時に、とび離れた丹波の氷上の人が出てくるのか。それにはやはりそれなりの理由があったはずである。その説話の背景を振り返って考えれば、じつは丹波にも『延喜式』内に明記されているように、有名な大社である出雲神社（現出雲大神宮）があり、この地域の式内社（『延喜式』神名帳にみえる社）の中にも出雲系の神々をまつる社の多いことが注目される。出雲神社は平安時代にあっても一の宮として崇敬を集めているが、この出雲人は、丹波の出雲人であったと解釈できないこともない。出雲大神宮の社伝によれば、三輪との関係が深いことがわかるが、丹波へ派遣されたという日子坐王や丹波道主命自体が、系譜上においては大和の三輪の北側に勢力をもった和珥《わに》氏の娘が開化天皇との間にもうけた子であり孫であったと位置づけられているのである。

こうした前述の播磨・丹波への派遣説話の実年代がいったいいつであったか、もとよりこれをたしかめることは困難である。だが、こうした説話が定着を見る前提に、初期ヤマト王権の丹波の地域への拡大という事情があったことまでを否定するわけにはいくまい。

ここで注目すべき点がある。それは派遣将軍が王族将軍であったことだ。たとえば日子坐命（彦坐命）は若倭根子日子大毘々命（開化天皇）の子、丹波へ派遣された丹波道主命は日子坐命の子である。北陸へ派遣された大彦命は稲荷山古墳鉄剣銘文にみえる「意富比垝」であり、開化天皇の兄と伝える。その大彦命の子が武渟川別命であり、西道へ派遣された大吉備日子命（吉備津彦命）や若建吉備津日子命は大倭根子日子賦斗邇命（孝霊天皇）の子とし、いずれの派遣将軍もすべて王族将軍であったと伝えているのを軽視するわけにはいかない。

ヤマトタケル伝承の虚実

七世紀後半から八世紀のはじめの段階に『古事記』・『日本書紀』が成書化したが、その段階の朝廷の英雄将軍として明確化していたのがヤマトタケルであった。ヤマトタケルノミコトを『古事記』では倭建命と表記し、『日本書紀』では日本武尊と表記する。「日本」という国号が使われるようになったのは七世紀後半からであり、ミコトに「尊」を用いているのは、『日本書紀』が巻第一（神代上）のはじめに「至りて貴きをば尊《みこと》と曰《い》ひ（書き）、自余（そのほか）をば命《みこと》と曰ふ」と註記するとおり、ヤマトタケルを王族将軍の「至貴」の英雄とみなしての表記であった。

そもそも「ヤマトタケル」という名は、景行天皇の皇子小碓命（『紀』は小碓尊）にたいして『古事記』では熊襲の首長熊曾建《くまそたける》が、『日本書紀』ではやはり熊襲の首長の川上梟帥《かわかみたける》が討たれるさいに献じた、服属の負《ま》け態《わざ》としての名であった。ヤマトタケルすなわちヤマトの勇者として献呈されたよび名であった。

その倭建命が文武天皇の朝廷で明確に至貴の重要人物としてあおがれていたことは、『続日本紀』の大宝二年（七〇二）の八月八日の条に「倭建命の墓に震《ない》す。使を遣はして之を祭る」と明記するのにもうかがわれる。この「震」は大宝二年の六月二十八日の条に「海犬養門《あまのいぬかい》に震す」と同じように落雷であり、ヤマトタケルノミコトの霊威とのかかわりを示す。わざわざ勅使が参向するほどに、ヤマトタケル伝承は当時の朝廷のなかに息づいていたとみるべきである。

前述の若建吉備津日子の「タケル」をはじめとして古代の勇者はタケルを称していた。それは『古事記』の熊曾建や出雲建あるいは『日本書紀』の川上梟帥などにもみいだすことができる。稲荷山古墳鉄剣銘文には「獲加多支鹵《わかたける》大王」とあって、『古事記』が雄略天皇を「大長谷若建命《おおはつせわかたける》」

と書き、『日本書紀』が「大泊瀬幼武天皇《おおはつせわかたけるてんのう》」としるす「ワカタケル」と対応する。

そのタケルを景行天皇の「御子」である小碓命が南九州の首長である熊曾タケルや川上タケルから、ヤマトのタケル（勇者）として、その名を献呈されるのである。

ヤマト王権が大和・河内を中核にまず西日本へと政治圏を拡大していったことは、ヤマト王権の直轄地あるいは支配地としての県の分布からも推察することができる。

延喜五年（九〇五）から編纂がはじまって延長五年（九二七）に完成をみた『延喜式』以前の古文献にみえるヤマト王権の支配地というべき県《あがた》は、畿内をはじめとして、西日本を中心につぎのように存在する。畿内では倭（9）、山代（2）、河内（6）、摂津（1）、計一八、東海道では伊勢（6）、尾張（2）、計八、東山道では近江（1）、美濃（2）、計三、北陸道では越（1）、山陽道では吉備（7）、周防（1）、計八、南海道では讃岐（1）、西海道では筑紫（9）、肥（5）、豊（3）、日向（2）、薩摩（2）、対馬（1）、壱岐（1）、計二三となっている。その分布の最も濃厚な地域は、畿内ヤマト、それについで、吉備、筑紫である。この吉備と筑紫には有力な首長があり、瀬戸内航路や対外交渉の要地であったばかりでなく、産業・政治上においても注目すべき地域であった。主たる県の分布の東限は越前の三国県から美濃（鴨・近士の県）、尾張（年魚市・丹羽の県）のラインであって、それ以東には少ない（「国県制の実態とその本質」、『日本古代国家成立史の研究』参照、青木書店）。『常陸国風土記』には常陸国に茨蕀《うばらき》・新治《にいばり》の県があったかのごとき表現がみえているが、それは茨城郡について「故、茨蕀を取りて県《あがた》の名につけき」とあり、新治県について「井を治《は》りしによりて、郡の号《な》につけき」とあるように、明らかに郡を県に誤用したものであった。これは『常陸国風土記』を編集した官人らの中国ふうの郡県制的知識によって潤色されたものであろう。

つまり県制の分布は、越前―美濃―尾張以西の西日本に多くみうけられるのであり、ヤマト王権の西日本の平定と深いつながりのあったことを示す。もとより県の施行は、一挙になされたものではない。九州南部への施行は、九州北部よりも遅れた時期であることはいうまでもない。また県の範囲も地域によって相違がある。大県《おおあがた》とよばれるものや上県《かみつあがた》・下県《しもつあがた》などと区分されるものもあって、県には大きいものと小さいものがあったと考えられる。

こうした県の分布はヤマト王権の拡大に対応しており、畿内ヤマトの王権がまず西へと広がっていったことを推察せしめる。国の首長である国造《くにのみやつこ》の国の範囲よりも県の方が小さく、しかも西日本の要地に濃厚であって、東日本に少ないことは、国造の国制よりも県主の県制の方が先行したものであることを傍証する。事実、国造の国は、県のように西日本ばかりでなく東日本へとかなり広い範囲にわたって分布しており、律令制下の国名につながるものが多いのである。県主の性格には、国造よりも古い伝承がつきまとい、より部族的結合が色濃くただよっているのもそのためであった。したがって律令制下の国名についても、県名は対馬・丹波などを除いてはほとんどつながりを示さないのである。

県制にみられる支配の進展は、古墳文化の様相とも関連するところがあろう。前期の古墳に副葬されている三角縁神獣鏡のうちで単像式の鏡類（西方型）は、その分布の中心は福岡県から岐阜県までにおよんでいるとされ、複像式の鏡類（東方型）との興味ある対照を示す。

また古墳被葬者にとって一種の財物であったとみなされる石製の装飾品についても、賜与・貢献などによって入手されたと思われる鍬形石の分布は、古い形式のものは山口県・大分県より岐阜県あたりに及び、古い形式の石釧《いしくしろ》の分布も香川県から滋賀県にまたがっている。これらの古墳文化にみいだされる状況や、県制の施行状況は、ヤマト王権がまず西へのびていったことを示唆していると思われる。

ヤマト王権の西日本への広がりを『古事記』や『日本書紀』の編者たちは、ヤマトタケルの熊襲平定やヤマトタケルの父にあたる景行天皇の九州親征をもってとり扱う。これらの説話が六世紀ごろの「旧辞」(上古の諸事)の記録化をへて、最終的には両書の編集者によって造作されていることはこれまでの多くの研究によってほぼ明らかになっている。それは、両書の伝えの大きな相違をみただけでも、だいたい説話のつくりあげられていく順序を知ることができる。

第一の点は『古事記』は景行天皇の九州平定の話をのせていないのに、『日本書紀』ではヤマトタケルの熊襲平定よりも前に、まず景行天皇の九州への親征があったとする。つまり『日本書紀』は、熊襲平定を、まず景行天皇が実行し、ふたたび熊襲がそむいたので、ヤマトタケルがおもむくという二回の出来事としてしるすのである。このような両書の書きぶりはどちらがより古いものであろうか。その結論をいえば、『日本書紀』が挿入する景行親征説話のほうにより新しい要素がみいだされる。景行天皇は、山口県(娑麼《さは》)から大分県にはいり(長峡《ながお》→速見→直入《なおり》→来田見《くたみ》→海石榴市《つばきち》→血田《ちた》)、さらに宮崎県(高屋)をへて鹿児島県へおもむく。そして熊襲の八《や》十梟帥《そたける》(厚鹿文《あつかや》・迮鹿文《そかや》という首長)を討つ。そして宮崎県(子湯《こゆ》→諸《もろ》)に帰り、熊本県(熊→

葦北→八代）をへて長崎県（高来《たかく》）にはいる。さらに熊本県（玉杵名《たまきな》→阿蘇）より福岡県（御木《みけ》→八女《やめ》）へ向かい、ふたたび宮崎県に帰って、そこから都へ凱旋することになる。九州の全域に景行天皇の親征が及ぶという説話構成をとる。ところが、その親征説話の内容には地理上の矛盾があり、その年次の書きぶりにも錯誤があって、その表現にものちの儒教的思想によって文飾を施したところが少なくない。

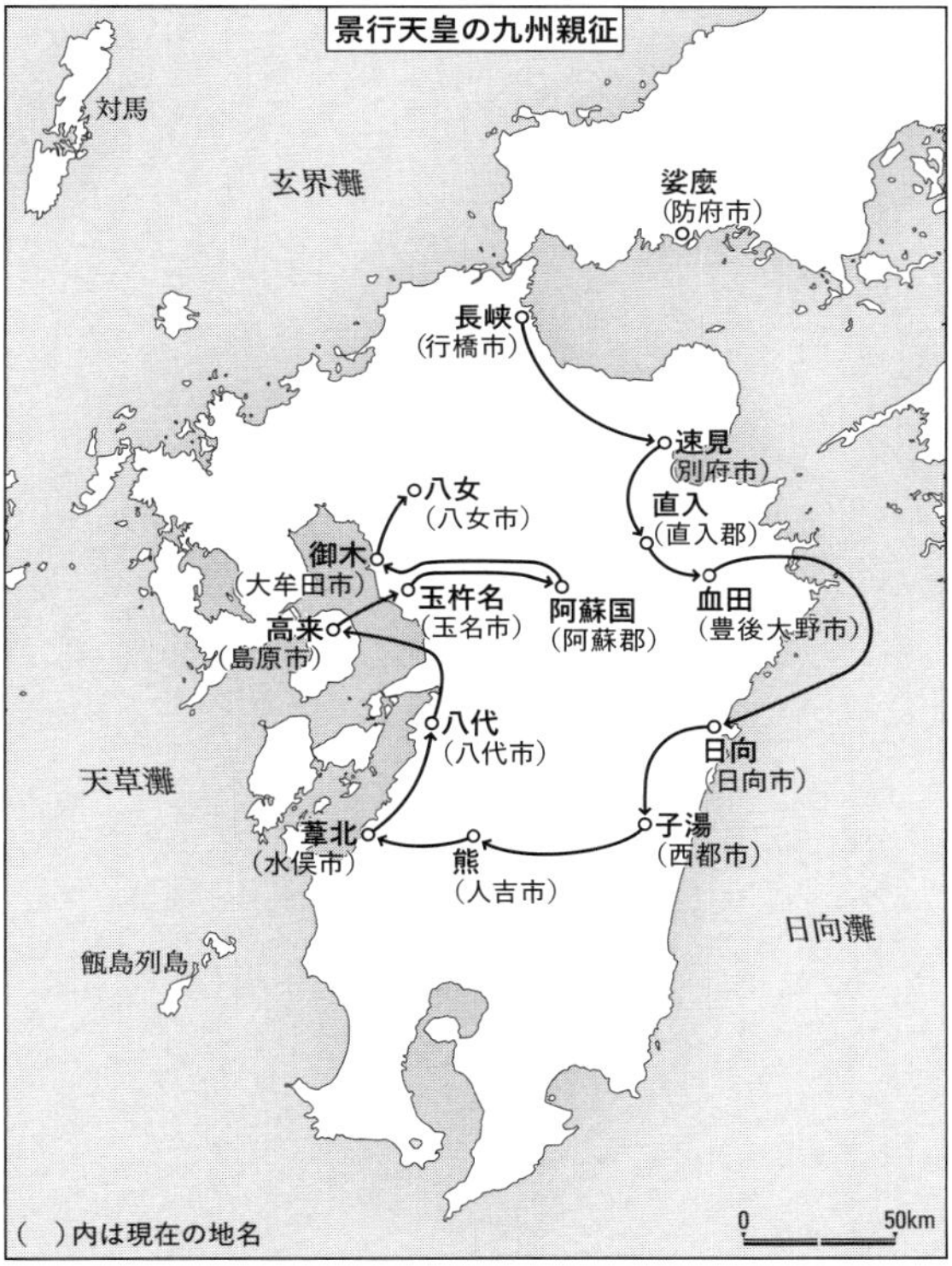

それればかりか『古事記』がヤマトタケルの歌とする国しぬび歌（国見歌が原型）を『日本書紀』は日向（宮崎県）の子湯で景行天皇が詠んだ歌として描き、景行天皇による九州の首長の服属をことさらに強調している。『日本書紀』の景行天皇説話のほうが『古事記』のヤマトタケルの熊襲平定説話よりも新しく編述されたものとみられる点はほか

にもある。いわゆる熊襲を、『日本書紀』が「ことごとく襲《そ》の国を平ぐ」とか「熊県《くまのあがた》に到ります」とかというように、はっきり熊の県と襲の国を書き分けていることにもみいだされる。『日本書紀』のいう襲の国とは、その熊襲の八十梟帥が厚鹿文・迮鹿文を名のっているように、大隅国（鹿児島県）の始羅《あいら》郡の地域を中心とする。それは両人が名のる鹿文《かや》という文字が始羅郡内にある地名にもとづくことでもわかる（『和名類聚抄』）。熊の国とは、熊本県球磨《くま》郡のあたりを中心とする地域であり、肥人《くまびと》などとも書かれるところの熊である。『日本書紀』が熊の県と襲の国を分けて襲の平定に力点をおいているのは、熊の国がヤマト王権に服属してからのちの意識によって書かれているからであろう。こうしたかなり明瞭な行政上の認識がみえること自体が、この説話の新しさを物語っている。

　次に、両書がのべるヤマトタケルの熊襲平定説話の場合はどうか。景行天皇の親征を前提として描かれる『日本書紀』と、景行天皇の親征のことには全然ふれない『古事記』とでは、その内容もかなり違っている。たとえば『古事記』では、ヤマトタケルは出発にあたって、伊勢にいた叔母のヤマトヒメから衣装と剣をもらって出発するが、その話は『日本書紀』にはない。また『日本書紀』はヤマトタケルの従軍者の名（石占横立《いしうらのよこたて》や田子《たご》・乳近稲置《ちぢかのいなぎ》ら）をあげるのに、『古事記』ではそのことがふれられていない。第一、ヤマトタケルの名は、小碓尊（『記』＝小碓命）が熊襲の首長を討った時に、その首長が、その勇猛をたたえて奉ったものと伝えるが、ヤマトタケルの討伐する相手が、両書では異なっている。すなわち『日本書紀』が川上梟帥であったとするのに、『古事記』は熊曾建兄弟であったと物語る。『日本書紀』は川上梟帥の別名を取石《とろし》鹿文《かや》と記述し、やはり大隅の国始羅郡の鹿文という地名にちなんだ人物として描く。兄弟連称で書く『古事記』のほうが説話形式としても古く、また『日本書紀』に川上梟帥が「賤しき賊のいやしき口をもつてみな奉らむ、もしゆるしたまはんや」といったという表現などにも、「夷狄」とみなした地域の首長を賤視する律令体制成立後の『日本書紀』編者の思想が反映されている。

『古事記』は、伊勢大神に仕える叔母から剣と衣装を与えられた話を伏線としているために、『日本書紀』がただ髪の形を変えて乙女の姿となり、新築を祝う酒宴の席にまぎれこんで川上梟帥を殺したとするような単純な書き方はしない。『古事記』は叔母からもらった衣装を着たことと、叔母より与えられた剣のことを特筆するのである。伊勢の神の神威をたたえる霊験譚としての宗教的要素もまた『古事記』のほうに強いのである。

このようにみてくると、ヤマトタケルをめぐる熊襲平定の説話は、『古事記』のほうがより古い要素をもって構成されていることがわかる。しかし『古事記』といえどもそれはあくまでも古代貴族・官人層の意識を通路とするヤマトのタケル（勇者）説話の集約として定着をみたものであって、九州南部を服属させるに至った六世紀前後の状況を前提として述作されている。

蝦夷征討の背景

ヤマトタケルは熊襲の平定を終って、『古事記』ではその帰途出雲へおもむき出雲タケルを討伐することになるが、『日本書紀』には出雲タケル征討の伝承はない。

東の方蝦夷の平定についても、『古事記』と『日本書紀』との間には、その内容にかなりのへだたりがある。まず第一にヤマトタケルのいでたつありさまが『記』と『紀』とでは大きく異なる。『記』では景行天皇がヤマトタケルに「東方十二道の荒ぶる神またまつろはぬ人どもと、言向けやはせ（東方十二国の荒ぶる神や服従しないものどもを平定せよ）」と詔し、吉備臣らの祖とする御鉏友耳建日子《みすきともみみたけるひこ》を副えて、「比比羅木《ひひらぎ》（柊）で作った大きな八尋矛」を授ける。出発にあたって伊勢の大御神の宮に参り、叔母のヤマトヒメに「天皇既に吾に死ねと思ほす所以《ゆえ》か」と嘆き訴える。西の方熊襲の平定を終って、やっと帰ってきたのに、休む間もなく「軍衆も賜はずて、東方十二道の荒ぶる人どもの平定」を命じられる。「これによりて思へば、なお吾既に死ねと思ほしめすなり」というのである。ヤマトヒメは剣と火打石の入っている嚢を与えてタケルをはげます。

ところが『紀』ではそのありさまが全く違う。『記』は「東方十二道の荒ぶる神またまつろはぬ人ども」の言向和平を目的とするが、『紀』はより具体的に「亦蝦夷悉《ことごとく》に叛きて、しばしば人民を略《かす》む（略奪する）」とし、つぎのような蝦夷＝夷狄《いてき》観を『史記』や『礼記』などの文を借りて、まざまざと描く。

蝦夷《えみし》は是尤《はなは》だ強《こわ》し。男女交り居りて、父子別《わきだめ》無し（親子の区別がない）。冬は穴に宿《ね》、夏は樔《す》に住む。毛を衣《し》き血を飲みて、昆弟《このかみおとと》相疑ふ。山に登ること飛ぶ禽の如く、草を行ること走《に》ぐる獣の如し。恩を承けては忘る。怨《あだ》を見ては必ず報ゆ。是を以て、箭を頭髻《たきふさ》（頭の髪）に蔵し（隠し）、刀を衣の中に佩く。或いは当類《ともがら》を聚めて、辺堺《ほとり》を犯す。或いは農桑を伺ひて人民を略《かす》む（略奪する）。撃てば草に隠る。追へば山に入る。故《かれ》、往古より以来、未だ王化に染《したが》はず。今朕、汝《いまし》を察《み》るに、為人《ひととなり》、身体長く大にして、容姿端正《かおきらざら》し。力能く鼎を扛《あ》ぐ。猛きこと雷電の如し。向ふ所に前無《かたき》く、攻むる所必ず勝つ。

蝦夷の実際を歪曲して、暴虐非道のきわまる夷狄とみなすのである。

『日本書紀』では、蝦夷征討の将軍には兄の大碓命がなるべきだとヤマトタケルが進言したが、大碓命は逃げ隠れ、結局は美濃（岐阜県）を治めることになる。そこでヤマトタケルは雄叫びして「労しと雖も（苦労は多いけれども）、ひとぶるに（一生懸命に）その（蝦夷の）乱を平げむ」とことあげする。『古事記』の父（景行天皇）が「吾既に死ねと思ほしめすなり」と悲嘆するヤマトタケルとは大きく異なる。

『記』では葉にとげがあって邪気をしりぞけるという柊《ひいらぎ》の大きな矛を父から与えられるが『紀』では「斧鉞《ふえつ》（おの・まさかり）」を授けられる。中国の王朝では斧鉞は征夷の将軍のしるしであって、「比比羅木の八尋矛《やひろぼこ》」を与えられたとする『古事記』の伝承の方が実際にふさわしい。「斧鉞」の授与は『日本書紀』編者の中国における征夷将軍のしるしの知識による文飾というほかはない。従軍者も『記』では御鉏友耳建日子ひとりだが、『紀』では吉備武彦・大伴武日《たけひ》・七掬脛《ななつかはぎ》をあげる。

『記』が「東方十二道（十二国）」とするのは、延暦八年（七八九）に天皇の食膳を担当した高橋氏が朝廷に提出した「家記」といってよい『高橋氏文《たかはしのうじぶみ》』に「東方諸国造十二氏」として国造十二氏をあげているのが参考になる。『古事記』や『日本書紀』などにみえる「坂東九国」、「坂東十国」、「東方八道」、「東方十二道」という表現が、国制の確立後に称されたものであることはたしかである。その十二国の内容が本居宣長のいうように、伊勢・尾張・参河・遠江・駿河・甲斐・伊豆・相模・武蔵・総・常陸・陸奥とするのがよいか（『古事記伝』）、大化二年（六四六）の詔にみえる東方八国に尾張・参河・駿河・遠江を加える方がよいか、『古事記』には明記されていないので断定しにくいけれども、それが東海の諸国を中心とするものであることは、『古事記』のことむけの東方の内容より明らかであろう。

ここで東京大学の井上光貞教授の「国造制の成立」（『史学雑誌』六〇編一一号所収、一九五一）に対する上田の批判（「国県制の実態とその本質」、『歴史学研究』二三〇号所収、一九五九）を発端に、井上氏と私との間ではじまった国県制論争について言及しておこう。国造と県主を上下の「地方政治機構」と位置づける井上説にたいして、県主制は国造制に先行する政治機構であり、県主制から国造・県主制へと展開したとみなす上田説との間にはひらきがあった。

ヤマト王権の四世紀における西日本への勢力伸張は、県・県主制を背景とし、五・六世紀の西日本にとどまらず東日本へと勢いを増すヤマト王権の拡大は、国造制を媒介とするとみなしたのが上田説であった。ヤマトタケルの蝦夷征討伝承には、新旧の伝承と潤色がいりまじっているが、基本的には国造制の展開を背景とするヤマト王権の政治圏のひろがりを反映する。

東征のコースも『記』では関東南部を主とするのに、『紀』は関東北部から東北の陸奥の一部へとおよぶ。妃のオトタチバナヒメが走水の海（浦賀水道）で、海が荒れ海神のいけにえとなって海中へと入水する有名な悲話が、東征のなかの王族将軍ヤマトタケルの悲劇性を浮かびあがらせる。妻オトタチバナヒメを偲んでヤマトタケルが「吾妻《あづま》はや（ああわが妻よ）」と悲恋の思慕を口にする場所も『古事記』と『日本書紀』では異なる。『記』は足柄の坂（神奈川県の足柄山の峠、これより東は坂東）であるのに、『紀』は碓日の坂（信濃と上野の境、これより東は山東）とする。

やまとは　国のまほろば
たたなづく　青垣
山ごもれる　やまとし　うるはし

の国偲び歌が『記』では、ヤマトタケルが伊勢鈴鹿の能煩野《のぼの》でなくなる歌として描かれており、景行天皇九州親征のおりの景行天皇の歌とする『紀』の所伝よりは、はるかに文学性が豊かである。

英雄時代論争

戦後の古代史にかんする学界の動きのなかで、一時はげしく論争された問題に前にも若干指摘した英雄時代をめぐる見解の対立がある。その古代における民族の具体的な英雄像としてとりあげられたのがヤマトタケルノミコトであった。

英雄時代論争の登場はすぐれた歴史家であった石母田正《いしもだしょう》法政大学教授の問題提起からである。石母田教授は「古代貴族の英雄時代─古事記の一考察」、『論集史学』所収、三省堂）を昭和二十三年（一九四八）に発表した。「英雄時代の独立的な構成的要素」を「一方においてはこの社会を指導し原始的素朴性を克服する階級的主体としての古代貴族が明確に分離独立しており、他方においては奴隷制によってまだ解体されるに至らない広汎な独立小農民層の階級が社会の生産の基礎をなしている時代」にみいだし、「国家の形成過程において生起するさまざまな生きた事件は、『記』・『紀』の「たんなる素材の地位におとされてしまっている」とし、「真実の歴史は記紀の語るところとちがったもっときびしい、もっと壮大な歴史の体験があったことをしめしているように思う」とのべているが、その視点は津田史学が残した課題に迫ろうとする、あらたな『記』・『紀』分析でもあった。

「部民田荘を獲得するために全体が戦闘単位として族長のもとに統一されていた氏族集団──氏族の歴史のかかる段階こそ英雄時代にふさわしいものでなかろうか」として、三─五世紀を「日本古代貴族の英雄時代」と規定し、その特質を「動的＝英雄時代的なものとそれを否定しようとする停滞的＝カースト的なものとの対立である」とした。その対立と矛盾から生みだされる「混沌の時代」、「日本の古代貴族の英雄時代」の「特殊な構造」は、「自由な独立農民の広汎な存在という条件」の欠如、「人民の政治的権威がわが国ではこの時代において急速に退化したことに基く」という。

そして「古代文学における英雄物語について」言及し、「古事記において三つの型の英雄を発見」する。「第一は神武天皇に象徴され形象化されたいわば散文的英雄であり、第二は萌芽的であるが神武東征物語の歌謡群のなかにおける叙事詩的英雄であり、第三は日本武尊において典型的に見られる浪曼的英雄である」。「この英雄の三つの類型とその相互の対立を問題とすることは、文学史的な課題であるばかりでなく、かかる英雄の創造過程のなかに古代貴族の歴史そのものが表現されている点においてすぐれて歴史学的な課題であるといわねばならぬ」。石母田氏の問題提起が学界に与えた意義と影響は大きかった。石母田氏はたんなる「英雄時代」の存在を指摘したのではない。その日本的特質を「豪族的＝英雄的側面」と「世襲的王制あるいは専制君主的な側面との対立」のなかに探究しようとした。そして「わが国の古代貴族の文学は散文的英雄と浪曼的英雄を形成し得たが、叙事詩的英雄は、若干の断片的歌謡にかすかにその存在を記録したのみで、ついに物語として創造し得なかった」ことを指摘した。しかし「階級的であると同時に民族的でありうるのは、ただ英雄時代の叙事詩的英雄のみである」という視点は、その素材と方法においてなお吟味すべき問題を残していた。

石母田氏の論説は、民族文化をどう評価するかというきわめて政治的な民族文化への関心と討議のなかで、多くの人々の注目をあびた。昭和二十五年（一九五〇）には「英雄時代」についてのシンポジウムが民主主義科学者協会京都支部歴史部会の主催で開催されている。そして「英雄時代は、今や古代史研究の世界において一個の市民権をえつつある」（歴史学研究会編『歴史学の成果と課題』一九五一）といわれたくらいであった。昭和二十六年（一九五一）の歴史学研究会大会では、「日本武尊」の評価をめぐる論争（歴史学研究会編『歴史における民族の問題』一九五一）、翌年の大会における討論（歴史学研究会編『民族の文化について』一九五三）などで賛否両論が提出された。民主主義科学者協会書記局の藤間《とうま》生大《せいた》氏（後に熊本商大教授）は『日本武尊』（一九五三）において「英雄時代の伝統」を倭建命の英雄像を中心に論述し、「群小県主階級の民主制」と「強大豪族、ついで古代天皇制の専制主義」との相剋のなかで、倭建命の原像を「没落する群小豪族の代表者」としてとらえようとした。

　こうした学界の動向に対して、まず反対を表明したのは北山茂夫立命館大学教授であった。こうした英雄時代論にたいして、北山教授は「民族の心」（『日本における英雄時代の問題によせて」『日本古代の政治と文学』所収、青木書店、一九五六）で注目すべき批判をなし、高木市之助九州大学教授のとりあげた「戦闘歌謡」は、「その素材の特質、あるいは担い手の集団の、宮廷関係にもとづく成立からみて、六世紀以降のものであって、伴造《とものみやつこ》＝部《べ》制に対応しており、どうしても、四・五世紀の英雄時代の所産とすることはできない」として、「石母田が左翼の歴史家として、高木の試論をうけとめたとはいえない」と鋭く言及した。

　私は邪馬台国問題にかんする私自身の本格的な最初の考察「邪馬台国問題の再検討」（『日本史研究』三九号所収）で、三―五世紀における王権の性格を論じ、「三―五世紀」の段階を英雄時代とみなす見解に反対した。そして昭和二十六年（一九五一）七月の論文「アガタ及びアガタヌシの研究」（『國学院雑誌』五四巻の二号所収）の成果を前提に県主を民主制の伝統にそくしてとらえた藤間生大説を批判した。

　石母田氏は「古代貴族の英雄時代」においてヤマトタケルノミコトを古代貴族たちの英雄像と

うけとめ、藤間は古代民衆の英雄像と位置づけたが、『古事記』・『日本書紀』のヤマトタケル伝承を中心に詳細な分析をこころみ、タケルベ（建部）やタケルベ氏族あるいはタケル神社の伝承およびその分布から、英雄時代の英雄とは異なる、ヤマト朝廷の王族将軍であることを『日本武尊』（吉川弘文館、一九六〇）で明らかにした。

北山氏の批判にたいし石母田氏は「英雄時代の問題の所在について」（一九五三）を公にして自説の立場を明らかにしながら『記』・『紀』にみえる〝みつみつし久米《くめ》の子らが〟などと歌われた八首の、久米歌歌謡群について「だれが、どの階級に属するものが、だれのためにうたったのであろうか。ここにこの歌謡群の提出している問題がある」と、「問題の所在」を再説した。また藤間生大氏は上田の批判にたいして「英雄時代を三世紀から五世紀の初めにもってくる私の見解は、結論的には撤回されなければならない」（『日本歴史概説』一九五四）とのべた。

その後英雄時代論争は、一時停滞したが、井上光貞東大教授は改めて「戦後ひととき、古代史学界をにぎわした英雄時代論」を重視し、「われわれの祖先は、四、五世紀に、一つの英雄時代を体験した」とし、久米歌は「このような英雄時代の所産である」と論じ、三—五世紀の時代は英雄時代と認めることができないとする見解を批判した（『日本国家の起源』一九六〇）。井上氏によれば三—五世紀の社会は、「石母田氏のいう英雄時代、政治体制についていえば、原始的民主制の段階にこそふさわしい時代」ということになる。

この井上氏の見解にたいしては、県主制と国造制をめぐる井上氏との論争とは別に（後述参照）、やむなく私が反論することになる。井上氏が『日本国家の起源』で『三国志』の『魏書』

東夷伝倭人の条（いわゆる「魏志倭人伝」）に「倭国の乱」をうけて女王卑弥呼を「共立」したとしるすのを原始的民主制を支えた部族同盟のありようを示し、「英雄時代の段階にふさわしい」とみなしたが、私は前にも言及したように、『三国志』の『魏書』（『魏志』）「夫余の条」（「夫余伝」）に尉仇台《いきゅうだい》が死んで簡位居《かんいきょ》が王となったが嫡子がなく庶子の麻余を諸加が「共立」したとしるし、また「高句麗の条」（「高句麗伝」）に王の伯固が死んだが長子抜奇《ばっき》は不肖で、小子の伊夷《いい》摸《も》を国人が「共立」したと書く、著者陳寿の書法は、嫡子の継承でない場合に「共立」が使われていることに注目して、この「共立」を部族同盟の反映とみなすことはできないと反論した（第Ⅱ部第二章参照）。もし「共立」が部族同盟のありようを示すのであれば、女王台与の場合も「共立」と書くべきなのに、そのおりには「立」としるしていることを軽視できない点と指摘した（「大和国家の構造」一九六二、「大和国家の成立過程」一九六三）。久米歌については土橋寛同志社大学教授が詳細な考察を加え（「久米歌と英雄物語」一九六〇）、久米歌八首をA群・B群・C群に分けて、A群は「久米氏内部で成立した戦闘歌謡」、B群は「天皇に忠誠を誓う歌として、宮廷儀礼において成立した歌」とみなした。土橋氏が久米歌を叙事的歌謡ではありえないとした研究にたいして、井上氏はそれは「日本の英雄時代の存否の問題ではなく、むしろありかたの問題であった」とし、旧辞がつくられる半世紀あまり前の倭王武の上表文には、「祖禰躬《みずか》ら甲冑を擐き、山川を跋渉し、寧処に遑あらず」とあることをひとつの論拠に、「四、五世紀の日本では」、「朝廷の諸氏族も、地方の族長も、六世紀以後の史料をもってしてははかり知れないほどの独立性と自由とを保持し、そこに展開された社会と歴史とは、はるかに活気に満ちた時代」

で「そこに権力的な国家が形成される以前の、日本の英雄時代を想定」しうるのではないかと再論した（『日本の歴史』第一巻、中央公論社、一九六五）。「英雄時代」のありかたを論ずるためには、「英雄時代」とはなにか、いかなる意味での「英雄時代」なのか、部族同盟と英雄時代の関係、英雄時代から国家への移行の歴史過程が、より理論的実証的に明らかにされる必要がある。そのためにも、立論の素材の検討をおろそかにすることができない。久米歌については上田の「戦闘歌舞の伝流」（『日本古代国家論究』所収、塙書房、一九六八）と題する久米歌のにない手である久米集団が本来は山人たちであって、後に宮廷とのかかわりによって宮廷歌謡化するプロセスを考察した論文があり、倭王武の上表文については、前にものべたように「躬ら甲冑を擐き、山川を跋渉」の文が『春秋』左氏伝にもとづくものであり、「寧処に遑あらず」の文が『毛詩』に出典を有するものであって、ただちに史実とみなすわけにはいかない。

英雄時代論争の意義は、「英雄時代」があったか、あるいはなかったかというような単純な存否にとどまるべきではない。原始社会から階級社会への変革が、どのようにしてなされていったのか。部族同盟の解体と国家の成立、天皇制のなりたちと豪族・民衆とのかかわり方、それは、三―五世紀における王権の質と内容、その権力構造の本質に迫る論争として位置づけることが必要である。

ヤマトタケルを日本民族の英雄とみなすことはできない。あくまでも王族将軍であって、『記』・『紀』の伝承じたいに差異があるばかりでなく、そこには古い伝承と新しい伝承が重層していた。

ヤマトタケルが各地を征討するコースと建部《たけるべ》と建部を名乗る国人および建部郷・建部神社の分布からヤマト王権が設定した軍事的部民（建部）の存在が深いかかわりをもっていたことがわかる（『日本武尊』吉川弘文館、一九六〇）そのありようを（A）・（B）・（C）の各表で示したので参考にしていただきたい。

文献にみられる各地の「建部」（A）・（B）・（C）

（A）

国名	郡名	郷里名	内容	備考
遠江	浜名	新居	建部	浜名郡輸租帳（天平十二年）
美濃	味蜂間	春部	建部	御野国戸籍（大宝二年）
同右	本簀	栗栖田	建部	同右
近江	犬上	大田	建部	西南角領解（天平勝宝九年）
同右	坂田	大原	建部	近江国大原郷長解（天長九年）
出雲	出雲	建部	建部臣・建部首・建部	大税賑給歴名帳（天平十一年）
備中	都宇	建部	建部	大税負死亡人帳（天平十一年）
同右	賀夜	葦守	建部	同右
筑前	那珂	伊智	建部	万葉集（巻五）
同右	嶋	川辺	建部	筑前国戸籍（大宝二年）

(B)

国名	郡名	内容	備考
常陸	行方	建部	常陸国風土記（孝徳朝）
信濃	更級	建部大垣	続日本紀（神護景雲二年）
近江		建部公伊賀麻呂	続日本紀（天平神護二年）
同右	犬上カ	犬上建部君	記・紀（景行・孝徳朝）
紀伊		建部今雄	三代実録（天慶三年）
出雲		建部志麻売	出雲国計会帳（天平六年）
讃岐	鵜足	建部秋雄	三代実録（仁和元年）
筑前		建部公豊足	周防国正税帳（天平十一年） 続日本紀（天平二十年）
筑後		建部公貞道	三代実録（仁和元年）
肥後	飽田	建部公弟益 建部公真雄	日本後紀（弘仁六年） 続日本後紀（承和十年） 三代実録（貞観三年）
日向		建部史生	日向国計帳（未詳）
薩摩		建部神嶋	薩摩国正税帳（天平八年）

（C）

国名	郡名	郷里名	神社名	備考
下野	那須		建武山	延喜式神名帳
尾張	中嶋	建部		尾張国検川原寺田帳（天長二年）
美濃	多芸	建部		和名抄
同右	石津	建部		同右
伊勢	安濃	建部		同右
能登	羽咋		建部	神道大辞典
近江	栗太		建部	延喜式神名帳
出雲	出雲	建部		出雲国風土記・和名抄
美作	真島	建部		和名抄
同右	大庭		建部	神道大辞典
備前	津高	建部		和名抄

※（A）の表は、奈良時代の「戸籍」や各地の官吏が中央政府に上申する帳簿の附属名簿すなわち「四度公文枝文《えだぶみ》」にみえる建部である。そして国・郡・郷里の名を明らかにしうるものである。（B）の表は、建部を名のる国人で国の名や氏姓をたしかめうるものである。（C）の表は、建部郷および建部神

社についてその所在を比較的明らかにしうるものである。

※※以上の他にも、尾張地方と関係があると推定される丹羽建部君や、伊勢地域と関係があるかも知れぬ阿努建部君（『先代旧事本紀』）、また神社では建部神社の社名と似通う上野国（群馬県）の牟武神社、倭の建神社などもあげられるが、速断をいまにわかに下すことは危険であるから、一応表からは除外してある（他に上野国国分寺文字瓦に武部の名がみえる。また建部人上などが『続日本紀』に登場する）。

第二章　出雲と北ツ海文化

独自の伝統

昭和四十九年（一九七四）の十一月に出版された『出雲』（毎日新聞社）の巻頭論文のなかでつぎのようにのべたことがある。

いわゆる銅鐸の文化と銅剣・銅矛・銅戈の文化とが、島根県に地域的特色を示しながら交錯していることは興味深い。記・紀神話にあっては、葦原の中つ国の代表とされる出雲は、〝荒ぶる国つ神の多なる〟〝荒芒《こうぼう》の地〟として描かれているが、そこには豊かな水系を背景とする文化があった。

はたせるかな、昭和五十九年（一九八四）七月に島根県出雲市斐川町の神庭荒神谷遺跡から銅剣三五八本がみつかり、そして翌年銅鐸六個、銅矛一六本が発見され、さらに平成八年（一九九六）の十月に雲南市加茂町の加茂岩倉遺跡から銅鐸三九個が出土した。

昭和四十年（一九六五）の九月に出版した『出雲の神話』（淡交新社）のなかで、島根県出雲市大社町に鎮座する出雲大社の本殿について、以下のようにしるしていた。

礎石から千木までの高さはなんと八丈もある。コンクリートでつみあげた高層建築なのではない。木造の平屋づくりでこれだけの高さがあるのだ。むかしは、現在よりもはるかに高く、三十二丈もあったという。三十二丈といえば、じつに百メートルにおよぶ。はたしてそれだけのものがつくられていたかどうか、疑われるくらいである。しかし少なくとも現在の倍にあたる十六丈の高さを有するものが、この宮地に造営されていたことはたしかな事実であろう。

社殿の十六丈説については、これを疑問視する見解が圧倒的であったが、平成十一年（一九九九）の九月からはじまった出雲大社境内地遺跡調査のなかで、翌年の四月には大社造（九本柱）の南中央の宇豆柱が直径二・七メートルをこえ、九月には岩根御柱《いわねのおんはしら》（心御柱）が直径約三メートルの巨柱として姿をあらわし、俄然十六丈説が有力となった。中心の御柱の下にあった杉板の年輪年代測定から、安貞元年（一二二七）の数年後の伐採であり、宝治二年（一二四八）造営のおりの巨柱であることがたしかとなった。

鎌倉時代前期の本殿がなおこの巨大さであって、天禄元年（九七〇）に源 為憲《みなもとのためのり》が子孫のためにまとめた『口遊《くちずさみ》』に「雲太《うんた》　和二《わに》　京三《きょうさん》」と記して「雲太」を「出雲国城（杵）築明神神殿」としたのも平安時代におけるもっとも高い建物が、出雲大社の神殿（本殿）であったことを物語る。それが広さでないことは「和二」を「大和国東大寺大仏殿」としるしているのに明らかである。広さでは出雲大社本殿よりも東大寺大仏殿の方が広い。

　康治二年（一一四三）や久安四年（一一四八）の宣旨《せんじ》には杵築大社（出雲大社の別名）を「天下無双の大廈《たいか》」とし、その神を「国中第一の霊神」としるす。そうした信仰は、平安後期にも生きつづいて、『諸社効能』には「出雲大明神は本朝鎮護の霊祠、当州殊勝の名社なり」とし、鎌倉時代後期の『夫木集《ふぼくしゅう》』には、鎌倉時代のはじめのころ寂蓮法師が大社に参詣して詠んだ〝やはらぐる　光や空に　満ちぬらむ　雲に分け入る　千木の片そぎ〟の歌を収めている。これらの伝えは空高くそびえ立つ巨柱の神殿が実際に造営されていたからである。

　私がかねがね重視しているのは、杵築大社の大社造の原像が朱塗りであったと考えられることである。平成十二年四月、宇豆柱がみつかったおりに、その柱肌に赤色顔料《ベンガラ》が付着していた。そして九月に検出された心御柱、南東側柱にも赤色顔料が塗られており、かつての杵築大社の神殿が朱塗りであったことが確実となった。

　かねてから杵築大社の神殿が朱塗りであった可能性がある、と考えてきた理由はいくつかある。現在多くの人びとは、大社造といえば白木（素木）を連想しがちだが、十三世紀なかばから十四世紀にかけて現地で描かれたと思われる「出雲大社　并《ならびに》　神郷図」の神殿が朱塗りであるばかりでなく、「金輪御造営差図」の梁と桁が、わざわざ朱色であざやかに描かれてある。しかも出雲国造が朝廷に参向して奏上した「神賀詞《かんよごと》」には、はっきりと「八百丹杵築宮」と明記しているからである。

　出雲国造の「神賀詞」の奏上は、霊亀二年（七一六）二月の出雲臣果安の時から天長十年（八三三）四月の出雲臣豊持のおりまでが史料にみえるが、史料上の初見が霊亀二年二月であるから、それ以前の奏上例はなかったと断言するわけにはいかない。『延喜式』にみえる現伝の「神賀詞」には、

大穴持命（大国主命）の申したまはく、皇御孫《すめみま》命（天孫）の静まりまさむ大倭の国と申して、己命《おのがみこと》の和魂《にきみたま》を八咫の鏡に取り託《つ》けて、倭《やまと》の大物主櫛𤭖玉命《おおものぬしくしみかたまのみこと》と名を称《たた》へて、大御和の神奈備《かんなび》（神体山）に坐《ま》せ、己命の御子阿遅須伎《あじすき》高孫根《たかひこね》命の御魂を、葛木の鴨の神奈備に坐せ、事代主《ことしろぬし》命の御魂を宇奈提《うなで》（奈良県高市郡の雲梯）に坐せ、賀夜奈流美《かやなるみ》命の御魂を飛鳥の神奈備に坐せて、皇孫命の近き守神と貢《たてまつ》り置きて、八百丹杵築の宮に静まりましき。

と書かれている。

この『延喜式』所収の出雲国造の「神賀詞」については、さらに検討すべき問題を含むが（後述参照）、前掲の「神賀詞」には、大穴持命が「皇御孫命の静まりまさむ大倭の国」とことほぎして、（イ）大穴持命の和魂（やわらぐ魂）を「八咫の鏡」にとりつけ、「倭の大物主櫛𤭖玉命」とその神名をたたえ、大御和の神奈備にまつる。（ロ）大穴持の御子とする阿遅須伎高孫根命の御魂を葛木の鴨の神奈備にまつり、（ハ）事代主命の御魂を宇奈提にまつり、（ニ）賀夜奈流美命の御魂を飛鳥の神奈備にまつり、それらの神を皇孫命の「近き守神と貢り置」くことがのべられている。

（イ）の文は重要であって、大穴持命の和魂を大物主櫛𤭖玉命とたたえて、大御和（大三輪）の神奈備（三輪山）にまつるとしるす。つまり「神賀詞」では、『日本書紀』第六の「一書」の、大国主神（大己《おおな》貴《むち》神）が大物主神であるとする神観念と同じ信仰を反映する。もっとも『日本書紀』の第六の「一書」では、大己貴神の「幸魂《さちみたま》（幸いをもたらす魂）奇魂《くしみたま》（不思議な尊い魂）」としるすのを、「神賀詞」は「和魂」とする点は異なっているが、大三輪の大物主神に大国主神（大穴持命）が重層していることに変わりはない。大三輪の神と出雲を代表する大己貴神とのむすびつきが、出雲国造の「神賀詞」には、はっきりと書きとどめられている。

（ロ）の大穴持命の御子とする阿遅須伎高孫根命の葛木の鴨の神奈備は、『延喜式』の葛上郡に記載する高鴨阿治須岐託彦根命神社の神奈備であり、（ハ）の事代主命の宇奈提は、雲梯神社ではなくて、『延喜式』の高市郡にみえる高市御県に坐す鴨事代主神社である。そして（ニ）の賀（加）夜奈流美命の神奈備も、飛鳥に坐す神社ではなく、これまた『延喜式』の高市郡に収録する飛鳥川上流の加夜奈流美命神社であった。

　そのいずれもの神が奈良盆地の東南・南・西南部に位置しており、それらの神々を「皇孫命の近き守神」としているのが注目される。そこで改めて注意されるのが、皇孫命すなわち天皇の「近き守神」とする神々の鎮座地である。平城京の時代では、（イ）—（ニ）の四社の鎮座地は遠すぎる。遠くても平城京の朝廷にとってこれらの神々は重要な意味をもっていたからだといえるかもしれないが、それらの神々を「近き守神」とのべるはずはない。やはり大和飛鳥の宮あるいは藤原京の時代がふさわしい。原「神賀詞」奏上の時期を断定することは困難だが、壬申の乱

（六七二年）のおりに、高市県主許梅《こめ》に高市社（大和国高市郡の高市御県坐《みあがたにます》鴨事代主神社）の事代主神が託宣して、大海人皇子の軍を守護し、「三神（高市・身狭《むさ》・村屋の三神）の品（神の位）をあげ進めて祠《まつ》りたまふ」（『日本書紀』巻第二八）という神威の高揚があったことなどを考慮すれば、壬申の乱後の飛鳥浄御原宮のころであったかもしれない。この「神賀詞」に奈良盆地のやまとを「倭」と表記しているのも、「大和」の用字以前であったことを示す。

したがって、「神賀詞」の奏上は霊亀二年のころよりは古いと考えられる。だが、現伝の『延喜式』所収の「神賀詞」が、古式のままかというとそう簡単ではない。なぜならその「神賀詞」には、「かぶろき熊野大神櫛御気野命、国作り坐しし大穴持命二柱の神をはじめて、百八十六社に坐す皇神等」とみえるからである。この「百八十六社」は、すでに考証したことがあるように、神祇官の神社台帳に登録されていた出雲国内の社数であって、天平五年（七三三）の『出雲国風土記』では「百八十四所神祇官にあり」としるす。問題は「百八十六社」の時期がいつかということになる。延長五年（九二七）に完成した『延喜式』所載の出雲国内の社数は百八十七社であった。結論をいえば「百八十六社」であった時期は、天穂日命神社が官社となった天安元年（八五七）以前であることがたしかめられる。

考証がやや複雑となったが、現在に伝えられている「神賀詞」奏上の段階は「八百丹」（朱塗り）の杵築宮であり、さらにそれ以前にあっても、杵築大社が「八百丹杵築宮」と称されていた可能性がある。八百丹が杵築の枕詞ともなったことは、『古事記』の雄略天皇の条の〝纏向の日代の宮〟の歌に〝夜本爾余志（八百丹よし）伊岐豆岐能美夜（い杵築の宮）〟と歌われているのをみてもわかる。また『出雲国風土記』の国引き詞章にも『八穂爾支豆支（八百丹杵築）の御埼』と語られている。それほどに「八百丹」は杵築宮と深いかかわりをもっていた。

〝青丹によし寧楽の都〟と『万葉集』に詠まれているように、平城京の主要な礎石建物は、瓦葺きで朱色の柱が用いられていた。杵築大社が朱塗りの巨柱の大社造であったことは、大和の文化に拮抗する意識が介在していたのかもしれない。

「神社料用（神社の改造に使用する分）」に「赤土」が使われたことは、天平十年（七三八）の「周防国正税帳」に「改造神社料用」として「赤土二升」とか「改造神社用……赤土二升」とかとみえるのにもうかがわれるが、寺院はもとよりのこと（最近、奈良県斑鳩町の法輪寺の鴟尾に赤色顔料を塗った破片が出土した）、神社の建物の彩色にも赤色顔料は用いられた例はあったのである。

いまは近時の発掘成果にもとづいて、弥生時代以来いかに出雲の歴史と文化が独自の伝統を築いてきたかをかえりみてきた。その古代出雲の実相は対ヤマト王権の関係ばかりでなく、北ツ海を媒介とする越（古志・高志）すなわち北陸そして筑紫（北九州）さらに南海につながる吉備とのかかわりも視野におさめて検討しなければならない。

古墳文化の展開

『日本書紀』の崇神天皇六十年七月の条には、前にもふれたように出雲臣の遠祖出雲振根《ふるね》が出雲大神の神宝を所管していたが、振根が筑紫におもむいていたおりに、弟の飯入根《いいいりね》が神宝をヤマト王権に貢上したのを怒って、兄の振根が弟の飯入根を「止屋《やむや》（神門郡塩冶郷）の淵」でだまし討ちにする説話がのっている。この二人を出雲梟帥《たける》と表現しているのも興味深いが、出雲振根を開化天皇の兄とする武渟川別と吉備津彦が討伐したという。同じく『日本書紀』の垂仁天皇二十六年八月の条には物部十市《とおち》根《ね》大連に勅して出雲の神宝を検校せしめたとしるす。

ともに出雲大神の神宝にたいするヤマト王権の介入を物語るが、『日本書紀』の仁徳天皇即位前紀には、「出雲臣の祖、淤宇《おうの》宿禰《すくね》」が「倭の屯田」の司（管理者）であったことを物語る説話をのせる。この「淤宇宿禰」の「淤宇」は意宇《おう》郡の意宇である。出雲臣の本拠が意宇の地域にあったことを傍証する史料といってよい。松江市大草町の後期古墳の岡田山1号墳から出土した円頭大刀の銀象嵌銘文にみえる「額田《ぬかた》部《べ》臣」のありようも無視できない。額田部とは額田大中彦皇子（応神天皇と高城入

岡田山１号墳出土、「額田部臣」の銀象嵌銘文がある円頭大刀
（写真提供：島根県立古代出雲歴史博物館）

姫との間に生まれたと伝える）にかかわるとする名代《なしろ》の部《べ》で、東は常陸・上野から西は豊後・肥後にわたって分布するが、額田部臣を称するのは珍しく、部にかんする金石文としても貴重であり、六世紀なかばのころの大刀銘であった。

松江市の大草町のあたりは、『出雲国風土記』の意宇郡大草郷の地域に相当する。この額田部臣氏が、出雲の大原郡を本拠にしていたことは、『出雲国風土記』に大原郡の少領（郡司で大領につぐ）として額田部臣が存在し、また屋裏郷《やうちごう》の新造院を建立したのが意宇郡の前の少領の額田部臣押島であったとしるすのにもうかがわれる。出雲臣と額田部臣との深いつながりを示唆する。

出雲臣は律令制成立のなかで、意宇郡の郡大領となったが、意宇郡ばかりでなく、楯縫郡の郡大領、仁多郡・飯石《いいし》郡の郡少領にもなっている（『出雲国風土記』）。そして飯石郡の郡少領であった出雲臣弟山（『出雲国風土記』「出雲国計会帳」）は、天平十八年（七四六）の三月七日、出雲臣広嶋のあとをうけて、出雲国造を継職した（『続日本紀』）。

こうしたヤマト王権とのかかわりをもちながらも、出雲の在地勢力が独自の伝統を保持しつづけたことは、古墳文化の展開のなかにも反映されている。その前提にあって特徴的なのは、四隅突出型墳丘墓の出現である。その多くは方形・長方形の墳丘墓で、四隅に突出部があり、墳丘の斜面に石を貼りめぐらす。この特異な形態の墳丘墓は出雲を中心に、石見・伯耆・因幡・出雲寄りの備後・安芸に分布し、近時の調査で、島根県出雲市青木遺跡、広島県三次市の陣山遺跡、鳥取県米子市妻木晩田《むきばんだ》遺跡淀江町洞ノ原地区などで弥生時代中期にさかのぼる四隅突出型墳丘墓がみつかっている。貼石《はりいし》はないけれども、石川県白山市の一塚遺跡、富山市の杉谷4号墳にもそのありようをうかがうことができる。また福井県小羽町小羽山30号墓は、出雲市の西谷3号墓に類似するという。

こうした四隅突出の墳丘墓のルーツは、高句麗にあるのではないかと昭和五十六年（一九八一）のころに想定したことがあるが、最近になって朝鮮民主主義人民共和国の慈江道蓮舞里2号墓や雲坪里4地区8号墓など、いわゆる四隅突出型の墳丘墓に類似する積石塚が発見されている。その詳細は今後の発掘調査の成果をまたねばならぬが、出雲の古墳文化にあっても、北ツ海（日本海）を媒体とする脈絡をいっそう追究しなければならない。

鳥取市の西桂見墳丘墓は、因幡における最大の四隅突出墳丘墓だが、弥生時代のあとも、時代相を異にしながら、渡来文化の様相を多くの具体例にみいだすことができる。

出雲の古墳で注目されるのは、方形墳が多いことである。出雲の古墳文化を特色づける方形墳の登場は、古墳時代の前期からみいだされ、ひきつづきその伝統は保持されていった。前期の安来市荒島町の大成《おおなり》古墳（方墳、辺三六メートル）、同地の造山《つくりやま》1号墳（方墳、辺六〇メートル）、あるいは雲南市三刀屋《みとや》町の松本1号墳（前方後円墳、長さ五〇メートル）などにも、出雲における政治的勢力のありし日がしのばれる。

かつて斐伊川流域を旅行したおり、三刀屋町へとおもむいたことがある。三刀屋の小学校裏山にある松本1号墳から木次《きすき》町とその周辺を眺望した。眼下に斐伊、三刀屋両川が平行して走る。その地はまさしくこの地域の首長が国見するにふさわしい場所であることを実感した。

昭和四十七年（一九七二）の八月二日から発掘調査が行なわれた雲南市加茂町神原の神原神社

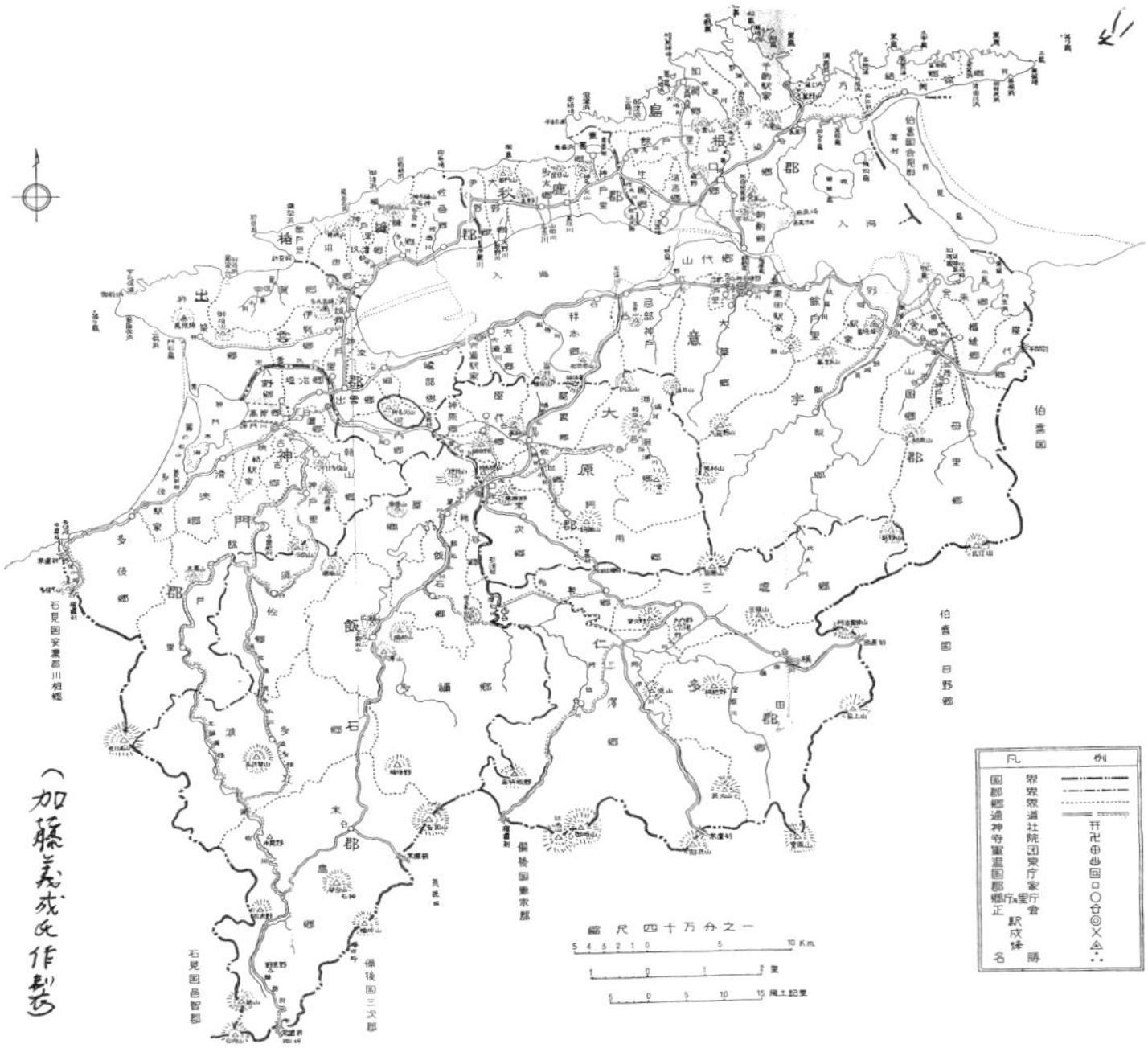

『出雲国風土記』参考地図より（加藤義成氏による作製）

古墳も、前期の古墳である。斐伊川の支流赤川の堤防上に位置するこの古墳の上に神原神社が鎮座していた。斐伊川と同じようにあばれ川である赤川の川幅拡張と流路の改修工事を進めることになって、神社は堤防の南のほうへ移建され、古墳は緊急に調査された。そのおりの発掘調査によって、板状の割石を小口積みにした竪穴式石室であることが判明した。長さは五・八メートル、幅は北端で一・三メートル、南端で〇・九メートル、高さは一・四メートルのその石室には、粘土床の上に割竹形であったらしい木棺があった。

四世紀の中葉ごろに築造され

板状の割石を小口積みにした竪穴式石室、神原神社古墳（新潮社写真部）

たと推定されている神原神社古墳でがぜん注目をあつめたのは、景初三年（二三九）とよまれた紀年の銘のある三角縁四神四獣鏡が、その内部から出土したことによってである。景初三年といえば、邪馬台国論争で有名な『魏志』東夷伝倭人の条にみえる女王卑弥呼が中国（魏）と交渉した時期であった。魏の年号のあるこの鏡が、どのようにして神原神社古墳の被葬者のもとへもたらされたか。そこには興味深い問題がひめられている。

魏の年号のある鏡は全国で現在のところ八面みつかっているが、出雲の神原神社古墳のほか但馬の豊岡市森尾古墳から正始元年（二四〇）鏡、丹後の京丹後市太田南5号墳から青竜三年（二三五）鏡、福知山市広峯15号墳から景初四年鏡というように北ツ海沿岸地域の山陰道から四面出土しているのが注目される。

神原神社は『出雲国風土記』に記載する大原郡の「神原社」の後身である。古墳の墳丘上に、その古社のながれをくむ神社が鎮座しているたたずまいは、古墳祭祀のありようを示唆する。古墳の上に社が建てられている例は各地にみいだすことができるが、『出雲国風土記』に明記する古社が墳丘上に鎮座するのは興味深い。

伯耆の前期古墳のほとんどが、前方後円墳であるのにくらべて、出雲の前期古墳が、方墳あるいは前方後円墳の墳形をとったことは、出雲における古墳文化のなりたちをみきわめるのに重要である。

これまでの古墳文化論では、とかく畿内大和を中心とした放射的な古墳文化の展開過程において考察されてきたが、出雲の古墳文化の問題は、そのような方向だけでなく、北九州や朝鮮半島との関係においてもあらたに検討すべき内容をもつ。

五世紀にはいって出雲の古墳文化は新しい発展をみせた。畿内文化の影響もしだいに顕著となった。だが、方形墳の伝統は、『出雲国風土記』にしるす意宇郡や島根郡の中心部にその後もなお根強く保持された。五世紀末と考えられる山代二子塚《ふたごづか》（松江市山代町、前方後方墳、長さ九〇メートル）にもその面影をうかがうことができる。

六世紀になると簸川《ひかわ》平野（出雲平野）の西南部には大型の古墳が出現した。これは斐伊川西岸から神戸《かんど》川東岸の地域におけるあらたな政治勢力の成長を象徴するものといえよう。その外形も前方後円墳や円墳をとり、出雲東部との間には地域的な差異がある。意宇の勢力にたいする杵築の勢力の進出を反映するとも考えられる。

出雲における国づくりの歩みは、けっして坦々たる道をたどったのではなかった。出雲在地の勢力と、吉備からの勢力の浸透、そしてヤマト王権の圧迫と北九州の勢力のつながりなど、そこには出雲内部における抗争が渦まいていた。

出雲の背景

天平五年（七三三）の二月に、出雲臣広嶋と神宅臣金太理《みやけのおみかなたり》によって「勘造」された『出雲国風土記』は、『記』・『紀』の神話における神々の降臨伝承とは異なった独自の降臨伝承をのせている。たとえば出雲郡健部郷の条の宇夜都弁命《うやつべのみこと》や飯石郡飯石郷の伊毗志都幣命《いびしつべのみこと》が天降った神々の伝承などがそれである。しかしこうした古代出雲の独自性のみで、そのすべてをみきわめるわけにはいかない。はじめにのべたように、高志（越）・筑紫あるいは吉備などの近国や諸地域との関係も軽視してはなるまい。そうした伝承の事例を紹介することにしよう。

『出雲国風土記』の神門郡古志郷の条には、「古志の国人ら来到りて、堤をつくり、即ち宿居れりし所なり、故、古志と云ふ」と記し、また同郡狭結《さゆい》駅の条に「古志国の佐与布《さよふ》と云ふ人来りすめり、故、最邑《さゆう》と云ふ」とのべている。古志（北陸）から出雲へ来往した人びとがあったことを物語る地名起源伝承である。

それとは逆に、出雲から北陸の地域におもむく人びとのあったことは、『延喜式』の「神名帳」にたとえば能登国羽咋郡の大穴持神像石神社、あるいは能登郡に宿那彦神像石神社などのいわゆる出雲系の神々の社が鎮座する例にもうかがわれる。考古学的にも、出雲の玉作りと高志の玉生産との「交流」など、さらに掘りさげるべき問題が横たわる。

『出雲国風土記』には、大穴持命が「越（高志）の八口《やくち》」を平定する伝承が、意宇郡の母理郷や拝志郷の条にみえている。これを『記』・『紀』神話におさめる八岐（八俣）の大蛇退治の神話と関連づける説もあるが、それは無理であろう。「平定」の主体は大穴持命であって、須佐之男命（素戔嗚尊）でないばかりか、「越の八口」は八岐大蛇ではなく北陸の「八口」という地名であった。しかしこれもまた出雲の勢力が高志に波及した状況のなんらかの反映に違いない。

黒潮分流（対馬海流）は出雲沖を回流して能登半島へと向かう。古代の海路からしても、出雲と日本海沿岸地域とのつながりは当然に生じてくる。『日本書紀』の垂仁天皇二年是歳の条には、意富加羅《おおから》（大加耶）の王子とする都怒我阿羅斯等《つぬがあらしと》が、「北ツ海より廻りて、出雲国を経て此間（越の国の笥飯の浦〈敦賀の気比のあたり〉）に至れり」としるすのも、出雲と高志（越）との海路を象徴する説話であった。

都怒我は新羅や加羅の最高の官位「角干」を日本風に訓読みしてツヌカ（ン）と表記したとみなす説が有力であり、阿羅斯等は、『日本書紀』の継体天皇二十三年（五二九）四月の条などに、「任那」（加羅）王の名を「阿利斯等」とし、また敏達天皇十二年（五八三）七月の条に百済に居住した達率《たつそつ》（百済の官位の第二等）日羅《にちら》の父を「国造阿利斯登」としるすように、原語は朝鮮語の閼智（ar-chi, a-chi）に由来する。

敦賀（角鹿）の地名起源説話の要素をもつ都怒我阿羅斯等の渡来がいつであったか、その実年代はともかく、東北アジア、ユーラシア大陸と日本列島とのつながりを考えるさいに、この渡来伝承は北九州・瀬戸内海のルートばかりでなく、北ツ海を媒体とする交渉のコースの存在を反映する。

最近の弥生時代以降に関する日本海沿岸海域の発掘成果をみても、その交渉の史脈はきわめて明らかである。『三国志』の『魏書』(『魏志』)東夷伝弁辰の条には「国、鉄を出す、韓・穢・倭、皆従ひて之を取る、諸市買ふに皆鉄を用ふ」としるしているが、弁辰(弁韓)の地域における製鉄は、紀元前四世紀末から前三世紀にさかのぼる可能性があり、少なくとも紀元前二世紀のころから鉄生産が本格的に行われていたことが、韓国の考古学者の調査によって明らかになってきた。

弁韓はやがて加耶となり、辰韓は新羅へと発展してゆくが、朝鮮半島南部の鉄文化が、北ツ海沿岸地域に波及していたことは、弥生時代後期の京都府与謝野町の大風呂南墳墓群遺跡からガラス製釧《くしろ》のほか鉄剣一四本が出土し、また鳥取市青谷町青谷上寺地遺跡から多彩な鉄製品二七〇点以上がみつかり、さらに同県の大山町から米子市淀江町にまたがる妻木晩田遺跡から鉄製品約二五〇点が検出された例にもみいだすことができる。

島根県松江市宍道町の上野Ⅱ遺跡では、弥生時代後期の鍛冶炉をともなう集落跡の存在がたしかとなり、雲南市木次町の平田遺跡や安来市の塩津山墳墓群(柳・竹ヶ崎遺跡)でも鍛冶炉が出土している。いずれも弥生時代後期の遺跡だが、平田遺跡からは鉱石系の鉄素材を含む四二点、塩津山墳墓群からは三一点の鉄製品がみつかっている。

従来は朝鮮半島南部と北九州とのかかわりが注目されてきたが、出雲から丹後にかけての日本海沿岸地域との鉄文化のつながりが改めて注目されている。最近の韓国の発掘調査によって金海府院洞貝塚・釜山の東萊貝塚・東萊温泉洞出土の土器のなかに、出雲系や北陸系の土器が多数含まれていることが明らかになったが、このことは弁韓の地域と出雲、そして北陸との間に交渉があったことを傍証する。

京都府京丹後市弥栄町の奈具岡《なぐおか》北1号墳からは、加耶系の陶質土器一二点がみつかり、さらに福井県美浜町の獅子塚古墳出土の陶製角杯は加耶の角杯と酷似し、また福井県永平寺町の二本松山古墳出土の鍍金と鍍銀の冠が、韓国高霊郡池山洞32号墳出土の冠と類似するのも、単なる偶然とはいえない。京丹後市弥栄町の遠所遺跡は五世紀後半のころからの貴重な鉄文化の遺跡だが、こうした日本海沿岸地域の鉄文化の前提は、北ツ海を媒体としての古くからの交渉の史脈のなかに秘められている。

玉作りの文化については従来北陸、とりわけ越中と出雲が注目されていたが、最近では丹後がその中間地域として脚光をあびている。前述の奈具岡遺跡からは水晶のほか、なつめ玉・管玉・勾玉など約五〇〇点以上が出土したばかりでなく、原石加工の製鉄工具類、玉を磨く砥石・鉄斧・鉄素材など約五〇〇〇点以上が検出された例は、そのありようを如実に反映する。玉作りの文化においても北ツ海文化圏を想定できよう。

出雲の西方、筑紫との脈絡についても、留意すべき伝承がいくつかある。これまで何度も書いた『日本書紀』の崇神天皇六十年七月の条の、出雲振根と飯入根の兄弟争いをめぐる説話の中では、筑紫と吉備とが入りくむ。その争いは兄の振根が筑紫におもむいていた留守に、弟の飯入根が神宝を「倭」(大和)の朝廷に貢上したことを発端とする。その争いに介入するのが、吉備の吉備津彦ということになっている。

出雲と筑紫とのつながりについては、『古事記』の景行天皇の条にしるすヤマトタケルノミコトの伝承にもみえている。ヤマトタケルは筑紫から出雲へおもむいて、イヅモタケルを征討したことをのべ、さらに『古事記』の神統譜では、宗像三女神の代表的な女神である多紀理毘売命《たきりひめ》を大国主神がめとるとする出雲の神と筑紫の女神との婚姻伝承を記載する。筑紫との信仰的つながりもまた古くから出雲に存在した。そのことは出雲大社本殿神座は西向きで、日本海をのぞみ、そのそばにいまも筑紫社が鎮座するのにもうかがわれる。

前にものべたように昭和五十九年（一九八四）の夏から翌年の夏にかけて、出雲では画期的な発掘成果があった。昭和五十九年の夏には、島根県出雲市斐川町の神庭荒神谷遺跡から銅剣（中細c形）が三五八本も検出された。そして翌年の夏は銅鐸六個、銅矛一六本が出土した。私などは、この多数の銅剣は出雲でつくられたのではないかと想定したが、銅鐸はいわゆる「近畿」系とみなされた（1号鐸は出雲の可能性もある）。そして銅矛は北九州系であった。神庭荒神谷遺跡の遺物にも筑紫とのつながりをみいだすことができる（島根県出雲市大社町の命主神社境内からは中細b形の銅戈がみつかっている）。さらに平成八年（一九九六）の十月には、雲南市の加茂岩倉遺跡で銅鐸三九個が出土して、出雲が弥生時代の青銅器文化圏における要域であったことがますます明確になった。弥生文化の段階のみではない。方墳や前方後方墳の多い出雲の古墳文化においても、北九州とのかかわりをみのがすわけにはいかない。弥生時代に続く出雲の古墳文化をいろどる横口式家型石棺は北九州につながり、さらに島根県松江市東出雲町の島田池遺跡1号横穴墓ほかでみつかった灯明をつける石のある灯明石付石棺四基のルーツも北九州であることなどが参考になる。

これまでもいく度かのべた出雲の振根と飯入根の争いに介入した人物として登場するのが吉備の吉備津彦であったとするのは興味深い。

出雲と吉備の間には考古学的にも関連する遺物があって、たとえば出雲市の西谷3号墓・同4号墓からは、吉備の容器の台として作られた特殊器台が出土している。この3・4号墓はいわゆる四隅突出型墳丘墓だが、吉備の首長クラスの墳丘墓で用いられた特別製作の特殊器台が、出雲の四隅突出型墳丘墓の被葬者に供献されていることは、西暦二〇〇年前後のころ、出雲の首長層と吉備の首長層の間になんらかの政治的関係が存在したことを推測させる。

時代はくだるが、『出雲国風土記』に神門郡主政（郡司の三等官）として吉備部臣が名をつらね、天平十一年（七三九）の出雲国の税の賑給をうけた者をしるした「大税賑給歴名帳」に、神門郡の居住者として吉備部臣・吉備部、出雲郡居住者のなかに吉備を本貫とした笠臣あるいは吉備部があり、さらに備中国の出挙《すいこ》（利息つきの貸借稲）をうけたが死亡のため免除された者をしるした「大税負死亡人帳」に出雲部が存在するのも参考となる。『日本書紀』の巻第一（神代巻上）の第三の「一書」に「素戔嗚尊の蛇を断りし剣は、今吉備の神部《かんべ》のもとにあり」とのべ、また同第二の「一書」に「此は今石上《いそのかみ》に坐す」としるされている。この「石上」は天理市布留町の「石上」ではない。備前の延喜式内石上布都魂《ふつみたま》神社の「石上」である。そして『備後国風土記』逸文に建速須佐之男神の伝承がみえ、備後の式内社として須佐能袁神社が鎮座するのも、たんなる偶然とはいいがたい。弥生時代ばかりでなく、出雲と吉備の関係は、それ以降の時代にあっても保たれていたのである。

北ツ海の史脈

古代出雲のありようは、出雲独自の地域相ばかりでなく、たとえば高志・筑紫・吉備などとのかかわりをめぐっても検討する必要がある。その場合、日本海を媒体とする古代出雲と他地域との関係を考究する作業もなおざりにすることはできない。

日本海の古名は「北ツ海」であったが、日本海という名が、ロシア提督クルーゼンシュテルンの命名とする説はあやまりであった。たしかにその著『世界周航記』には「日本海」の名がみえているが、それよりも早く、イタリアの宣教師マテオ・リッチが一六〇二年に北京で作製した「坤輿万国全図」に漢字で「日本海」と書き、太平洋を「小東洋」としるしていた。わが国では蘭学者の山村才助が享和二年（一八〇二）に著わした『訂正増訳采覧異言』のなかで「日本海」の名称を用い、日本海に視点をおいて太平洋を「東洋」としるしている。古代出雲の歴史と文化を論究する場合、いわゆる環日本海文化圏のなかでしめた日本海沿岸地域、とりわけ出雲のはたした役割を軽視するわけにはいかない。

前述したように『日本書紀』の垂仁天皇二年是歳の条には、「一に云はく」として朝鮮半島南部の意富加羅国の王子とする都怒我阿羅斯等が、御間城《みまき》天皇（崇神天皇）の代に、越の笥飯の浦（敦賀市気比の浦）に渡来したとする説話をしるす。この説話には角鹿（敦賀）の地名起源説話の要素が濃厚だが、この都怒我阿羅斯等の伝承でみのがせないのは、彼が穴戸（長門）から「嶋浦をつたよひつつ、北ツ海より廻りて出雲国を経て此間に至れり」と伝えることである。出雲が朝鮮半島南部からの日本海ルートにあっても、その中継点であったことがわかる。

北ツ海という古代における海の名称が実際に使われていたことは、この『日本書紀』の垂仁天皇二年是歳の条ばかりでなく、『出雲国風土記』の意宇郡毘売埼の条・嶋根郡久宇島の凡条・神門郡神門水海の凡条あるいは『備後国風土記』逸文などに、「北ツ海」とみえるのにも明らかである。

百済・高句麗などの使節が、北九州から瀬戸内海をへて難波に上陸したことは、難波に「三韓館」とか「高麗館」がもうけられていた例にもうかがわれるが、高句麗や渤海の使節のほとんどが、北ツ海ルートで渡来してきた。高句麗の使節の場合、北ツ海ルートをたどったものが多かったことは、欽明天皇三十一年（五七〇）、敏達天皇二年（五七三）、同三年、加うるに天智天皇七年（六六八）など、すべて北ツ海ルートで上陸しているのにもみいだされる。

渤海使節は神亀四年（七二七）から約二〇〇年間に、三五回（正式のもの三四回）来日しているが、そのなかで上陸ないし到着の地を明記するものは、出羽（五）、能登（三）、加賀（三）、出雲（三）、隠岐（三）、越前（四）、伯耆（二）、対馬（一）、若狭（一）、但馬（一）、佐渡（一）、長門（一）となっている。これらによっても判明するように、北ツ海ルートをとっていたことがわかる。

もっとも、これらは渤海使節の場合だが、これ以外にも集団による渤海および鉄利（靺鞨《まつかつ》〈北東アジアの沿海州を拠点とする部族〉の一族）の人びとの移民もあった（天平十八年〈七四六〉

十二月に一一〇〇余人、宝亀十年〈七七九〉九月に三五九人、両例とも出羽国)。しかも民間サイドにあっても北ツ海ルートによったものが多い(宝亀四年〈七七三〉の六月には渤海使にたいして「筑紫道に従つて、来朝すべし」と、北ツ海側よりの上陸を禁断したが、じっさいの効果はなかった)。

渤海使節の上陸地は、当初から三回までは出羽(二)、佐渡(一)というぐあいに、東北などの地域を主とするが、航海技術の発展や経験のつみかさね(たとえば王文矩《おうぶんく》は、二〇回のおりは政堂左允、二二回のおりは使頭、二四回のおりは大使として地位が上り来日している)などにもとづいて、上陸地も回をかさねるごとに西南の地域に下ってくる。したがって渤海使節饗応のために、能登に接待と交渉の場である客院あるいは越前に松原客館などがもうけられるようになる。

高句麗使や渤海使は、古代日本の歴史や文化に、予想される以上に重要な意味をもっていたが、海外からの渡航者にとって肝要なのは、船が停泊しうるラグーン(潟湖)のありようである。能登客院がどこにあったか、さまざまに論議されているが、停泊にあたいするラグーンの存在の有無からも検討しなければならない。

そこで無視できないのは、『出雲国風土記』に明記する浦や浜の内容である。嶋根郡の質留比浦について「南に神社あり、北に百姓の家あり、卅の船泊つべし」、久毛等浦について「東より西に行く、十の船泊つべし」、千酌浜《ちくみのはま》について「東に松林あり、南の方に駅家、北の方に百姓の家あり、郡家の東北一十七里一百八十歩なり、此は則ち、いはゆる隠岐国に度《わた》る津、是なり」と記載する。さらに出雲郡の宇礼《うれ》保浦《ほのうら》について「船二十ばかり泊つべし」などとのべる。

漁村の景観や社と民家、駅家・郡家とのかかわりなど、とかくみすごされやすい注記だが、貴重な伝えである。渤海使節も出雲（三）、隠岐（三）というように来着しているが、どのようなラグーンを利用したのか。船泊りの可能性について、船三〇とか船二〇とかいうように、停泊しうる船数をあげているのが参考になる。出雲と隠岐とを結ぶ津についての記述もまたみのがせない。

出雲における北ツ海沿岸地域のラグーンの実態については実地にそくして調査すべきだが、渡来の文化が導入されたその背後には、渡来集団の来航がかさなりあっていた。渡来の文化を認めて、渡来の集団を認めない論説は、渡来の人びとと在地の人びととがまじわり、交易などをした史実を無視した、人間不在の文物論というべきであろう。人間の行為の総体としての文化は、たんなる文物の枠内にとどまるものではない。文化論の内実に人間を欠落させてはならない。

第三章　葛城と吉備

葛城氏の勢威

『万葉集』二〇巻の第一巻冒頭に大泊瀬稚武天皇《おおはつせわかたける》（雄略天皇）の「御製歌」とする〝籠《こ》もよ　み籠持ち　掘串《ふぐし》（菜を掘るヘラ）もよ　み掘串もち　この岳に　菜摘ます児〟を置き、巻第二のはじめに「磐姫皇后《いわのひめ》」の歌とする〝君が行き　日長《け》くなりぬ　山尋ね　迎へか行かむ　待ちにか待たむ〟を位置づけているのは、『万葉集』編者らの歴史の画期にたいする認識を反映する。

第Ⅲ部第三章の「倭の五王とその時代」でのべたように、倭王武（雄略天皇）の代は、ヤマト朝廷の歴史においての画期的な時期であった。内廷のみならず外朝がととのってくる第一次朝廷の大王がワカタケル大王である。

『万葉集』第二巻のはじめに位置づける磐姫皇后は、仁徳天皇の大后であり、公家の位階・官職・姓名などを編集した『公卿補任《くぎょうぶにん》』では武内宿禰の曾孫とする葛城襲津彦《かつらぎのそつひこ》の娘であった。そして履中・反正・允恭各天皇（大王）の母でもあった。

磐姫は奈良盆地の西南部葛城の地域を本拠として勢力を伸張してきた葛城氏の勢威を象徴する存在であり、石之日売（『記』）・磐之媛（『紀』）とも書く。

この磐姫が大きくクローズアップされたのは、藤原不比等と橘三千代の間に生まれた安宿媛《あすかべひめ》（光明子）が聖武天皇の夫人から皇后となったおりであった。それは神亀六年（七二九）の八月五日に年号を天平に改元し、同年八月十日に安宿媛を皇后としたさいに明らかである。

そもそも神亀という年号を天平と改元したのは、同年の六月二十日、河内国古市郡の人である賀茂小虫《かものこむし》が、亀の背に「天王貴平治百年」と書かれていたと称して、この「瑞亀」を献じたのにはじまる。古市郡は安宿媛の母の県犬養《あがたいぬかい》（橘）三千代の本貫があった郡であり、その名安宿は古市郡の隣の安宿（飛鳥戸）郡の「安宿」に由来する。安宿郡は不比等の乳母田辺史《たなべのふひと》の娘の本拠地であり、そして「瑞亀」の献上をとりついだのは、当時京職《きょうしき》大夫従三位であった藤原麻呂（不比等の四男）であった。

こうして改元五日後の八月十日、安宿媛は皇后となる。そして、同年の八月二十四日には、立后を弁明した宣命がだされたのである。その宣命には、（1）即位してからすでに六年を経たが、この六年の間に慎重に択び試みて、藤原夫人を皇后とする、（2）わが祖母天皇（元明天皇）が安宿媛を朕に賜える日にいわれた言葉に、夫人の父である大臣（藤原不比等）の朕を補翼奉仕する出精ぶりは忘れがたいところであり、藤原夫人に過失がなければ見捨て顧みざることなかれとあった、（3）臣下の娘を皇后とするのは朕の時のみではなく、仁徳天皇は葛城曾豆比古《そつひこ》（襲津彦）の娘の伊波乃比売命を皇后とされた例があることが強調された。

天皇という称号が明確に使われるようになるのは天智朝、遅くとも天武天皇の代であり（下巻参照）、それまでの大后が皇后と称されるようになるのも天武朝からであった。「大宝令」や「養老令」のさだめでは、皇后や后は皇女出身でなければならない。天皇の配偶者には皇后・妃のほかに、位が三位以上の貴族の出身は夫人、五位以上の官僚の出身は嬪とされていた。藤原不比等は最終的には右大臣となったが、いかに権勢があっても、その娘の安宿媛は夫人であって、その彼女を皇后とするためには先例が必要であった。

大后のなかの大后磐姫が葛城襲津彦の娘であったことが、安宿媛立后の先例として改めて浮かびあがる（立后の宣命）。そしてその史実は奈良時代の貴族・官僚の間にはっきりと記憶されていた。そのこともあって、『万葉集』の巻第一の冒頭は大王のなかの大王雄略天皇、巻第二のはじめは大后のなかの大后磐姫、それぞれの詠とする歌を配するのである。

奈良盆地西南部を本拠とする葛城氏は、四世紀後半から六世紀なかばのころまで大豪族としての勢威を保持した。前述の葛城襲津彦は『日本書紀』によれば朝鮮半島へ出兵して軍事や外交に活躍した人物として描かれ、そして『日本書紀』の神功皇后摂政六十二年の条には、『百済記』を引用して襲津彦を「沙至比跪《さちひこ》」としるし、壬午年《みずのえうま》（三八二）新羅征討に派遣されたとのべる。四世紀後半にはヤマト王権を支える有力氏族となり、仁徳天皇の大后に娘を擁立した。

奈良県御所市の秋津遺跡で、四世紀前半の大型建物跡がみつかった。幅約二〇センチの溝で区画した跡が三つあって、掘立柱の大型建物跡（東西七メートル、南北一〇―一三・五メートル）が四棟あって、そのうちの三棟が最大の区画（南北五〇メートル、東西四八メートル以上）内に一列で検出された。襲津彦ゆかりの葛城氏の始祖にかかわりある大型建物に違いない。
葛城氏の勢力がたかまった背景には、朝鮮半島からの渡来の技術者の技術力があったと思われ

奈良県御所市・秋津遺跡で見つかった四世紀前半の大型建物跡（写真提供：共同通信社）

る。『日本書紀』の神功皇后摂政五年三月の条には襲津彦が漢人たちを連れて帰り、桑原・佐糜《さび》・高宮・忍海《おしぬみ》の地に居住させたとしるす。そのいずれもが葛城氏の拠点に所在する。興味深いのは御所市の南郷・井戸・佐田・下茶屋・多田にひろがる南郷遺跡群では六つの遺跡で韓国に多くみられる大壁造りの建物が検出され、各所の工房で各種の金属製品や玉・ガラスなどが産された当時のハイテクタウンの要素をみいだすことができることである。

　葛城襲津彦の孫玉田宿禰《たまだのすくね》の子とする葛城の都夫良意富《つぶらおお》美《み》（『記』）が、『日本書紀』の履中天皇二年十月の条にみえる円《つぶらの》大使主《おおおみ》であって、彼は雄略天皇元年三月の条には葛城円大臣とみえる。その娘韓媛は雄略天皇妃になっているが、安康天皇三年八月には眉輪王・坂合黒彦皇子をかくまって、大泊瀬皇子（雄略天皇）によって居館を焼かれ焼死したという。

『古事記』の仁徳天皇の条に磐媛が山代（山城）から那良（奈良）山の山口に到着した時に詠んだとするつぎの歌がのっている。

御所市極楽寺・ヒビキ遺跡の正方形の大型建物跡（写真提供：共同通信社）

つぎねふや　山代河を　宮上り　我が上れば　あをによし　奈良を過ぎ　小楯　倭を過ぎ　我が見が欲し国は　葛城高宮　吾家のあたり

京都府南部の山代河（木津川）をさかのぼって奈良盆地の奈良山の入り口のあたりから、葛城の高宮郷を中心とする葛城氏の居館をはるかに眺め偲んだかもしれない。実際に御所市極楽寺のヒビキ遺跡は、金剛山の中腹、標高三四〇メートルにあって、東西五一・五メートル、南北二三・五メートルの敷地に二重の塀で囲まれた正方形の大型建物跡がみつかった。床面積一五メートル四方で二層（二階）建てで四面に庇があったという。焼土があったのもみのがせない。ここからは奈良山丘陵を眺望できる。

ヒビキ遺跡の北東約四〇〇メートルに標高三三五メートルの南郷安田遺跡がある。縁のある二層の建物で三重の柱列からなり、外側は桁行六間（一七メートル）×梁行六間（一六・五メートル）の大型の掘立柱遺構であった。〝葛城高宮　吾家のあたり〟とよぶにふさわしい。ヒビキ遺跡といい、南郷安田遺跡といい、勢威を誇った葛城氏の居館跡であったと考えられる。

葛城氏の首長の墓と考えてよい御所市室《むろ》の西北部に位置する室の大塚（全長二三八メートルの前方後円墳）すなわち宮山古墳からは高さ一・二メートルの大型の家型埴輪が出土した。これらの遺跡や遺物に葛城氏のありし日を偲ぶ。御所市森脇に鎮座する葛城一言主《ひとことぬし》神社の一言主大神と雄略天皇との関係を物語る興味深い伝承が『古事記』と『日本書紀』にのっている。『古事記』の雄略天皇の条に描く物語はつぎのようになっている。雄略天皇が葛城山で狩りをしたおりのできごとであった。天皇の行列と同じようによそおって、葛城山を登っていくものがあった。天皇は「倭の国に、自分をおいてほかに王者はいないはずなのに、今、だれがこのように山を登っていくのか」とたずねた。そのものの返答は「自分をおいて王者はない。お前はだれか」という言葉であった。

天皇は激怒して、このものを射ようとし、同行の従者たちも矢を放とうとした。そこで、あらためてもういちどその名を問うたところ、そのものは「自分は悪事も一言、善事も一言、言い離つ神、葛城の一言主の大神である」と名のった。天皇は葛城山の神であることを知り、その勢威にうたれて、刀・矢弓をはじめ従者の衣服までを脱がせて、葛城の神に献上し、その神の前にひれ伏したと伝えるのである。

ところが『日本書紀』の雄略天皇四年二月の条の伝えでは物語のおもむきはすっかりかわって

くる。雄略天皇が葛城山で狩りをしたさいに、大きな人を目撃した。その姿は天皇によく似ていた。天皇は神であることを知っていたが、「どこの人か」と聞いた。神は「現人神である。王者の名を名のれ」と返答した。そこで天皇は「幼武《わかたける》の尊である」とつげた。神は「自分は一事主の神である」と語った。神と天皇はともに狩りを楽しんだとし、ときの「百姓」は「有徳の天皇」とたたえたとのべるのである。

『日本書紀』のほうが中国風の有徳の君主像でかざられている。他方「現人神」として葛城の神を描くあたりには、天皇＝現人神でなかった神観念をみいだすことができる（折口信夫「天子非即神論」『折口信夫全集』第二〇巻所収）。しかし全体としては『古事記』の雄略天皇像のほうに、言霊信仰の古い様相がみなぎっている。

『日本書紀』では雄略天皇は、葛城の神には屈服しない。むしろともに楽しみ、「仙にあふがごときことまします」と物語られる。葛城の神自体が、神仙思想にいろどられて、神は天皇を来目《くめ》水《がわ》（久米川）まで送ることになる。葛城山の神が久米川までみおくったというのも、みおとせない記述だが、いずれにしても『古事記』とは大きく異なって、『日本書紀』では神と天皇が和合するのである。

『日本書紀』に描く雄略天皇と神とのであいは、『続日本紀』でも伝えている、天平宝字八年（七六四）の賀茂氏の有力者であった賀茂朝臣田守の奏言になると、いっそうちがったものになる。「雄略天皇が葛城山で狩りをしたとき、天皇が怒って、神を土佐に流した」ということになる。ここでは雄略天皇が葛城の神を追放した伝えになってくる。

葛城氏を代表する葛城円大臣が大泊瀬皇子（のちの雄略天皇）によって誅殺され、完全に勢威を失なってゆくありさまは、葛城の一言主神に屈服する雄略天皇像から雄略天皇が葛城の大神を土佐へ追放する伝承の変貌のプロセスにも反映されている。そしてその雄略天皇が、日本の古典のなかではもっとも早く神とうけとめられた大王であったこともみのがせない。

雄略天皇をめぐる『古事記』の説話にはつぎの歌が記載されている。

呉床居《あぐらい》の　神の御手もち　弾く琴に
　舞する女　常世にもがも

『古事記』によれば、この歌は雄略天皇が吉野の宮におもむいたときの詠とする。吉野川のほとりに姿のうるわしい童女がいた。天皇はその童女を妻問いして、大和の長谷朝倉宮に帰った。のち、ふたたび吉野におもむいたさい、その童女とであって、天皇みずからが琴をひいて童女に舞をまわせた。童女の舞がみごとであったので詠まれた歌と物語るのである。

この歌で注意されるのは、雄略天皇が「呉床居の神」と歌われていることである。この歌はもともと独立の歌謡で、『古事記』の編集者が、雄略天皇の説話に挿入したものではないかとする見方もある。だが、この歌の意味するところは、〝呉床居（あぐらをかいている）の神みずからが、神の御手で弾く琴にあわせて、舞をまう童女は、永久にかわらないでほしいものよ〟ということで、雄略天皇の説話と無関係な歌ではない。『古事記』では、雄略天皇が「御呉床」にますおりのできごとであったとしるす。〝呉床居の神の御手もち〟との歌いぶりには、「呉床居」が神の枕詞としても用いられているが、この歌を物語とまったく無関係の独立歌謡であったとは考えにくい。私はやはり雄略天皇にまつわる歌物語として理解すべきではないかと思っている。

雄略天皇をめぐる歌物語のなかで、雄略天皇が、「呉床居の神」として意識されていることは重要であろう。大王を神とする意識は、『万葉集』に　〝皇《おおきみ》は　神にしませば　赤駒《あかごま》の　はらばふ田居《たい》を　都となしつ〟（巻第一九、四二六〇）、〝大王《おおきみ》は　神にしませば　水鳥の　すだく水沼《みぬま》を都となしつ〟（四二六一）と歌われている天武天皇よりも先行していて、物語上の雄略天皇にみいだされるからである。

「呉床居の神」と雄略天皇が歌われる背景には、現伝最古の漢詩集『懐風藻』などにも、神仙境と意識されていた吉野がある。吉野で吉野童女が歌う「呉床居の神」には神仙思想の神観念がオーバーラップしている。にもかかわらずワカタケル大王（雄略天皇）が、古文献にみえる神と意識された最初の大王であったことに注目したい。

吉備の息吹

吉備の国が広大な国であったことは、「大宝令」の段階で吉備の国がすでに備前・備中・備後の三ヵ国に分かれており、和銅六年（七一三）の四月三日、備前のなかの六郡（英多・勝田・苫田・久米・大庭・真嶋の各郡）を美作に分置したのをみてもわかる。越（高志）の国が越前・越中・越後に分けられ、養老二年（七一八）に越前国から能登国を分置した例はあるが、その場合でも能登国は永続せず、天平十三年（七四一）には越中国に併合されている。吉備は四ヵ国に分けられて、その四ヵ国は長く存続した。

七世紀後半に設けられた各地域の長官である総領《そうりょう》（惣領）は吉備・筑紫・周防・伊予の国に置かれたが、吉備と筑紫の場合はとくに大宰《おおみこともち》と称されており、筑紫大宰は「大宝令」施行後もうけつがれ、大宰府として面目を発揮する。吉備大宰は「大宝令」の施行によって廃止されたが、吉備惣領石川王（『日本書紀』の天武天皇八年〈六七九〉三月の条には吉備大宰石川王とみえる）が、播磨国（兵庫県南部）の揖保郡の都可村を広山里に改めたように（『播磨国風土記』）、吉備惣領（大宰）の権限は播磨の地域へもおよんでいた（『続日本紀』の文武天皇四年〈七〇〇〉十月の条には上毛野小足を吉備惣領に任命したことをしるす）。

吉備の文化圏が加古川以西にひろがっていたことは、考古学の発掘成果ばかりでなく、前にも言及したように『古事記』の孝霊天皇の条に、吉備の平定におもむく大吉備津彦らが氷河（加古川）で忌瓮《いわいべ》をすえて平定の無事を祈った記事にもうかがわれる。加古川から西の地域には吉備の勢力が浸透していたからである。

吉備が弥生文化においても先進地域でありしかも独自の特色を保持していたことは倉敷市の楯《たて》築《つき》墳丘墓や特殊器台のひろがりにも反映されている。倉敷市の楯築墳丘墓は、径四〇メートルの円丘部の両側に突出部のある全長八〇メートルの巨大な墳丘墓である。二世紀末の墳墓としては最大である。そして曲線と直線の日本独自の文様である直弧文のルーツといわれる曲線の弧文をめぐらす墳丘上の楯築神社の神体石（亀石）や弧帯石《こたいせき》も岡山県倉敷市楯築の墳丘墓で具体化する。

壺や酒などをいれたと考えられる器を載せた特殊器台も吉備の宮山遺跡や中山遺跡・矢石遺跡をはじめとする遺跡でみつかっている。古墳時代の埴輪円筒よりは早く登場し、高さは一メートル近い。この特殊器台は、一部の考古学者が卑弥呼の墓ではないかという奈良県桜井市の箸墓古墳、あるいは島根県出雲市の四隅突出墳丘墓として有名な西谷3号墳・西谷4号墳からもみつかっている。前述した纒向遺跡から出土した土器のなかに吉備系の土器が多く含まれているのも、纒向遺跡の首長の勢力と吉備がかかわりをもつことを示唆する。

纒向遺跡から木製装飾の円板である弧文円板・弧文杖・弧文石が出土しているが、吉備で発達した文化が纒向遺跡に入ってきたことを示す。

三輪山の西側の地域を中核とする王権を三輪王権とよび、その和風の名にイリヒコ・イリヒメをおびる王者と王子・王女が多いので、三輪王権を別にイリ王権と称したが（『大和朝廷』）、そのイリは「入る」を意味し、あるいは吉備のあたりから奈良盆地の西南部へ入った文化のありようを物語るのかもしれない。

こうした吉備の独自な政治勢力のありようは古墳時代にもうけつがれている。それは吉備における巨大な前方後円墳の存在をみてもわかる。全長二八〇メートルをこえる前方後円墳は全国で一一基を数えるが、その第四位は岡山市の全長約三五〇メートルで、もと周濠のあったことが判明する造山古墳、第九位の総社市の作山古墳は箸墓古墳と同じように全長二八六メートルもある。古墳時代においてもいかに吉備の勢力が強大であったかを物語る。

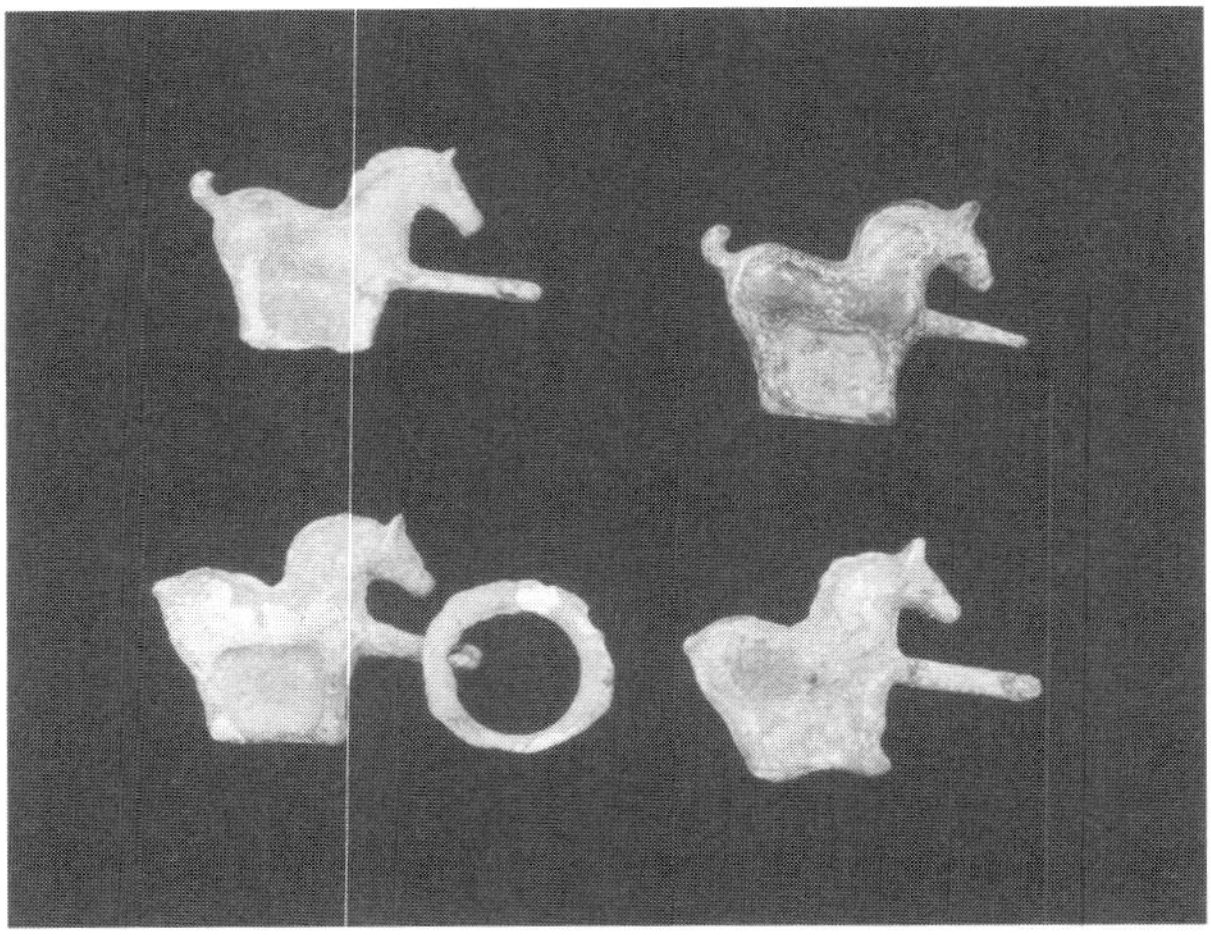

榊山古墳から出土した、朝鮮半島ゆかりの「馬形帯鉤」（宮内庁書陵部所蔵）

まがね文化の背景

吉備の勢力の背景には、めぐまれた海・山の幸があっただけではない。吉備のまがね（鉄）の文化もその勢力を補強し、吉備には児嶋の津をはじめとする良港があって、瀬戸内海を媒介とした海外とのつながりもあった。私がはじめて造山古墳におもむいたおりに気づいたのは、そのそばの榊山古墳から朝鮮半島ゆかりの馬の形の帯（ベルト）をとめる金具すなわち馬形帯《うまがたたい》鉤《こう》がみつかったことである。そして、そのかたちは韓国慶尚北道の漁陰洞遺跡から出土した馬形帯鉤とそっくりであったのに驚いた。後のことだが、昭和五十九年（一九八四）の七月、はじめて中国吉林省集安市の好太王碑の調査にでかけたさいに、集安市の博物館でみた馬形帯鉤とも類似していた。

なぜか。その疑問は『日本書紀』を改めて読んで、私なりに氷解した。吉備には上道臣《かみつみちのおみ》や下道臣らの有力豪族がいたが、そのなかに吉備海部直《あまのあたい》赤尾《あかお》がいる。この海部直赤尾らが百済から新たに渡来し今来《いまき》の才伎《てひと》である須恵器製作の技術者の陶部《すえつくり》高貴、馬具製作の鞍部《くらつくり》堅貴・画かきの画部因斯羅我《いんしらが》・織物にたずさわる錦部定安那錦《にしごりじょうあんなこん》そして訳者《おさ》（通訳）の卯安那《みょうあんな》らを引きつれて倭国へ帰ってくるのである（『日本書紀』雄略天皇七年是歳の条）。

『日本書紀』の敏達天皇十二年（五八三）是歳の条には、火葦北《ひのあしきた》国造つまり肥後国（熊本県）の葦北地域の首長であった阿利斯登の子の日羅を迎えにおもむいて、百済の有力官人になっていた（百済の官位第二位の達率）日羅らを率いて帰国したのは吉備海部直羽嶋らであり、まず吉備の児嶋の津へ寄港しているのも、けっして偶然ではない。吉備には豊富な製塩土器が多数出土した集落があるけれども、吉備の海部は近海の水産業に従事したばかりでなく、外交にも活躍したのである。

アメノヒボコの伝承

都怒我阿羅斯等《つぬがあらしと》の伝承は、『古事記』にしるす新羅の王子と伝える、天之日矛《あめのひぼこ》（『紀』では天日槍と書く）の伝承と共通する要素が多い。『日本書紀』で、天日槍が倭国に渡来した時期を垂仁朝として、垂仁天皇三年の春三月に渡ってきて、「羽太《はぶと》の玉一箇・足高の玉一箇・鵜鹿鹿《うかか》の赤石の玉一箇・出石《いずし》の小刀一口・出石の桙一枝・日鏡一面・熊の神籬一具、并《あわ》せて七物」を持参し、「則ち但馬国に蔵《おさ》めて、常に神の物とす」とのべる。兵庫県北部の但馬の一宮出石神社の神宝の由来譚のいろあいが強い。

『古事記』は『日本書紀』とは異なって、天之日矛が渡来した時期を応神朝とする。この応神朝に仮託した渡来の時期が、『古事記』じたいの中で矛盾していることは、『古事記』が応神天皇条の天之日矛の子孫の系譜をしるして、天之日矛→多遅摩《たじま》（但馬）母呂須玖《もろすく》→多遅摩斐泥《ひね》→多遅摩比那良岐《ひならき》→多遅摩毛理《もり》とするのにも明らかである。なぜなら天之日矛の四代目にあたる多遅摩毛理は、『古事記』によれば、天之日矛よりはるか以前の垂仁朝に常世国へおもむいた人物として描かれているからである。

しかし『古事記』の天之日矛の渡来伝承と前述した『日本書紀』の都怒我阿羅斯等の渡来伝承との間には、相違するところもあるが、共通する点がかなり多い。参考のために両書の伝承の概略を紹介しておこう。

『古事記』では、大要つぎの説話をのせる。新羅の阿具沼のほとりで「賤しき女」が昼寝をしていたところ太陽が虹のように輝いて陰上に射し、その女は妊娠する。そのありさまを見守っていた「賤しき夫」は、女の生んだ赤玉を所望し、その赤玉をつつんでたえず腰につけていた。この男は耕人らの飲食を牛で運び、山谷のなかに入ったところ、新羅国主の王子天之日矛にあい、「牛を殺して食うならん」と日矛に疑われ、獄につながれようとした。そこで腰の赤玉を贈って許される。日矛がその赤玉を床の辺においたところ、美麗の乙女となった。日矛はその乙女を妻としたが、心おごって妻をののしったので、妻がひそかに逃げて難波へ来ったという。それが難波の比売碁曾《ひめこそ》社の神であると。

天之日矛（天日槍）の渡来伝承は、『播磨国風土記』・『摂津国風土記』逸文・『古語拾遺』・『新撰姓氏録』にもあるが、こうした伝えは『古事記』にもっとも詳しく、『日本書紀』にはない。

ここにも『古事記』における渡来伝承の独自性がうかがえるのだが、『日本書紀』では天日槍の渡来譚としてではなく、「意富加羅国の王子」とする都怒我阿羅斯等の渡来譚としてつぎのように記載する。

都怒我阿羅斯等がその国（意富加羅）にあった時、黄牛《あめうし》に田器（農具）を背負わせて「田舎」へおもむいた。ところが黄牛の姿を見失った。すると一人の老夫が、あなたの求める黄牛はこの「郡家」のなかに入ったと告げ、「郡公らは、田器を背負わせているから、これは必ず牛を殺して食べようとするのであろう。もし尋ね主が求めるなら物で代償すればよいであろう」といって、殺して食べてしまったという。そして「牛の値は何物で得ようとするか」と問うたなら、財物ではなく、「郡内」の祭神を得ようと答えなさいと教えた。

「郡公ら」が都怒我阿羅斯等に「牛の値は何物で得ようと思うか」と問うたので、さきの老夫の言にしたがって、その祭神とする白い石をもらいうけた。その白い石（神石）を寝床のなかにおくと美麗の乙女に変化した。阿羅斯等は、その乙女を妻にしようとしたところ、乙女は去った。「東の方に向った」というので、そのあとを尋ねて「日本国」へ渡来したとする。その乙女は難波の比売碁曾の社の神となり、また豊国（豊後）の比売語曾社の神になったとのべる。

『日本書紀』の叙述には「郡家」とか「日本国」とか、七世紀後半以後の表記で書かれているところがあり、また説話の内容も、『古事記』の天之日矛渡来譚の内容とはかなり違っている。

しかし、ともに牛が登場し、神石（白石）や赤玉が乙女に変化し、その乙女が比売碁曾（比売語曾）の社の神となる由来は共通しているし、またその乙女を追って渡来する説話の構成も同じタイプに属する。

この天之日矛と都怒我阿羅斯等との説話でどちらがより本源的な伝承かといえば、それは天之日矛の渡来譚をのせる『古事記』のほうである。日光に感精して懐妊する赤玉神女誕生説話は、『古事記』にはっきりとしるされており、日光感精型、赤玉神女型の神話は、『三国史記』などにみえるところで、この天之日矛と神女の伝承の直接のふるさとは、朝鮮半島にある。天之日矛に象徴される渡来集団のなかではぐくまれた説話であったことはほぼ間違いないであろう。

大同二年（八〇七）に斎部広成《いんべのひろなり》がまとめた『古語拾遺』が天之日矛（天日槍）を「海檜槍」と表記するのも軽視できないが、私がかねがね疑問としてきたのは、天之日矛の伝承地が北九州から播磨、そして難波・近江・若狭というように分布するのに、中間とりわけ吉備にないことであった。慶応義塾大学の教授であった池田弥三郎氏と山陽放送学術文化財団の顧問をしていたおりに、総社市の福谷を訪れたことがある。そこに天之日矛の妻の阿加流比売《あかるひめ》とかかわりのある姫社《ひめこそ》神社が鎮座することをたしかめることができた。そのおりの感動はいまもあざやかに記憶している。当時総代をしておられた小幡家へうかがって、室町時代に姫社祭が行なわれていたことを物語る古文書があって、そのいわれの一端にふれることができた。なお天日槍の従者として『日本書紀』の別伝（『一に云はく』）に「近江国の鏡村の谷の陶人《すえびと》」をしるしているのが注目される。須恵器の生産は五世紀のころからであり、天日槍伝承の時期を考える参考となる。

吉備と出雲

なお付言すべきは吉備と出雲との関係である。前述した振根と飯入根の争いに介入した人物として登場するのが吉備の吉備津彦であった。

出雲と吉備の間には考古学的にも関連する遺物があって、前述したように出雲市の西谷3号墓・同4号墓からは、吉備でつくられた特殊器台が出土している。この3・4号墓はいわゆる四隅突出型墳丘墓だが、吉備の首長クラスの墳丘墓で用いられた特別製作の特殊器台が、出雲の四隅突出型墳丘墓の被葬者に供献されていることは、西暦二〇〇年前後のころ、出雲の首長層と吉備の首長層の間になんらかの政治的関係が存在したことを推測させる。

時代はくだるが、前にも言及したように『出雲国風土記』に神門郡主政として吉備部臣が名をつらね、天平十一年（七三九）の出雲国の「大税賑給歴名帳」に、神門郡の居住者として吉備部臣・吉備部、出雲郡居住者のなかに吉備を本貫とした笠臣あるいは吉備部があり、逆に備中国の「大税負死亡人帳」に出雲部が存在するのも参考となる。

先にものべたとおり『日本書紀』の巻第一（神代巻上）の第三の「一書」に「素戔嗚尊の蛇を断りし剣は、今吉備の神部《かんべ》のもとにあり」とのべ、また同第二の「一書」には「此は今石上に坐す」としるされている。この「石上」は天理市布留町の「石上」ではない。備前の延喜式内石上布都魂《ふつみたま》神社の「石上」である。そして『備後国風土記』逸文に速須佐男神の伝承がみえ、備後の式内社として須佐能袁神社が鎮座するのも、たんなる偶然とはいいがたい。弥生時代ばかりでなく、出雲と吉備の関係は、それ以降の時代にあってもつづいていたのである。

第四章　筑紫と東国

稲作と畑作

弥生文化を特徴づけるそのひとつに水田の「イネ」の文化がある。その「イネ」の文化はまず北九州へ伝播して西日本へとひろがる。ここで改めて注目されるのは、『古事記』や『日本書紀』の神話において、「イネ」の文化が高天原の文化の象徴として物語られ、畑作の文化が「葦原の中つ国」の「蒼生《あおひとぐさ》」(青人草)の食物として描かれていることである。まずその点をかえりみることからはじめよう。

『日本書紀』の神話では、「神代巻」下(巻第二)の第二の「一書」に、天降る「天孫」に天照大神が「吾が高天原にきこしめす斎庭《ゆにわ》の穂を以て、亦吾が児にまかせまつるべし」と告げたことがのべられている。この神話によっても、聖なる田の「稲穂」が天照大神の「神授」として意識されていたことがわかる。

それればかりではなく、実際に『記』・『紀』においては、天照大神が高天原で「御田」づくりを営むという神話伝承がしるされている。すなわち、『古事記』の「神代巻」(上巻)においては、須佐之男命が「天照大御神の営田」の畦を放ち、またその溝を埋めたとする「勝さび」、また

『日本書紀』の「神代巻」上（巻第一）の本文では、「天照大神、天狭田・長田を以て御田としたまふ」。さらに同第二の「一書」では、「日神尊、天垣田を以て御田としたまふ」とのべられ、第三の「一書」には「日神の田、三処あり、号けて天安田・天平田・天邑丼田と曰ふ。此皆良き田なり」と明記されている例などがそれである。

つまり、「豊葦原の瑞穂の国」の瑞穂は、『記』・『紀』神話のなかでは高天原系文化のシンボルとして位置づけられていたことがわかる。

その神話には注目すべき点がある。それは「イネ」の文化を高天原の「天つ神」の象徴であるとするために、「粟・稗・麦・豆」の「陸田種子《はたけつもの》」すなわち畑作の文化は、葦原の中つ国の「国つ神」たちの文化を象徴すると物語っていることである。

前にも言及したように、『日本書紀』の「神代巻」上（巻第一）の第一一の「一書」には次のように伝承している。保食神《うけもちのかみ》の屍から、牛馬・粟・蚕・稗・稲・麦および大豆、小豆が発生したのを「天熊人《あまのくまひと》（『和名抄』に久万《くま》は米とするように米を供える人）」が天照大神に「奉進」したと物語る神話がそれで、天照大神は喜んで「是の物はうつしき蒼生の、食ひて活くべきものなり（これらは、人々が食べて生きていくためのものである）」と語って、「粟・稗・麦・豆を以て」は、「陸田種子」として、「稲種を以て、初めて（天照大神の）天狭田および長田」に植えたと物語られている。

このように、渡来の「稲種」は高天原に象徴される天つ神系の「水田種子《たなつもの》」であり、「粟・稗・麦・豆」は「葦原の中つ国」の「蒼生」すなわち被支配者層の食物であったとする認識は、

『記』・『紀』の神話にもかなり明確に反映されているのである。

農耕にも、たとえば焼畑耕作をする農民もあれば、水田耕作を営む農民もあった。畑作は縄文時代に確実に行われていたが、畑作を「国つ神の文化」とし、弥生時代に広がる「イネ」の文化を「天つ神の文化」として位置づけていることはきわめて興味深い。

天孫降臨の場所

その天つ神の世界の主宰神であるタカミムスヒノカミ、あるいはアマテラス大神の命令によって「葦原の中つ国」を代表する出雲の国ゆずりがなされ、そして筑紫の高千穂の峰への天孫降臨へというすじみちが、『古事記』・『日本書紀』の神話の構成である。

ところで高天原の主宰神については、『記』・『紀』の伝承に差異がある（この点については『新修 日本の神話を考える』小学館、二〇〇三で詳述した）。

それはたとえば葦原の中つ国の平定と国ゆずりを命令した高天原の主宰神は、『古事記』では天照大御神であり、『日本書紀』の本文および第四・第六の「一書」などでは高皇産霊尊《たかみむすび》であること、さらに天孫降臨を命令する主宰神は、『古事記』では天照大御神と高木神《たかぎのかみ》（高御産巣日神《たかみむすひ》）であり、『日本書紀』の本文および第四・第六の「一書」などでは、高皇産霊尊のみであることなどによってもわかる。

たしかに、タカミムスヒノカミとアマテラス大神は『記』・『紀』の所生・出生のありようにおいては直接にはつながらない。なぜなら『古事記』では「別天神」の一神として高御産巣日神を

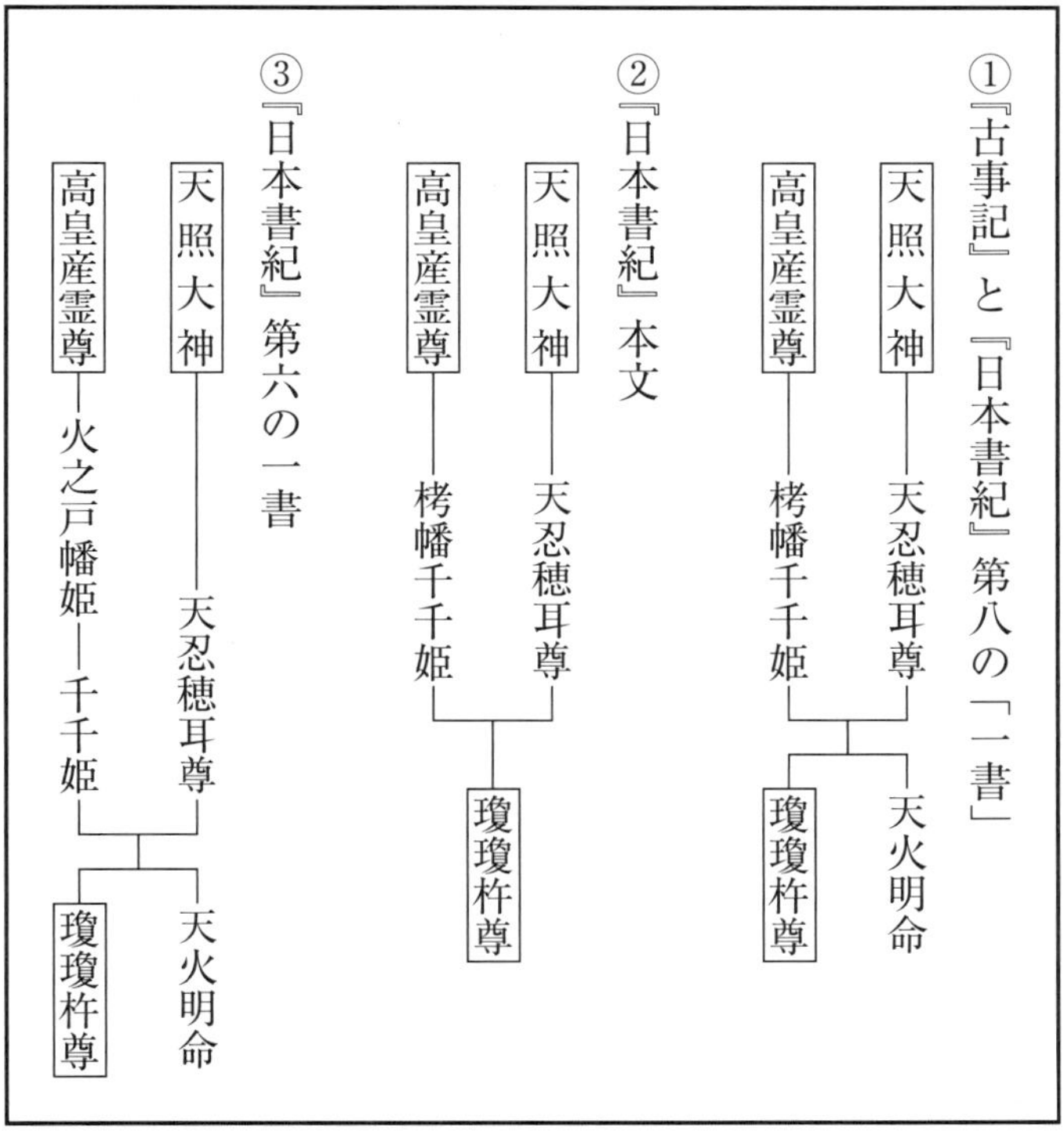

瓊瓊杵尊にいたる3つの神統系譜

あげるが、「高天原に成れる神」（『記』）あるいは「高天原に所生れます神」（『紀』第四の「一書」の「又曰く」として位置づけられる高御産巣日神〈高皇産霊尊〉と、禊祓で誕生する天照（大御神）とでは、神統譜のうえにおいては別々であるからだ。

しかし他方において両神の神統譜上のあつかいにおいて、ある種の融和がはかられていることもたしかであった。

皇孫たる瓊瓊杵尊《ににぎのみこと》の系譜がそれであった。『古事記』と『日本書紀』のその系譜を整理するとおよそ表示した①・②・③の神統系譜のようになる（ただし神名表記は『日本書紀』による）。

これ以外の『日本書紀』の別伝もあって、多少の違いはあるが、天照大（御）神と高皇産霊尊（高御産巣日神）が、瓊瓊杵尊の父方・母方にそれぞれつながるとするその神統意識は共通している。それは皇祖神の二元性にかかわる伝承の、複合と融和をはかってのあらたな神統譜の形式であった。

『古事記』と『日本書紀』の神話の構成ですじが通らないのは、なぜ国ゆずりをした出雲の地に天孫ニニギノミコトが天降らないで筑紫の高千穂の峰へと天降るのかということである。

昭和五十九年（一九八四）の七月、島根県出雲市斐川町の神庭荒神谷遺跡でみつかった銅矛一六本が北九州系であり、島根県松江市東出雲町の島田池遺跡の1号横穴墓の灯明石付石棺四基がやはり北九州系であり、出雲の古墳文化に多くみられる横口式家型石棺が同じように北九州系であること、さらに大穴持命（大国主命）のキサキのひとりが筑紫の宗像三女神の一神であるタキリヒメで、出雲大社の本殿の神座は西面してその前には筑紫社がまつられていること、あるいは『日本書紀』の崇神天皇六十年七月の条に、出雲の首長が筑紫とまじわりをもった伝承をしるすことなど、出雲の背後には筑紫の勢力があったから、出雲の国ゆずりのつぎが筑紫への天孫降臨へとつながるのではないかなどと推測している。

ところでヤマト王権が北部九州から中部九州におよぶようになるのは、いったいいつごろであろうか。そのありようを物語るのは阿蘇溶結凝灰岩（阿蘇石）で製作された石棺が、四世紀の後半から五世紀後半にかけて、四国の北岸地域・吉備さらに播磨・河内・大和・近江へと運ばれていることである。とくに宇土半島の馬門《まかど》で製作された阿蘇ピンク石の石棺は吉備・摂津・河内・大和・近江に分布する（高木恭二「石棺の移動は何を物語るか」、『新視点　日本の歴史』２所収、新人物往来社）。各地の豪族らがこれらの石棺を運搬した背後にはヤマト王権の権威があってその運搬を保証したと考えられる。

　四世紀後半から五世紀にかけてのころ、中部九州の首長層をヤマト王権が編成していったプロセスは、宮崎県西都市の全長一七五メートルの列島最大といわれる帆立貝形の男狭穂塚《おさほづか》あるいは九州で最大という全長一八〇メートルの前方後円墳である女狭穂塚《めさほづか》の登場などにもうかがわれる。そして五世紀後半には、熊本県和水町の全長約六二メートルの前方後円墳（江田船山古墳）に、銀象嵌の大刀・鏡六面・豪華な竜文透彫りの冠帽（冠）・亀の甲羅のような文様の亀甲文や忍冬《にんとう》蔓《かずら》のような渦巻状の忍冬文の冠帯・金銅製飾履などが副葬されており、その大刀銘文には「獲加《わか》多支鹵《たける》大王」（雄略天皇）の「治天下」が明記されていた。「奉事」した人物は大王の外廷の記録などに従事した「典曹」という役職の官人であり、刀の作者は伊太加、銘文の書者は張安であったことがわかる。この銘文にも、前述の稲荷山古墳出土の鉄剣銘文と同じように「八月中」の時格の表記があり、書者が張安という渡来人であって、冠帽が朝鮮半島の冠帽に類似していることもみのがせない。この銘文によっても、五世紀後半にはヤマト王権が中部九州におよんでいたことがたしかめられる。

　それなのになぜ筑紫の高千穂の峰への天孫降臨なのか。明確な判断はまだできないが、高千穂の峰への降臨伝承には、朝鮮半島と筑紫との深いかかわりがあったのではないかと試案をたてている。

ひとくちに筑紫の高千穂の峰というけれども、『古事記』・『日本書紀』の高千穂の峰にかんする記載は、つぎのように微妙に異なっている。

これを整理するとつぎのようになる。

① 筑紫の日向の高千穂の久士布流多気《くしふるたけ》（『記』）
② 日向の襲《そ》の高千穂峰（『紀』本文）
③ 筑紫の日向の高千穂の槵触峰《くしふるたけ》（第一の「一書」）
④ 日向の槵日《くしひ》の高千穂の峰（第二の「一書」）
⑤ 日向の襲の高千穂の槵日《くしひ》の二上峰（第四の「一書」）
⑥ 日向の襲の高千穂の添山《そほりのやま》峰（第六の「一書」）

①と③は、「筑紫の日向」、②・⑤・⑥は「日向の襲」とするす。そして①・③・④と⑤は、久士布流多気・槵触峰・槵日と形容し、⑥はとくに添山峰と表記する。

このような差異を無視するわけにはいかない。そこには重要な降臨伝承のなぞが内包されているからである。

まず「筑紫の日向」の「日向」が、律令制下の「日向国」かどうか。筑紫七ヵ国のなかの日向国の存在が確実に記録にあらわれるのは、『続日本紀』の大宝二年（七〇二）四月の条からである。律令制のもとにおける日向国の成り立ちは比較的新しい。したがって、この「日向」をただちに日向国とする解釈には疑問が残る。このことは『記』・『紀』の国生み神話からも察知されよう。

『日本書紀』は筑紫洲を生むと物語るにとどまって、その筑紫洲の内容を書いてはいないが、『古事記』は筑紫島について、「この島もまた、身体が一つに面《おも》（顔）が四つあり、面ごとに名がある」として筑紫国（のちの福岡県の地域）・豊国・肥国・熊曾国をあげる。つまり国生み神話のなかでも、「日向国」の存在についてはなんら語るところがない。「日向国」の誕生はやはり新しい。

つぎに「日向の襲」はどうか。この「襲」は熊曾（熊襲）の「襲」であり、律令制下の国郡制にそくしていえば大隅郡の贈於《そお》郡のあたりの「襲」に由来するといえよう。この地域の首長の氏族を「曾君《そのきみ》」と称したのはそのためである。ところで日向国の肝坏《きもつき》・贈於・大隅・姶羅《あいら》の四郡を分割してあらたに大隅国が設けられたのは、和銅六年（七一三）四月のことであった（『続日本紀』）。いまもしこの「襲」を贈於郡あたりの「襲」とみなすなら、贈於の地域が日向国に含まれていた段階の「日向国の襲」ということになる。しかし日向国の成り立ちが新しいとすれば、高千穂の峰の原像はかならずしも日向国のなかの高千穂であったと断定するわけにはいかない。

高千穂の峰にかんする伝承は、

① 宮崎県の高千穂町の峰説
② 鹿児島県の霧島山説
③ 大分県の祖母山説や、久住山説など

と、後世さまざまに展開してきたが、本居宣長も「皇孫命《すめみまのみこと》の天降りましし御跡は何《いず》れならむ、さだめがたし」(『古事記伝』)としたように、にわかにはきめられない。

私がもっとも注目するのは、天降りした邇邇芸命《ににぎのみこと》(瓊瓊杵尊)が「此地は韓国に向ひ、笠沙の御岬にまき通りて、朝日の直射す国、夕日の日照る国なり。故、此地はいと吉《よ》き地」とことあげしている点である(『記』)。

用字こそ異なっているが、「膂宍《そしし》の空国《からくに》を、頓丘《ひたお》より国覓《ま》ぎ行去《とお》り」(『紀』本文、第四の「一書」)とするのとかわりはない。この「空国」をウツボブネ(空船)に乗って偉人が来臨するなどの「空」と解釈する説もあるが、その実体は「韓国」であり、『日本書紀』にみいだされる朝鮮蕃国視によって、「空国」と書き、しかもこれを形容するのに「膂宍の」と表現したのである。「膂宍」とは背中の骨のまわりの肉のことで、やせた不毛の地を意味しての形容であった。

宮崎県や鹿児島県では「韓国に向」う地域とはなりえない。本来の高千穂の峰の原伝承は、韓国に向から九州北部の地域であったとみるべきではないか。

そのように考えるのは、高千穂の峰を「久士布流」「槵触」などと書き、しかも添山峰とよんでいることとも関連する。『三国遺事』に引用する『駕洛《から》国記』では、加羅(伽耶)の始祖とする首露の降臨の地を「亀旨峰」(慶尚南道金海に伝承地がある)と伝えるばかりでなく、『日本書紀』の第六の「一書」はその文にわざわざ「添山、此には曾褒里能耶麻《そほりのやま》と云ふ」としるす。『古事記』・『日本書紀』に明記する「クシフル」は、明らかに古代の朝鮮語と関係があり、「ソホリ」のそれも、まちがいなく朝鮮語の「ソウル」「ソフル」「ソプル」に由来する。『三国史記』

では百済王朝の最後の都であった泗沘《しび》を「所夫里（ソフリ）」と書き、『日本書紀』に素戔嗚尊が五十猛神を率いて「新羅国」に降ったところを「曾尸茂梨《そしもり》」とする。これを『日本書紀』の元慶年間（八七七―八八五）の講書のおりに「今の蘇之保留の処か」と解釈したのも参考になる（『釈日本紀』）。

百済の王都も、新羅の王都も、所夫里・徐伐（sopur）と称されたのである。新羅の始祖の降臨伝承において、『三国史記』も『三国遺事』も、その降臨した聖なる地を「徐伐」「徐那伐」「徐羅伐」「徐耶伐」と書いているのも、けっして偶然ではない。

倭語・日本語の成り立ちを、すべて朝鮮語で解釈するような見方には賛成できないが、いわゆる天孫降臨神話に、朝鮮の神話と共通する要素のあることは、だれもが認めざるをえないであろう。朝日のじかにさす「日向」を、夕日の照らす「襲」（背）の対語とすれば、「日向の襲」という表現はそれなりの意味をもつことになろう。

東国と関東

ヤマト王権の東日本への勢力の拡大がどのようであったかを考察するにさきだって、まず東国あるいは関東の用語とその範囲がどのようなものであったかを考察することにしよう。

まず「関東」だが、その関とは越前の愛発《あらち》関・美濃の不破関・伊勢の鈴鹿関の関であり、この三関の東を「関東」と称していたことがわかる（三関の西は関西）。

三関が設けられた時期については、その確実な史料はないけれども、壬申の乱（六七二年）のおり（六月二十五日）、鈴鹿関の関司が使を遣《つかわ》して、山部王・石川王が「来帰」したので「関（不破関）に置《はべ》らしむ」ことを大海人皇子に報告したという記載や、壬申の乱のさい（六月二十二日）、大海人皇子が村国連雄依《おより》ら三名に「急に不破道を塞げ」と命じた記事のほか、その戦乱における要所として不破関が重要な役割をになった記述がある。こうした所伝（『日本書紀』）にもとづけば、鈴鹿関などは天智朝のころには設けられていた可能性がある。伊勢の鈴鹿関・美濃の不破関・越前の愛発関は、大津宮の所在する近江国の外側にあって、「三関」の前提には白村江の敗北（六六三年）の後をうけての大津宮を防御する意図がひめられていたのかもしれない。また「養老令」の「軍防令」には三関の規定があり、また「公式令」などにも三関がみえている。また元明太上天皇崩御のとき（養老五年十二月七日）には、即日固関使（関所を守る使）を派遣して三関を固守せしめているから（『続日本紀』）、八世紀のはじめには確実に三関が設置されていたことがたしかめられる。壬申の乱によって鈴鹿関などの関の重要性が認識されるようになり、天皇の譲位や崩御、上皇・皇后の崩去あるいは謀反のおきたおりなどには、固関使を派遣して関を閉鎖した。

史料の上に関東がみえるのは、『続日本紀』の天平十二年（七四〇）十月二十六日の勅であって、「朕（聖武天皇）意ふ所有るに縁りて、今月の末暫《しばら》く関東に往かむとす」からである。ついで同じく『続日本紀』の天平宝字元年（七五七）十二月九日の条には、尾張宿禰大隅が壬申の乱で功績をあげて、功田四十町を与えられたことをのべ、「淡海朝廷（天智天皇）諒陰《りょういん》（喪に服する期間）の際、義を以て警蹕《けいひつ》を興し（大義をもって挙兵し）、潜かに関東に出づ。時に大隅参り迎へて導き奉り、私第を掃ひ清めて遂に行宮と作し、軍資を供助す。其の功実に重し」として、「令に依るに上功なり、三世に伝ふべし」としるしている。

ここにいう関東とは鈴鹿関の東であって、いわゆる「関東地方」の関東ではなかった。これは後述する東・東方・東国がもともとは「養老令」の「公式令」にいう「坂東」すなわち「駿河と相模の堺なり」(『令義解』)の東の地域ではなく、やはり鈴鹿関以東の関東の地域をさすのと同様であった。

関西の史料における登場は、関東よりもかなり遅く、鎌倉幕府の歴史をしるした『吾妻鏡《あずまかがみ》』の治承四年(一一八〇)十月二十一日の条であり、ついで『吾妻鏡』の建仁三年(一二〇三)の八月二十七日の条に「関西三十八ケ国の地頭職」「関東三十八ケ国」とみえている。この関西は「三十八ケ国」という国数から推しても、不破関・鈴鹿関以西の西日本をさすと考えられる。

『古事記』には倭建命の東征伝承のなかで、「今更に東方十二道の悪しき人等を平けに遣はすらむ」と嘆く注目すべき一節がある。ここでは「西の方」の熊襲に対して、「東方十二道の悪しき人等」がまつろわぬ人びととされている。この「東方十二道」は「東方十二国」の意味で、『日本書紀』の大化二年(六四六)三月二日の詔に「東方八道」と記すのと同類の書き方であり、『高橋氏文』に「東方諸国造十二氏」とみえるのが参考になる。この十二国の内容を本居宣長がいうように、伊勢・尾張・参河・遠江・駿河・甲斐・伊豆・相模・武蔵・総・常陸・陸奥と解釈するのがよいか(『古事記伝』)、大化二年三月二日の詔の「東方八道」の美濃・尾張もしくは遠江・信濃以東の十二国と考えるのがよいか、速断はできないが、いわゆる「関東地方」の「東方」でないことは明らかで、神坂峠（東山道）・伊勢湾（東海道）以東をさす「あづま」もあった。

もっとも前に論述したように、『古事記』の倭建命の東征伝承では、入水した弟橘比売を偲んで「吾妻はや」と言挙《ことあ》げしたところを足柄の坂とする、いわゆる坂東を「あづま」とした意識もあったが、『古事記』の東・東方・東国の観念には伊勢の鈴鹿関・美濃の不破関以東の地域が含まれていた。

そのことは『日本書紀』により明確である。壬申の乱のとき（六月二十四日）、大海人皇子が「東に入らむとす」の「東」とは、鈴鹿関の東であり、「是の日、途発ちて東国に入りたまふ」という「東国」とはいわゆる「関東地方」ではなく、やはり吉野から伊勢へと向かう途中の東国であった。

さきに関西の用例よりも関東の方が早く、関西の用例は関東よりかなり時代がさがる点について言及したが、西国の用例もまた東国よりはるかに遅れる。管見では貞永元年（一二三二）閏九月一日の法令に「畿内近国并びに西国」としるす例が早い。そして天福二年（一二三四）五月一日の追加法の「西国御家人所領」あるいは鎌倉幕府がまとめた鎌倉時代の歴史書である『吾妻鏡』の建長六年（一二五四）十月二日の条の「西国堺相論（西国の堺がどこかを互いに論じた）の事」の西国は畿内近国から九州を含む地域を指した。

東国への陸路と海路

東国への道を象徴するのは、『古事記』・『日本書紀』が物語る倭建命（『紀』では日本武尊、以下ヤマトタケル）の東征伝承である。『記』・『紀』によってその道行きをかえりみることにしよう。

『古事記』ではヤマトヒメがヤマトタケルに草那芸剣と御嚢《みふくろ》（袋）を贈り、『日本書紀』では草薙剣を贈ることになる。ともに伊勢大神の霊武譚の要素が強いが、『日本書紀』の巻第二（神代巻下）の別伝「一書」にはスサノヲノミコトが八岐大蛇を退治した「本の名は天叢雲剣」とのべる。「クサナギ」の「クサ」は「臭し」の語幹で、獰猛を意味し、ナギは古例では蛇をさすという説が魅力的である。八岐大蛇退治の剣が、後にヤマトタケルが焼津で向火にあって草をなぎはらったのでクサナギの剣になったというのは、獰猛な蛇のクサナギが草薙に連想されて草薙の剣ともなったのであろう。

『古事記』のみが「御嚢」を剣と共に贈るとするのも興味深い。延暦二十三年（八〇四）の『皇大神宮儀式帳』の「太神正殿装束」のなかに「玉嚢二口」、「相殿に坐す神の御装束嚢二口」などとしるすように、「御嚢」は重要な神具のひとつであった。『古事記』ではその「御嚢」から火打ち石をとりだして向火をつけて敵を迎えうつことになる。

ところでヤマトタケルは『古事記』によれば伊勢から尾張へおもむき、尾張国造の祖とする美《み》夜《や》受《ず》比《ひ》売《め》（『紀』では尾張氏の娘宮簀《みやす》媛《ひめ》とする）家で、彼女と結婚の約束をする。そして実際に大和への帰途結婚する。その美夜受比売のもとに草那芸剣を置いて伊吹山へ登ったために、伊吹山のカミのたたりによって病となる。

伊勢から尾張への路をどのようにたどったのか。『古事記』は明記していない。大和への帰路は尾張から伊勢国鈴鹿郡の能煩野《のぼの》への路をたどってついに亡くなるが、伊勢から尾張への路はあるいは海路であったかもしれない。

『日本書紀』のヤマトタケルは、『古事記』の記述と同じように尾張の宮簀媛と結婚する。そして伊吹山に登って病となる。

伊勢から尾張への路について、一つ参考になるのは、『日本書紀』が景行天皇四十年是歳の条につぎのようなエピソードをのせていることである。

「昔に日本武尊、東に向でましし歳、尾津《おつ》の浜に停《とど》まりて、進食す。是の時に一の剣を解きて、松の下に置きたまふ。遂に忘れて去しき」とのべるのがそれである。

『古事記』では東国の征討に向うおりに尾津の浜（『記』では尾津の岬）におもむいたとは明記していないが、やはり「尾津の前（岬）の一つ松の許に到り坐《ま》ししに、先に御食《みけ》したまひし時、其の地に忘れたまひし御刀、失せずて猶ありき」とのべる。そして両書が共に〝尾張に直に向へる（尾津の前なる）一つ松〟の歌をのせる。

この尾津の浜（岬）は伊勢国桑名郡の尾津神社（式内社）や『和名類聚抄』にみえる尾津郷の尾津で、三重県桑名市多度町大字戸津である。古代には今よりも海岸線が内陸部に入りこんでおり、尾張の津につながる港であった。

尾張宮簀媛の居所がどこであったか、さだかではないが、『日本書紀』の景行天皇五十一年八月の条には、宮簀媛のもとに草薙剣を置いて伊吹山に登ったとするその剣は「これ今、尾張国年魚市郡の熱田社にあり」と記載する。

古代の伊勢・尾張・三河の海は今より陸地へ深く入りこんでおり、岐阜県の大垣市のあたりまでが入り海であったという。熱田神宮の南のあたりも、『万葉集』にみえる「年魚市潟《あゆちがた》」（巻第三、二七一）であった。「アユチ」（年魚市）が「アイチ」（愛知）になるわけだが、尾張の年魚市潟の津と尾津の港とは海路でむすばれていたのかもしれない。

大宝二年（七〇二）の十月、持統太上天皇は三（参）河国へと行幸するが、その行幸は大和から伊勢へ、伊勢の的形の津（松阪市・多気郡明和町）から海路で三河へのコースをたどっている。ヤマトタケルが通った尾津から尾張の年魚市潟の津あたりへのルートは海路であった可能性がある。

『日本書紀』のヤマトタケルは駿河へおもむく。そして焼津（静岡県の焼津）で賊の計略によって野火で焼き殺されようとする。そこでヤマトヒメから贈られた剣で草を薙ぎはらい、やはりヤマトヒメの与えた袋から火打石を取りだして向火をつけて撃退する。草薙剣の由来譚となっている。

こうしてヤマトタケルは相模（神奈川県）へと進むことになるが、『古事記』では焼津を「焼遺」と書き相武（相模）の焼津として、相武の国造の計略によって野火で焼き殺されようとする説話になっている。相模から上総（千葉県）へおもむかんとして走水海（浦賀水道）を渡ろうとするおり、荒浪に襲われ、キサキのオトタチバナヒメがいけにえとして入水する。そのときにオトタチバナヒメの歌ったという有名な〝さねさし　相模の小野に　燃ゆる火の　火中《ほなか》に立ちて問ひし君はも〟でも相模のできごととする。
焼津は『万葉集』に〝焼津辺《やきつべ》に　わか行きしかば　駿河なる　阿倍の市道《いちじ》（市への道）に　逢ひし児らはも〟（巻第三、二八四）と歌われているように駿河の焼津のことであり、『和名類聚抄』には「駿河国益頭郡益頭郷」、『延喜式』には益頭郡の焼津神社としるすとおりである。
春のはじめに野を焼く習俗があり、野遊びをして男女が妻問いする「小野に燃ゆる火」、『古事記』のヤマトタケルの向火の物語とむすびつけての〝相模の小野に燃ゆる火〟の物語歌になったと解釈するのが妥当であろう。

ヤマトタケルの東征伝承で、『古事記』は関東南半部を平定することになっているが、『日本書紀』では陸奥の南すなわち東北の一部まで遠征する。ヤマト王権の拡大をより広範囲におよぼす『日本書紀』の物語のほうが説話のなりたちが『古事記』の物語よりも新しいことを反映している。

しかし五世紀の後半のころに、大王や大后などの名を伝えるために設定された部民の名代部《なしろべ》が関東南半部に多く分布していることは、五世紀に入ってからヤマト王権の勢力が関東南部の地域にひろがっていった状況を反映する。そのありようはたとえば安康・雄略両天皇の母の忍坂大中姫の名を後の代に伝えるために設けられた刑部《おさかべ》（忍坂部）は上総（千葉県中部）・下総（千葉県北部・茨城県南西部・埼玉県東部・東京都東部）・武蔵（埼玉県・東京都）に存在し、安康天皇（穴穂命）の名代部であった孔王部《あなおべ》が下総に、允恭天皇のキサキ藤原衣通郎姫《そとおりのいらつめ》の名代部の藤原部が下総に居住した例などにもうかがわれる。

「王賜」銘鉄剣と「辛亥」銘鉄剣

昭和六十二年（一九八七）の十一月初旬であった。千葉県市原市の稲荷台1号墳から出土していた鉄剣の表に「王賜《おうし》□□敬□」、裏に表の「王賜」の位置より三字下げて「此廷刀□□□」の文をしるした銘文が、X線の調査によって判明した。

稲荷台1号墳は直径二八メートル、高さ二・二メートルの円墳で五世紀中葉から後半の築造とみなされている。房総半島の西海岸で、東京湾に注ぐ養老川の下流右岸の台地縁辺部に位置する稲荷台古墳群、その対岸の養老川下流左岸には、全長一二〇メートルの天神山古墳、全長一一三メートルの塚山古墳、全長九三メートルの二子塚古墳をはじめとする姉崎古墳群がある。

稲荷台1号墳の鉄剣銘文の書法では、「王賜」を「此廷」の文の上に位置づけて「此廷」を三字下げてしるす、古代中国の「擡頭《たいとう》」の修辞法にもとづくものであって、漢文に精通していた書者の存在を示唆する。ヤマト王権から上総の首長（この場合はおそらく姉崎古墳群の首長）へ下賜された鉄剣を、その首長の統率下にある稲荷台1号墳の被葬者に与えたとみなす京都教育大学名誉教授の和田萃《あつむ》説（『ヤマト国家の成立』文英堂、二〇一〇）が妥当であろう。五世紀の中葉のころにはヤマト王権が上総におよんでいたことを傍証する金石文であろう。

第Ⅲ部第三章で埼玉県行田市の稲荷山古墳出土の鉄剣銘文にかんする私見をのべたが、「乎獲居臣」はいったいどのような人物であったのであろうか。銘文にはその「上祖」で名は「意富比垝」の八代目の子孫が「乎獲居臣」で「世々杖刀人の首（首長）として奉事し今に至る」とするす。いうところの「今」とは「獲加多支鹵大王（雄略天皇）」の代であって、「吾、治天下を左（佐）く」と書きとどめ、「吾が奉事の根原を記す也」と強調している。

乎獲居臣の出自については、(一) 大和の出身で世々杖刀人の首長でヤマト王権に「奉事」し、獲加多支鹵大王の治天下を佐《たす》けていた人物で、埼玉県行田市のあたり（北武蔵）におもむいていたおりになくなって、稲荷山古墳の礫槨に葬むられたとする説、(二) 乎獲居臣は北武蔵の豪族の首長で、杖刀人の首となり、死後稲荷山古墳に埋葬されたとみなす説、(三) 乎獲居臣は大和の出身で杖刀人の首であったが、礫槨の被葬者である北武蔵の首長が、銘文の鉄剣を乎獲居臣から与えられて副葬されたと考える説などがある。

「杖刀人首」とは前述したように大王の側近にあって、儀杖をおびて親衛した官人の首長であったと考えられる。北武蔵の豪族が辛亥年（四七一）よりもはるかに前の時代から杖刀人の首として大王に奉事していたとするなら、北武蔵は五世紀よりも前にヤマト王権の支配に組みこまれていたことになって、史実とは相違する。

また、「世々杖刀人の首として奉事し」、「獲加多支鹵大王」の「治天下を補佐」してきた「吾が奉事の根原を記す」と明記した乎獲居臣の名誉を伝える鉄剣を、たやすく手ばなして北武蔵の豪族に与えるであろうか。やはり乎獲居臣は大和出身の内廷の官人の首であった人物と考える方が自然である。

ところが稲荷山古墳の築造者は北武蔵の首長であり、乎獲居臣は、「畿内豪族」であるとする「稲荷山古墳の二重性」に注目する説もある（金井塚良一『馬冑が来た道』、吉川弘文館、二〇〇八)。

埼玉古墳群は全長一二〇メートルの前方後円墳である稲荷山古墳からはじまって、二子山古墳(全長一八〇メートル)→丸墓山古墳(径一〇五メートルの大円墳)→瓦塚古墳(全長七三メートルの前方後円墳)→奥の山古墳(全長七〇メートルの前方後円墳)→鉄砲山古墳(全長一〇九メートルの前方後円墳)→将軍山古墳(全長九〇メートルの前方後円墳)→中の山古墳(全長七九メートルの前方後円墳)の順で築造されたことが、これまでの研究によって明らかになっている。巨大な円墳である丸墓山古墳を除くと、他はすべて前方後円墳であり、その大型の前方後円墳の奥の山古墳だけが一重の周濠で、他いずれもが長方形状の二重の周濠をもち、大和などの盾形の周濠とはおもむきを異にする。

こうした大型古墳のありようは稲荷山古墳の出現に象徴される北武蔵の在地の勢力がおよそ一世紀ばかりの間勢威を保持したことを物語る。他方礫槨からは辛亥銘鉄剣と共に馬口の喰《はみ》のはずれを防ぐためにとりつけるf字の鎖《くさり》の鏡板、馬の尻繫《しりがい》の帯のかざりである雲珠《うず》、馬の繫《かい》の交わる部分にとりつける留金具である辻金具《つじかなぐ》など朝鮮半島南部の大加耶系文物が出土しており、これらの馬具や馬冑なども、稲荷山古墳の築造者もしくは先行勢力が加耶とかかわりをもったことを示唆するとの見解もある。

そこには乎獲居臣と加耶系文物とのかかわりなど、検討すべき課題もあるが、ヤマト王権の「杖刀人首」であった乎獲居臣が、北武蔵の在地勢力を味方として、東北などへの勢力の伸張をうかがった状況は、稲荷山古墳の鉄剣銘文からも推察できる。

新潮選書

私《わたし》の日本古代史《にほんこだいし》(上)
天皇《てんのう》とは何《なに》ものか――縄文《じょうもん》から倭《わ》の五王《ごおう》まで

著　者……………………上田正昭《うえだまさあき》

発　行……………………2012年12月20日
8　刷……………………2024年11月30日

発行者……………………佐藤隆信
発行所……………………株式会社新潮社
〒162-8711 東京都新宿区矢来町71
電話　編集部 03-3266-5611
読者係 03-3266-5111
https://www.shinchosha.co.jp
印刷所……………………大日本印刷株式会社
製本所……………………株式会社大進堂

ISBN978-4-10-603720-7 C0321

西　行　歌と旅と人生　　寺澤行忠

出家の背景、秀歌の創作秘話、漂泊の旅の意味、桜への熱愛、無常を超えた思想、定家や芭蕉への影響……西行研究の泰斗が、偉才の知られざる素顔に迫る。

《新潮選書》

源氏物語の世界　　中村真一郎

これぞ文学の愉悦、物語の豊饒！　世界文学の最高峰『源氏』を中心に、平安期の愛欲と情念の世界が蘇る。稀代の読み手による最良の入門書、待望の復刊。

《新潮選書》

嫉妬と階級の『源氏物語』　　大塚ひかり

藤原道長の「お手つき」となり、その娘の家庭教師に甘んじた紫式部。「落ちぶれ感」を抱えた才女が物語にこめた秘密のメッセージを、鮮やかに読み解く。

《新潮選書》

日本人の愛した色　　吉岡幸雄

藤鼠《ふじねずみ》、銀鼠《ぎんねず》、利休鼠《りきゅうねずみ》、鳩羽鼠《はとばねずみ》、深川鼠《ふかがわねずみ》、丼鼠《どぶねずみ》、源氏《げんじ》鼠《ねず》……。あなたが日本人なら違いがわかりますか？　化学染料以前の、伝統色の変遷を辿る「色の日本史」。

《新潮選書》

戦争の日本中世史　「下剋上」は本当にあったのか　　呉座勇一

源平合戦、元寇、南北朝動乱、応仁の乱……中世の二百年間ほど死が身近な時代はなかった。下剋上だけでは語られぬ「戦争の時代」を生きた人人のリアルな実像。

《新潮選書》

とりかへばや、男と女　　河合隼雄

男と女の境界はかくも危うい！　平安王朝の男女逆転物語『とりかへばや』を素材に、深層心理学の立場から「心」と「身体」の〈性〉を解き明かす。

《新潮選書》

論争　関ヶ原合戦　笠谷和比古

「小山の評定はなかった」「戦場は関ヶ原ではない」「開戦直後の裏切りですぐ終った」など、今も諸説飛び交う「天下分け目の戦い」の真相を明らかにする。《新潮選書》

武士とは何か　呉座勇一

忠義よりも領地とメンツが大事。源義家から伊達政宗まで、史料に残された名言・暴言・失言から、中世武士のアナーキーな行動原理を読みとく画期的論考。《新潮選書》

私の親鸞　孤独に寄りそうひと　五木寛之

ああ、この人は自分のことを分かってくれる——「聖人」ではなく「生身」の姿を追い続けて半世紀、孤独な心に優しく沁み入る、とっておきの親鸞を語る。《新潮選書》

不《ふ》干斎《かんさい》ハビアン　神も仏も棄てた宗教者　釈徹宗

禅僧から改宗、キリシタンとして活躍するも、晩年に棄教。仏教もキリスト教も知性で解体した、謎多き男の生涯と思想から、日本人の宗教心の原型を探る。《新潮選書》

蕩尽する中世　本郷恵子

日本の中世は地方から吸いあげた富を蕩尽し続けた時代だった。限りない消費はいかに可能だったのか。寛政期から応仁の乱に至る４００年を見つめ直す。《新潮選書》

瀬戸内の海賊　村上武吉の戦い【増補改訂版】　山内譲

小説『村上海賊の娘』の主人公誕生のきっかけを作った第一人者が最新研究で迫る決定版。信長を翻弄した知られざる海の武将「村上武吉」が史実から蘇る！《新潮選書》